KB089190

BE YOURSELF

비유어셀프, 내 안의 창조성을 깨우는 8주간의 여행

BE YOURSELF

비유어셀프, 내 안의 창조성을 깨우는 8주간의 여행

라라(김연수) 지음

두드림미디어

"이 책을 강영동 선생님께 바칩니다."

Best one이 아닌
Only one으로

우리는 모두 이 세상에 단 하나뿐인 특별한 존재다. 그래서 더없이 귀하고 아름다운 존재들이다. 하지만 스스로를 '하나뿐인 특별한 존재'라고 느끼는 사람은 아마 거의 없을 것이다. 어린 시절부터 우리는 끊임없는 경쟁 속에서 살아간다. 외모, 연봉, 학벌, 직업, 소유한 차와 집, 심지어 배우자까지 끊임없이 남과 비교하고 비교당하며 살고 있다. 타인에게 인정받기 위해 노력하고, 경쟁에서 밀리면 패배자가 될까 봐 두려워한다. 그러는 동안 자신만의 특별한 아름다움, 고유한 잠재력이라는 귀한 보물에는 관심조차 갖지 못한다.

최근 미국의 작가 마크 맨슨(Mark Manson)이 한국을 여행하며 '세계에서 가장 우울한 나라를 여행하다'라는 제목의 영상을 업로드해서 화제가 되었다. 그는 한국인이 우울한 이유가 '지나친 경쟁' 때문이라고 지적한다. 이는 자기계발 영역에서도 마찬가지다. 도태되지 않기 위해, 성공해서 인정받기 위해 자기 계발에 몰두한다. 내가 언제 행복한지, 성공이 나에게 무엇을 의미하는지 모른 채 행복과 성공을 향해 달린다. 내 꿈이 무엇인지도 모르는데 꿈을 이루기 위해 노력한다. 자기(Self)가 없는 자기 계발은 아무리 열심히 해도 진정한 만족이나 행복을 가져다주지 못한다. 자기 자신을 잃어버린 삶에는 성공이나 실패와 상관없이 우울, 무기력, 혼란만 가득할 뿐이다.

이 책은 내면의 창조성을 깨워 나 자신(Self)으로 살아가는 방법을 안내하고 있다. 창조성은 타고난 재능도, 예술가의 전유물도 아니다. 창조성은 우리 모두의 내면에 존재하는, 삶을 더 풍요롭게 의미 있게 만드는 힘이다. 창조성은 단지 '새로운 것을 만드는 것'을 의미하지 않는다. 창조성을 깨우는 것은 자신을 이해하고, 자신만의 길을 찾으며, 세상에 자신만의 색깔을 더하는 과정이다. 창조적으로 살 때 우리는 비교와 경쟁에서 벗어나 자신만의 기준에 맞추어 살아가며, 그 과정에서 진정한 자기 만족과 행복을 발견하게 된다.

이 책은 지난 10년 동안 학생, 주부, 직장인, 예술가 등 다양한 대상에게 창조성 수업을 진행하며 얻은 노하우와 생생한 경험을 담고 있다. 또한 내가 예술가로 살면서 오랜 기간 창조성에 대해 고민하며 얻은 통찰들도 담겨 있다. 창조성을 깨우는 것은 간단하고 쉬우면서 삶에 다양하고 긍정적인 변화를 일으킨다. 우울하고 무기력했던 사람들은 삶의 활력과 기쁨을 되찾았고, 관계에서 어려움을 겪던 이들은 건강하게 관계를 가꾸는 힘을 얻었다. 용기가 없던 이들은 용기 내어 도전하게 되었고, 자존감이 낮아 힘들어하던 이들은 자신을 있는 그대로 사랑하고 수용하는 방법을 알게 되었다. 어떤 상황에서 어떤 고민을 하고 있든 창조성은 '만병통치약'처럼 각자가 원하는 변화를 쉽고 자연스럽게 이끌어냈다. 내면의 창조적 열망을 따라 나 자신(Self)으로 살아갈 때, 삶은 자연스럽게 건강한 균형을 되찾아간다. 이것이 내가 창조성을 사랑하고 열광하는 이유다.

　수많은 참가자들이 경험했듯, 이 책이 안내하는 8주간의 여정을 따라가며 당신도 자신만의 행복과 만족감을 발견하며, 삶의 즐거움을 되찾게 될 것이다. 무엇보다 당신이 진정으로 원하는 삶을 살아갈 수 있는 용기와 자신감을 얻게 될 것이다. 당신은 이 세상에 단 하나뿐인 보물, Only One이다. 그래서 당신은 더없이 귀하고 아름답다. 이제 당신 안에 숨겨진 보물을 꺼내 빛내길 바란다. 나는 당신만의 고유한 재능을 발견하고, 그것을 세상과 나누며, 의미 있고 만족스러운 삶을 살아가길 바란다. 타인의 시선과 인정에서 벗어나 나 자신으로 살아가는 기쁨과 자유를 누리며 살기를, 온 마음으로 응원한다.

라라(김연수)

차례

Part 1

창조적 여정을 위한 준비

1.

나 자신으로 사는 열쇠,
창조성

우리 마음 속에 있는 소망들은
모두 우리자신을 표현하는것들이다.
당신에게는 그것을 시도할 의무가 있다.
· · ·
그러니부디
상자에서나와라.

- 새년광이서/미운나 中 -

마마캐롯

01

창조성은
누구에게나 있다

창조성이 뭐길래?

"자기 계발을 열심히 하는데 뭔가 나아지는 것 같지가 않아서 답답해요."

"직장을 그만두고 싶은데, 주변에서 다 말려요. 계속 이렇게 살아야 한다고 생각하면 너무 숨이 막혀요."

"내가 뭘 잘하는지, 뭘 하고 싶은지 모르겠어요."

"남들 눈치 안보고 그냥 좀 하고 싶은 것 하며 살고 싶은데, 용기가 안 나요."

창조성 수업을 통해 만나는 사람들의 고민은 대부분 비슷하다. 남들이 보기에는 별문제 없어 보이지만, 정작 당사자는 어떻게 살아야 할지 답답하고 혼란스럽다. 그 혼란의 원인은 내가 나 자신이고 싶은 내면의 깊은 욕구를 돌보지 않은 데 있다. 우리는 모두 자신 안에 있는 것들을 꺼내 표현하며 자신만의 정체성을 느끼면서 살고 싶어 한다. 이것이 바로 우리 안에 존재하는 창조성[1]이다.

"나한테 창조성이 있다구요?"

많은 사람들이 자신에게 창조성이 있다는 말을 믿기 어려워한다. 그도 그럴 것이 '창조성' 하면 미켈란젤로(Michelangelo Buonarroti)의 <천지창조> 그림부터 떠오른다. 단어조차 낯선 창조성은 뭔가 거대하고, 특별하고, 예술적이고…. 아무튼 평범한 나와는 거리가 먼 것 같다. 그러나 창조성은 전혀 특별하지 않은, 누구나 태어날 때부터 가지고 있는 자연스러운 본성이다. 우리는 누구나 내면의 끌림을 따라 자기만의 무언가를 경험하고 표현하고 싶다. 지금 자신의 모습을 한번 살펴보자. 입고 있는 옷의 색과 디자인, 머리 스타일과 액세서리에도 남들과는 다른 나만의 무언가를 표현하고 싶은 욕구가 담겨 있다. 사진을 찍어 인스타그램에 올리고, 블로그에 글을 쓰는 것도 나를 표현하고 싶은 창조적 욕구에서 비롯된 것이다.

세계적인 창조성 강사 줄리아 카메론(Julia Cameron)은 "창조성은 피 같은 것"이라고 표현했다. 그는 "피가 당신의 몸 안에 흐르고 있지만, 당신이 만들어낸 것은 아니듯이, 창조성도 당신의 정신 속에 존재하지만 당신이 만들어야 하는 것은 아니다"[2]라고 말한다. 창조성은 노력하고 계발하지 않아도 우리 안에 언제나 흐르고 있다. 그러니 창조성은 예술가나 과학자들에게만 있는 특별한 능력이 아니다. 내 몸을 순환하는 피처럼 창조성이 순환되며 생명력을 갖는 사람과 창조성의 자연스러운 흐름을 억눌러 생명력이 막힌 사람이 있을 뿐이다.

창조성은 생명력이다

피가 흐르지 않으면 생명이 멈추듯 자연스러운 창조성의 흐름을 억누르면 생명력을 잃게 된다. 창조성은 즐거움, 재미, 호기심과 연관되어 있다. 사람들은 즐거움이나 재미, 호기심을 생계보다 중요하지 않은 부차적인 것으로 생각하는 경향이 있다. 즐거움이나 재미는 시간 많고, 돈 많고, 여유 있을 때나 누릴 수 있다고 생각하는 것이다. 하지만 즐거움, 재미, 호기심, 즉 창조성이 사라지면 육체는 살아 있을지 모르나 정신적인 생존이 위협받는다.

우리는 자기 내면에서 이유 없이 끌리는 창조적 욕구를 따라 행동할 때 깊은 즐거움과 만족감을 느낀다. 그럴 때 내가 어떤 존재인지, 무엇을 하고 싶고 어떻게 살고 싶은지를 발견하며 남들과 구분되는 나만의 정체성을 찾아가게 된다. 내면의 자연스러운 끌림과 호기심을 억누르면 내가 누구인지 알 수 없고, 내 존재 가치를 찾을 수 없어서 혼란스러워진다. 내 안에서 나를 찾지 못할수록 다른 사람의 인정을 받는 것으로 정체성을 가지려고 한다. 외모, 재산 등의 외부적 성공에 집착하거나, 무작정 자신을 희생해 타인을 돕는 것으로 내 존재 가치를 찾으려 애쓰는 것이다.

하지만 외부에서 아무리 인정을 받아도 내면의 창조적 욕구를 억압하면 우울하고 슬프고 공허해진다. 내 삶에 내가 없기 때문이다. 그런데도 계속 방치하면 무엇을 해도 즐거움을 느끼지 못하고 모든 것이 무의미하게 느껴지는, 살아 있지만 죽은 것과 다름없는 '영혼 없는 삶'을 살게 된다. 창조성을 억누르며 사는 사람에게는 한결같이 기쁨, 즐거움, 만족감이 결여되어 있다. 많은 것을 성취하고 물질적 부를 가졌어도 시들시들하고, 심각하고, 잔뜩 무겁다. 살아 있는 모든 존재가 뿜어내는 반짝이는 생명력이 느껴지지 않는다.

뇌과학자 모기 겐이치로(茂木健一郎)는 다음과 같이 말한다. "창조성을 제대로 활용하는 것은 시대의 요청일 뿐 아니라 우리 한 사람 한 사람이 인간답게 살기 위해 필요한 조건이기도 하다. 창조적인 삶을 살 때 보다 잘 살 수 있으며, 보다 잘 살아야 창조적인 사람이 될 수 있다."[3] 창조성은 있으면 좋고 없어도 그만인 것이 아니다. 평범한 일상에 활기찬 생명력을 불어넣는 것, 공허함과 우울감에서 벗어나 살아 있음을 느끼는 것, 내가 누구인지, 왜 사는지, 내 존재의 의미를 찾고 어떻게 살아야 하는지에 대한 답을 알려주는 것이 바로 창조성이다.

창조성은 자아실현의 원동력이다

많은 사람들이 자아실현을 위해 새벽에 일어나고 책을 읽고 운동한다. 힘들어도 참고 시련과 역경을 이겨내면 마침내 성공도 하고 행복해질 수 있을 거라고 믿는다. 하지만 자아실현은 직업적인 성공이나 부자가 되는 것을 의미하지 않는다. 자아실현의 사전적 정의는 '하나의 가능성으로 잠재되어 있던 자아의 본질을 실현하는 일'이다. 그렇다면 자아실현을 하기 위해서 무엇보다 중요한 일은 내 안에 잠재된 가능성이 무엇인지 찾고 깨우는 것이다. 우리 안의 창조성은 내면에 잠재된 가능성을 발견하고 끌어내는, 자아실현의 원동력이다.

작가 메리앤 윌리엄슨(Mariaanne Williamson)은 "우리는 심리적으로나 감정적으로 몹시 끌리는 일을 할 것이다. 그것이야말로 우리 능력의 핵심이며 탁월함의 원천이다"⁴라고 말한다. 우리는 누구나 어릴 때부터 알 수 없는 끌림, 호기심, 재미에 이끌려 무언가에 몰두한 적이 있다. 누군가는 벌레를 관찰하는 것에, 누군가는 기계를 분해하는 것에, 누군가는 낯선 언어를 배우는 것에 끌린다. 끌리는 것을 계속하도록 내버려두면, 즉 각자만의 창조적 욕구를 딱히 방해만 하지 않으면 잠재된 재능은 저절로 드러나게 된다.

창조적 욕구를 따라가면 좋아하는 일이라 잘하게 되고, 잘하니까 재미있어서 계속하게 된다. 내면의 끌림에 따라 하는 일은 무엇보다 강한 동기부여가 된다. 그래서 역경이 와도 쉽게 포기하지 않는다. 흔히들 위대한 업적을 남긴 사람들에게서 역경을 넘기는 끈기와 인내를 배워야 한다고 말한다. 하지만 보다 정확히 우리가 배워야 할 것은 '즐거움'이다. 그들이 끈기와 인내가 남달라서 역경을 견딘 것이 아니라, 좋아하는 일을 하는 즐거움을 포기하지 않았던 것이다. 자아실현을 위해 운동, 독서, 새벽 기상을 하는 것보다 더 중요하게 해야 할 일은 나만의 호기심과 즐거움을 찾는 것에 최선을 다해 집중하는 것이다.

Best one이 아닌 Only one

"남의 리듬은 좆 같은 거야."

유튜버 박막례 할머니의 명언이다. 우리는 태어날 때부터 다르게 태어났다. 생김새뿐 아니라 뼈나 장기의 모양도 피부의 색과 결도 모두 다르다. 일란성 쌍둥이조차 대뇌피질의 주름 형태도 DNA 세트도 다르다. 다르게 태어났기 때문에 다르게 생각하고, 다르게 느끼고, 다르게 반응하며, 각자 다른 것을 원한다. 다른 게 당연하다. 오히려 같은 것이 더 부자연스럽다. 그러나 우리는 각자가 너무도 다르고 독특하다는 것을 심각할 만큼 깨닫지 못한다. 또한 남들과 달라지는 것을 두려워하며 최대한 남들과 같아지려고 노력한다.

우리는 '최고'가 되려고 이 세상에 온 것이 아니다. '나 자신'이 되려고 온 것이다. 유일한 내가 되어갈 때 어쩌면 사람들은 그런 나를 '최고'라고 할지도 모르겠다. 최고가 되기는 어렵다. 하지만 유일한 내가 되는 것은 어렵지 않다. 다른 사람들과 경쟁할 필요도 없고, 뒤처지지 않기 위해 서두를 필요도 없다. 유일한 내가 되기 위해 할 일은 계속해서 '내가 아닌 것'을 걷어버리는 것이다. 내가 아닌 것들을 버릴수록 본연의 나, 나의 고유함대로 삶을 창조하는 나는 저절로 드러난다. 우리 안의 창조성은 유일한 내가 되도록 이끌어가는 힘의 원천이자 안내자다.

나다움이 답이 되는 시대, 창조성에 주목하라

창조적인 사람의 특징

창조적인 사람들은 성공하고 인정받는 것에 그다지 관심이 없다. 때로는 자신이 창조한 성과나 결과물에도 크게 관심을 두지 않는다. 창조적인 사람들은 창조하는 과정 자체가 기쁨과 만족감을 준다는 것을 잘 알고 있다. 그래서 실패를 피하기보다 삶의 일부로 받아들이고, 새로운 도전에 두려움보다 흥미를 느낀다. 자신이 할 수 없다고 생각하는 영역을 넘어서는 것에 자유를 느끼고, 계속해서 한계를 뛰어넘으며 자신의 잠재된 능력을 발견해간다.

창조적인 사람들은 자신을 대하는 태도에도 차이를 보인다. 창조적인 사람들은 보통 사람들보다 자기 자신에게 더 수용적이고 덜 통제적이다. 어리석거나 바보 같다고 비웃음을 살 수 있는 상황을 보통 사람보다 덜 두려워해서 자신의 감정이나 생각을 숨김없이 표현한다. 자신을 억제하지 않고 자기 비판이 적어서 편하고 자유롭게 원하는 일에 집중한다. 다른 사람을 두려워하거나 적대적이지 않아서 관계에서 자신을 보호하느라 에너지를 낭비하지 않는다.

또한 창조적인 사람들은 반대되는 것들을 하나로 통합하는 성향을 보인다. 그들은 이타적인 동시에 이기적이다. 강한 자아를 갖고 있으면서도 아주 쉽게 자아를 버리거나 초월한다. 세상 물정에 밝으면서도 순수하고 자유롭다. 자신이 소중하다고 생각하는 가치는 고집스레 지키면서도, 비판이나 지적은 과감하게 수용하는 개방성을 보인다. 직관과 논리를 조화롭게 사용해서 예술가는 과학을, 과학자는 예술의 본질을 이해한다.

무엇보다 창조적인 사람의 가장 중요한 특징은 어린아이 같다는 것이다. 많은 경험과 지식을 갖추고도 여전히 호기심이 많고, 새로운 배움을 좋아한다. 고정관념이나 진부한 생각에서 자유롭고, 계속해서 새로운 도전에 몰두한다. 이들은 60, 70대에도 정신적 능력이 이전과 같거나 오히려 향상되었으며, 전보다 일을 더 빨리 더 잘할 수 있다고 말한다. 오히려 노년으로 갈수록 더 멋진 걸작을 탄생시키며 잠재력을 더 발휘한다. 노년의 나이에도 아이같이 자발적이고 순수한 모습으로 삶을 열정적으로 살아간다.

작곡가 스티븐 나흐마노비치(Stephen Nachmanovitch)는 "창조성이라는 모험에서는 즐거움과 사랑이 핵심"[5]이라고 말한다. 창조적인 사람들은 자신을 사랑하고 자신의 일과 삶을 사랑한다. 일상을 즐거움과 경이로움으로 채우며 평범한 하루를 축제로 만든다. 아이처럼 순수한 호기심으로 세상을 탐구하고, 고난을 두려워하거나 피하지 않는다. 철학자 버트런드 러셀(Bertrand Russell)은 "인간의 진정한 행복은 창조 충동을 계발하고 강화하는 데 있다"라고 말했다. 창조성에 귀를 기울이고 따라가는 사람들은 진정한 행복을 누리며 살아간다. 행복하고 싶다면 성공한 사람을 따라 하는 것이 아니라 창조적인 사람이 되기 위해 노력해야 한다.

노력하고 희생하는 성공에서 즐겁게 나다운 성공으로

인공지능 시대에 무엇보다 중요한 능력은 기계가 결코 따라올 수 없는 '인간다움'이다. 인간다움의 핵심은 바로 창조성이다. 과거에는 열심히 성실하게 노력하면 성공도 하고 잘 살 수 있었다. 하지만 새로운 시대는 '성실한 일꾼'이 아니라 '나다운 사람'을 원한다. 평균의 개념은 무너지고, 개인의 취향은 더욱 중요해졌다. 기존에 없던 나만의 직업을 만드는 '창직'은 폭발적으로 증가하고 있고, 개인이 하나의 브랜드가 되는 '퍼스널브랜딩'도 낯선 개념이 아니다. 나다움과 진정성으로 승부해야하는 지금 시대에 최고의 경쟁력은 나의 창조성, 즉 내가 좋아하는 일을하며 '나다움'을 드러내는 것이다.

성공을 위해 노력하고 희생하며 행복을 미루는 것은 구시대적 낡은 사고방식일 뿐이다. 이제는 목표를 세울 때 '무엇을 성취할지'가 아니라, '어떻게 해야 내 안의 창조적 욕구를 따라 재밌는 일을 하면서 행복해질지'를 최우선으로 고민해야 한다. 종종 사람들은 나의 이런 주장이 너무 꿈같고 현실과 괴리감이 느껴진다고 말한다. 하지만 나는 뜬구름 잡는 말로 희망 고문을 하려는 게 아니다. 하루하루를 내가 즐겁고 재밌는 일에 집중해야 내 안에 잠재된 재능을 발견하고 개발할 수 있다. 내 안의 창조적 욕구에 귀 기울여야 나만의 독창성이 드러나며 최고의 경쟁력을 갖게 된다. 열심히 노력해야 성공하는 게 아니라 나답게 행복해야 성공한다. 이제는 낡은 성공 공식에서 벗어날 때다.

나답게 행복해지도록 안내하는 창조성

"더 이상 타인의 인정을 갈구하지 않고, 나 자신을 믿어줄 수 있게 되었어요."

"무기력에서 벗어나서 삶이 가벼워졌어요."

"진짜 나를 알게 되고 나를 사랑할 수 있게 되었어요."

"내 몸과 마음이 하는 말을 잘 들을 수 있게 되었어요."

"오랫동안 꿈만 꾸던 일을 드디어 시작하게 되었어요."

창조성 수업이 끝날 때마다 참가자들이 공통적으로 말하는 변화들이다. 자신의 창조성에 집중하기 시작한 사람들은 하나같이 아이처럼 밝아졌고 생동감을 되찾았다. 종종 주변에서 예뻐졌다는 말을 듣기도 했다. 감각이 섬세해져서 일상의 사소한 것에도 자주 감탄하고 경이로워했다. 자신이 좋아하는 일을 무엇보다 중요하게 생각하게 됐고, 꿈꾸던 일을 자연스럽게 시작했다. 오랜 기간 복용해온 우울증 약을 끊기도 했고, 혼자만의 긴 여행을 떠나기도 했다. 예술가들은 잃어버린 열정을 되찾고 다시 작업을 이어갔고, 직장인들은 같은 일상을 더 활기차게 살아

갔다. 제각각 겪은 변화는 조금씩 달라도 모두 더 행복해졌고, 더 용감해졌다. 무엇보다 자기다워졌다.

이 모든 변화를 위해 내가 한 일은 사람들이 최대한 아이처럼 놀 수 있게 돕는 것이었다. 내가 아이였을 때를 기억해내고 다시 아이처럼 놀 수 있게 되는 것, 그것이 창조성의 핵심이기 때문이다. 나는 창조성을 깨우는 것보다 더 쉽게, 더 재밌게, 더 즐겁고 충만하게 삶을 사는 방법을 알지 못한다. 그래서 부디 더 많은 사람이 자신 안의 창조성에 귀를 기울였으면 좋겠다. 활기찬 생명력을 갖고 살아가는 것, 미래 시대에 필요한 경쟁력을 갖추는 것, 타인의 시선에서 벗어나 나 자신으로 사는 것, 그 모든 열쇠가 우리 안의 창조성에 있다.

2.

어떻게
창조성을 깨울 것인가?

01

창조성을 깨우려면
먼저 탈학습이 필요하다

창조성의 원천은 교육받지 않은 마음

몇 년 전 영유아 공연 제작에 참여하게 되었다. 아기들이 관객인 공연은 처음이라, 공연을 준비하기 위해서는 먼저 관객에 대한 이해가 필요했다. '3세 이전 아이의 발달과정과 놀이'에 대한 자료를 조사하다 보니 내용이 너무도 흥미로웠다. 그중 한 가지를 소개해보면, "한 살이 된 아기는 몸에 똑같이 생긴 손이 두 개가 있다는 것을 발견한다. 그리고 두 손을 마주치면 소리가 난다는 것을 발견하고, 손을 마주치며 자신이 만들어낸 소리에 즐거워하는 '박수 치기 놀이'를 시작한다"라는 것이다. '나도 아기였을 때 내 몸에 손이 두 개가 있다는 것을 발견하고 신기했겠지? 우리 모두 다 그런 아기들이었겠지?' 하는 생각을 하니 아기 관객들을 만날 날이 기대됐다.

드디어 공연 날, 아기들의 호기심 넘치는 모습을 생생히 목격할 수 있었다. 아기 관객들은 입장하자마자 온 공연장을 탐색하기 시작했다. 무대 커튼 뒤에 들어가고, 객석을 기어 올라가고, 세팅된 악기들을 하나씩 만져봤다. 연주하고 있는 내 옆에서 같이 피아노 건반을 두드리기도 했다. 가끔 배우들의 움직임을 넋을 잃고 보기도 했지만, 더 궁금한 것이 생기면 언제든 어디로든 떠나버렸다. 아무 제한도 긴장도 없이 호기심이 가는 대로 탐색하고, 무엇이든 시도하고, 느끼는 것을 그대로 표현하는 아기들의 모습이 너무나 인상적이었다.

그런데 더 인상 깊었던 것은 아기들과 함께 온 부모님들의 행동이었다. 아기들이 자유롭게 움직여도 되는 공연임을 미리 알렸는데도, 부모님들은 아기가 자리에 앉아서 공연을 보게 하려고 애쓰고 있었다. 일단 "거기 말고 여기 봐야지" 하며 다른 곳에 가지 못하고 배우만 보도록 아기를 붙잡았다. 또는 "저게 무슨 색깔일까? 어제 알려줬지?" 하며 공연을 통해 무언가 '교육'하려고 했다. 마음대로 움직이지 못하게 된 아이들은 이내 짜증을 내고 울어버렸고, 부모님은 그런 아이를 안고 공연장 밖으로 나가기 바빴다. 내가 목격한 그 장면이 바로 우리가 아기였을 때 완전히 자유로웠던 창조성이 막히게 된 시작 지점이다. 어른들은 아기의 자유로운 창조성을 '틀 안'으로 넣으려고 애쓰고 있었다.

아이들이 있는 곳은 언제나 산만하다. 호기심과 생명력이 넘쳐서 그렇다. 걸어도 되는데도 전속력으로 뛰어다닌다. 그냥 걷지 않고 춤을 추며 걸어 다닌다. 온갖 기괴한 소리를 내며 잠시도 조용히 있지 않는다. 말을 할 수 있게 되면 모든 것에 "왜?"라고 묻는다. 부모님이 대답하기 난감한 질문들을 계속 퍼부으며 끊임없이 궁금해하고, 보이는 모든 것을 직접 만져보며 온몸으로 경험하고 싶어 한다.

아이의 넘치는 에너지, 즉 '자유로운 창조성'은 교육과 함께 막히기 시작한다. 산만했던 아이들이 학년이 올라갈수록 조용하고 얌전해진다. 스스로 선택할 수 없는 수업에 수동적으로 따라가며, 즐거움이 아닌 의무감으로 움직이는 것에 익숙해진다. 교육 과정을 마칠 때쯤엔 창조성을 거의 잃고 지루하고 재미없는 어른이 되어 살아간다. 그런 어른이 부모가 되어 아이들을 양육하면서 아이들의 자연스러운 창조성을 막는 과정이 반복된다.

교육학자 켄 로빈슨(Ken Robinson)은 "학교가 창조성을 죽인다"라고 했고, 다중지능 창시자 하워드 가드너(Howard Gardner)도 "교육받지 않은 마음이 창조성의 원동력"이라고 했다. 창의력 발달 교육은 넌센스다. 아이들은 어른들이 방해만 하지 않으면 충분히 창조적이다. 아이들이 창조성을 잃지 않으려면 절실히 필요한 것은 어른들이 창조성을 되찾는 것이다. 우리가 교육 과정에서 어떻게 창조성을 잃어버리게 되었는지 좀 더 자세히 살펴보자.

생각을 키울 수 없는 정답 찾기 교육

창조적이기 위해서는 위험을 감수하도록 격려하는 분위기, 불이익을 당하지 않고 자유롭게 모험할 기회가 필요하다. 잘못하거나 실수해도 받아들여져야 독창적인 시도를 할 수 있고 실패를 감수할 용기도 낼 수 있다. 다른 의견을 말해도 비난이나 불이익을 당하지 않아야 자신만의 생각을 자유롭게 표현할 수 있다. 또한 단 하나의 답이 아닌, 각자의 머릿속에 있는 다양한 생각들이 모여야 새롭고 풍부하게 창조적일 수 있다. 그러나 정답 찾기 위주의 교육에서는 이 모든 것은 가능하지 않다.

한국의 학생들은 초등학생 때부터 정답을 찾는 시험을 보기 시작한다. 정답을 찾으면 칭찬을, 틀리면 야단을 맞거나 불이익을 당한다. 그 과정을 반복하면서 정답을 못 맞히면 실패하는 것이고, 실패는 '잘못된 것'이라는 인식이 자리잡는다. 또한 시험 출제자의 의도를 맞추는 것에 길들여지는 동안 내 의견을 말할 기회는 없다. 고학년이 될수록 질문은 사라지고 어떤 것에도 '왜?'라는 의문을 품지 않게 된다. 비판적 사고가 자랄 기회가 없어서 성인이 되어서도 비판과 비난을 잘 구분하지 못한다. 비판을 받으면 자신이 '틀렸다'라는 생각에 수치스러워한다. 나와 다른 관점을 이해하고 수용하는 과정도 서툴러서 다양한 의견을 주고받는 토론도 어려워한다.

학창 시절 내내 수많은 문제를 풀지만 '주어진 문제'에 '정해진 답'만 찾을 뿐, 스스로 문제를 찾아내고 자신만의 답을 생각할 기회는 없다. 그 결과 성인이 되어서도 삶에서 부딪치는 문제를 해결하는 것에 미숙하다. 답이 하나라고 생각하는 것에 익숙하다 보니 다양한 가능성을 생각해내는 것이 어렵다. 삶에는 정답이 없는데도 여전히 정답을 따라가야 할 것 같고, 자신만의 답을 찾는 것은 '틀린 답'이 될까 봐 두려워한다.

다양성이 존중되지 않는 교육

나의 재능 중에는 '자기 성찰', '자연 친화', '인간 친화' 재능이 있다. 이런 나의 재능은 16년의 교육 과정을 거치는 동안 발견된 적이 없다. 누군가 이것이 재능이라고 말해준 적도 없고, 이런 종류의 재능이 존재한다는 것도 몰랐으니 말이다. 자연 생태계는 엄청나게 풍부한 다양성을 갖추고 있다. 다양해야 종의 생존과 진화에 유리하기 때문이다. 자연의 일부인 인간도 마찬가지다. 일란성 쌍둥이조차 다른 재능을 갖고 태어난다. 우리의 잠재된 재능은 자연 생태계처럼 엄청나게 풍부하고 다양하다.

안타깝게도 우리의 다양한 재능들은 교육 과정에서 발견되지 못했다. 우리가 받은 교육은 '지식습득 능력' 한 가지에만 초점이 맞춰져 있었다. 각자의 다양하고 풍부한 재능은 무시되고, 지식을 잘 습득하는 학생만 좋은 성적을 받았다. 그 결과 성적이 좋지 않은 대부분 학생은 '나는 잘하는 게 없는 형편없는 사람'이라고 생각하게 된다. 아인슈타인(Albert Einstein)은 "모든 사람은 천재다. 하지만 물고기를 나무타기 능력으로 평가한다면, 물고기는 평생 자신이 멍청하다고 생각하며 살 것이다"라고 말했다. 그 물고기가 바로 우리다. 물에서 헤엄칠 기회도 만나지 못하고, 나무를 잘 못 타니 멍청하다고 생각하며, 평생을 살아가는 것이다.

또한 부모나 교사도 창조적인 학생들보다는 예의 바르고 말 잘 듣는 학생을 더 선호한다. 창조적인 아이들은 호기심이 많아 사사건건 질문이 많다. 기존 질서나 규칙을 잘 따르지도 않는다. 자기 의견이 분명해서 한국 사회에서는 거의 금지되어 있는 '어른들에게 말대답하기'도 곧잘 한다. 세상은 그 어느 때보다 창조적인 사람을 원하지만, 다양성을 존중하기 어려운 지금의 교육 환경에서는 창조적인 아이의 다양한 표현과 욕구를 감당하기가 쉽지 않다.

직관과 감각을 무시한 좌뇌 중심 교육

창조는 이성과 논리의 좌뇌적 영역이 아닌 이미지, 느낌, 감각 등의 우뇌적 영역에서 출발한다. 창조 과정은 '느낌'으로 떠오른 것을 '언어나 논리'로 설명해내는 과정이다. 매우 이성적일 것 같은 과학자들도 창조 과정에서 논리만 사용하지 않는다. 아인슈타인은 "이미지가 먼저 나타나고 이후 말이나 숫자는 표현 수단에 불과하다"라고 말했으며, 리처드 파인먼(Richard Feynman)은 "문제를 풀지 않고 느꼈다"[6]라고 말한다. 창조적인 사람들은 자기 내면에서 '느낀 것'을 어떻게 다른 사람들과 공유할 수 있는 형태로 변환할지 늘 고민한다.

그러나 우리가 받은 교육은 이성과 논리적 사고, 언어만을 사용하는 좌뇌 중심 교육이었다. 교육 과정에서 우뇌의 영역인 상상력을 훈련하거나, 직관과 몸의 감각들을 민감하게 이해하도록 돕는 수업은 없었다. 창조 활동을 위해 무의식을 활용하는 방법도 배운 적이 없다. 그 결과 우리는 느낌이나 직관, 무의식 등의 우뇌적 영역은 합리적 사고와 반대되는 영역이라고 생각하곤 한다. 그러나 상상할 수 없다면 그 무엇도 창조할 수 없다. 무의식이 보내는 상징과 이미지, 문득 보내는 느낌을 알아차리지 못한다면 창조는 불가능하다.

감정의 중요성을 무시한 이성 중심 교육

창조적인 사람들은 감정을 매우 섬세하게 느낀다. 자신이 느끼는 다양한 감정을 잘 알고 감정에 맞게 대처한다. 호기심을 느끼면 그 일에 적극적으로 뛰어들고, 기쁨을 느끼면 그 일을 일상에서 더 확장한다. 지루하거나 불편함을 느끼면 그런 감정을 유발하는 일들을 피한다. 또한 감정이입을 통해 중요한 통찰을 얻어내서 창조 과정에 반영한다. 작곡가는 음악을 듣는 청중에게 감정이입을 해서 감동시킬 방법을 찾아낸다. 세포를 연구하는 과학자는 자신이 직접 세포가 되어보는 상상을 통해 연구 과정에 필요한 아이디어를 얻는다.

《생각의 탄생》의 저자 루트번스타인(Root-Bernstein) 부부는 창조를 이끄는 도구 중 하나로 '감정이입'을 이야기한다. 배우는 극중 인물이 되었다고 생각하고, 동물을 연구하는 사람은 그 동물처럼 생각하고 느껴보는 것이다. 감정을 이해해야 대상을 정말로 이해할 수 있다. 내 감정을 잘 이해해야 나에 대해 알 수 있고, 타인의 감정을 잘 이해해야 타인을 진정으로 이해할 수 있다. 하지만 이성과 논리만 강조하는 교육에서 우리는 감정을 이해하고 활용하는 것을 배우지 못했다. 오히려 감정은 합리적인 의사결정에 방해가 되는, 충동적이고 비이성적인 것으로 간과되었다. 그 결과 대부분 사람은 자신의 감정을 거의 알지 못한다. 자신의 감정을 모르니 타인의 감정을 이해하지 못해서 감정이입도 어렵다.

창조성을 깨우려면 '탈학습'이 필요하다

교육의 목적은 직업 훈련이 아니다. 교육의 목적은 '잠재된 능력을 끌어내 인간답게 잘 살 수 있게 하는 것'이다. 동서양 모두 교육의 어원은 '내면에 지닌 것을 밖으로 끌어낸다'라는 의미가 담겨 있다. 안타깝게도 우리가 받은 교육은 우리의 잠재된 능력을 꺼내 잘 살 수 있게 돕지 못했다. 좋은 직장을 갖기 위해 좋은 대학에 들어가는 것이 교육의 목표였고, 좋은 대학에 가기 위해서 열심히 공부할수록 창조성을 잃어버릴 수밖에 없었다.

잃어버린 창조성을 되찾으려면 교육 과정에서 잘못 학습된 것을 잊는 '탈학습' 과정이 필요하다. 정해진 답을 찾는 습관을 버리고 나만의 답을 찾아야 한다. 시키는 대로 하는 수동적인 태도를 버리고 '왜?'라는 의문을 가져야 한다. 학업성적으로만 평가하는 습관을 버리고 모두에게 숨겨진 다양한 재능을 발견해야 한다. 이성과 논리만 따지는 사고를 버리고 직관과 무의식, 감정에 귀를 기울여야 한다.

물론 '탈학습' 과정이 쉽지는 않다. 오랜 기간 동안 굳어진 익숙한 생각의 틀에서 벗어나야 하기 때문이다. 부디 우리 후손들은 우리처럼 배운 것을 다시 버려야 하는 탈학습 과정 없이, 정규교육을 통해 창조적으로 성장할 수 있길 바란다. 그러기 위해서라도 우리가 먼저 탈학습을 통해 창조성을 되찾는 것이 시급하다.

02

창조성을 깨우는 5가지 원칙
– 놀이의 5가지 특성

놀이와 창조성은 동의어

창조성 수업을 준비하며 내가 가장 많이 하는 고민은 '어떻게 하면 놀게 할 것인가?'이다. 창조성 수업 첫날, 사람들의 몸은 대부분 딱딱하게 굳어 있고 얼굴에는 긴장이 가득하다. 나의 지상 최대의 미션은 '노는 것은 유치하고 쓸데없고 오글거리고 부끄럽다'고 생각하는 어른들을 놀게 하는 것이다. 수업마다 놀이로 초대하는 나에게 "도대체 이런 걸 왜 하느냐?"고 묻는 일이 흔하다. 노는 시간이 아깝다며 빨리 수업이 진행되길 바라기도 한다.

하지만 수업이 끝날 때쯤엔 완전히 달라져 있다. 굳었던 몸은 말랑말랑 이완되고, 긴장했던 표정도 부드럽고 편안해진다. 나이가 몇 살이든 가식 없이 맑은 표정으로 까르르 신나게 웃는다. 좋아하는 것을 이야기할 때는 한껏 신이 나서 생글생글한 에너지를 뿜는다. 호기심 가득한 눈을 반짝거리며 시간 가는 줄 모르고 몰입하다가 벌써 끝날 때가 되었냐며 아쉬워한다. 나는 사람들이 아이같이 변하는 모습을 보는 것이 너무 행복하다.

창조성은 놀이와 동의어다. 칼 융(Carl Gustav Jung)은 "새로운 것의 창조는 지성이 아니라 놀이 충동에서 생겨난다"라고 말한다. 창조적인 사람들은 좋아하는 대상과 함께 논다. 화가는 붓과 물감을 가지고 도화지 위에서 논다. 무용가는 자기 몸과 공간을 가지고 논다. 생물학자 알렉산더 플레밍(Alexander Fleming)은 "나는 미생물을 가지고 논다"라고 말하고, 물리학자 리처드 파인먼은 "내가 하려는 일이 핵물리학의 발전에 얼마나 기여하는지 중요치 않다. 문제는 그 일이 얼마나 즐겁고 재밌느냐다"라고 말한다. 화가 모리츠 에셔(Maurits Escher)도 "나의 작업은 예술이 아니라 놀이에 가깝다"라고 말한다.[7]

놀이는 건강한 심리를 위해서도 꼭 필요하다. 신경정신과 의사 도널드 위니캇(Donald Winnicott)은 "심리치료의 목표는 놀지 못하는 상태에서 놀 수 있는 상태로 환자들을 변화시키는 것"[8]이라고 말한다. 실제로 수업 참가자들은 "재밌게 놀았는데 심리상담을 받은 것 같다"라고 말하곤 한다. 인간은 놀이를 통해 치유되고 놀이를 통해 창조한다. 놀면서 세상을 배우며 자라나고, 놀면서 잠재된 재능을 발견해간다. 창조성이 깨어나는 것은 잘 놀 수 있게 되는 것이다. 이제부터 놀이의 5가지 특징을 통해 창조성을 깨우는 데 필요한 5가지 원칙을 살펴보자.

첫 번째, 비실재성 - 마음껏 상상하기

놀이는 현실 세계가 아닌 상상의 세계에서 이루어진다. 놀이를 시작하는 순간 현실은 사라진다. 베개는 아기가 되고 이불은 하늘을 나는 양탄자가 된다. 스카프는 슈퍼맨의 망토가 되고 소파 밑은 용암이 흐르는 위험지대로 변한다. 놀이의 시작은 상상력이다. 상상력이 없다면 베개는 그저 베개일 뿐이다. 베개를 아기인 척 안고 달래며 놀고 있는 아이에게 '그건 아기가 아니라 베개일 뿐이야'라고 말하는 것처럼 산통 깨는 일은 없다(하지만 어른들은 종종 그렇게 산통을 깨곤 한다).

어른이 되어서도 상상에 빠져 있는 것은 왠지 유치하고 어른스럽지 못한 것 같다. 물론 상상에만 빠져 살면서 현실을 외면하는 것은 곤란하다. 그러나 상상을 통해 얻은 영감을 현실로 구현해내면 멋진 창조자가 될 수 있다. 그러니 현실 세계에 발을 단단하게 디디되, 자유로운 상상에도 조금은 마음을 열어보자. '이건 너무 비현실적야'라며 너무 빨리 상상의 날개를 꺾어버리지 말자. 때로는 아이처럼 엉뚱하고 허무맹랑한 상상도 마음껏 즐겨보자.

두 번째, 내적 동기 - 느낌과 감각에 집중하기

아이들은 놀고 싶어서 논다. 그저 자신의 만족을 위해 논다. 무엇이든 놀이가 되려면 내적 동기, 즉 내가 하고 싶은 것을 하는 것이 핵심이다. 반면 어른들은 처벌, 보상, 인정 등 '외적 동기'에 의해 행동하는 것이 익숙하다. 심지어 너무 오랫동안 외적 동기로만 살아와서 내적 동기를 아예 잃어버린 사람도 많다. 수업에서 좋아하는 것을 20가지 써보라고 하면 칸을 다 채우지 못하고 충격을 받곤 한다. 공허한 눈빛으로 "내가 뭘 좋아하고 뭘 하고 싶어 하는지 모르겠어요. 어떻게 찾아야 해요?"라고 묻는다.

내적 동기를 찾는 열쇠는 내 '느낌'에 있다. 내가 언제 즐겁고 편안한지, 언제 지루하고 불편한지 내 느낌을 알아야 내가 원하는 것을 알게 된다. 느낌은 몸의 감각을 통해 알게 된다. 불편하면 가슴이 답답하고, 만족스러우면 몸이 편안해진다. 끌리는 것에는 시선이 고정되고, 지루하면 시선을 피하게 된다. 내 몸의 감각을 알아차리면 내 느낌을 알게 되고, 그럴 때 내가 원하는 것을 알게 된다.

논리적 사고에 치우친 교육을 받는 동안 우리는 대부분 감각이 발달할 기회를 갖지 못했다. 그래서 대부분 사람이 몸의 감각과 자신의 느낌을 잘 인지하지 못한다. 못 배웠으면 지금부터 배우면 된다. 감각도 훈련이라 연습하는 만큼 깨어난다. 이 책에서는 8가지 주제로 몸의 감각을 깨우는 활동을 안내할 예정이다. 몸의 감각이 깨어날수록 내가 무엇을 좋아하는지 나의 내적 동기를 찾는 것이 아주 쉬워질 것이다.

세 번째, 선택의 자유 - "안 돼"라고 하지 않기

아이들은 놀거리를 스스로 선택해서 재밌게 논다. 바이킹을 타기 싫어하는 아이에게 바이킹을 태우면 놀이가 아니라 고문이 되는 것처럼, 아무리 재밌는 놀이여도 스스로 선택하지 않으면 놀이가 아니다. 반면 어른들은 스스로 선택할 수 있는 것이 거의 없다. 공부해야 하고, 돈을 벌어야 하고, 직장에 다녀야 하고, 부모님께 효도해야 하고…. 책임과 의무는 많지만, 선택권은 없다. 그래서 많은 사람이 마음대로 할 수 있는 자유를 갈망한다.

그런데 솔직히 인정하자. 나를 자유롭지 못하게 하는 것은 상황이 아니라 바로 나 자신이다. 일을 잘해야 하고, 운동을 열심히 해야 하고, 청소를 잘해야 하고, 이건 이래야 하고, 저건 저래야 하고…. 나를 지치게 하고 자유를 빼앗는 것은 바로 '그렇게 해야만 한다'라는 나의 '생각'이다. '생각'은 내 머릿속 검열관이다. '생각'은 매 순간 이것은 옳고, 저것은 틀렸다고 말한다. 이건 하면 안 되고 저건 꼭 해야만 한다고 말한다. '생각'은 엄격한 도덕주의자이며 거룩한 순교자다. '생각'의 세계에는 즐거움과 자유로움, 재미 따위는 없다. 그래서 '생각'은 창조성의 가장 큰 방해꾼이다.

우리는 거룩한 순교자로 자신을 희생하기 위해 이 세상에 온 것이 아니다. 호기심과 즐거움을 따라 자유롭게 세상을 탐색하며, 원하는 것을 창조하는 기쁨을 누리기 위해 이 세상에 온 것이다. 그러니 '생각'의 방해 공작을 잘 알아차려야 한다. 이제부터 '생각'이 '그건 안 돼!'라고 말하는 순간을 잘 포착하자. 그리고 무시하자. 타인에게 피해를 주거나 신체가 위험해지는 것을 제외하고는 우리는 무엇이든 해도 된다. 이것도 안 되고 저것도 안 된다며 떠들어대는 '생각'을 옆으로 살짝 치워버리자. 우리가 누리는 자유는 우리의 '생각'으로부터의 자유다. '생각'으로부터 나를 해방시키자. 나는 무엇이든 할 수 있고, 어디든 갈 수 있다.

나는 무엇이든 선택해도 되고, 내가 원하는 만큼 자유롭게 살아도 된다!

네 번째, 무목적성 - 과정에 집중하기

아이들이 노는 데는 목적이 없다. 그저 노는 동안 재밌으면 된다. 재미 자체가 목적이다. 그래서 아이들은 '지면 어쩌지?' 또는 '반드시 이겨야 해!'라는 생각에 조바심 내지 않는다. 반면 어른들은 목적이 있어야만 움직인다. '돈을 벌기 위해' 일하고, '날씬해지기 위해' 운동하고, '취직하기 위해' 공부한다. 목적만을 이루기 위해 하는 일은 재미가 없다. 그래서 일이 재미없고, 운동이 하기 싫고, 공부가 지긋지긋하다. 하기 싫어도 열심히 해야 한다. 열심히 해야 목적을 이뤄서 이 재미 없는 것들에서 해방될 수 있으니 말이다.

목적 없이 그냥 하는 것, 또는 목적이 있어도 과정 자체를 즐기는 것은 어른들에게는 거의 불가능하다. 무엇을 하든 '원하는 대로 안 되면 어쩌지? 실패하면 어쩌지? 괜히 시간만 날리면 어쩌지?' 하며 조바심이 먼저 올라온다. 결과와 상관없이 과정 자체를 즐기려면 '몰입 경험'을 목표로 해야 한다. 아이들은 놀이에 완전히 몰입한다. 엄마가 불러도 들리지 않는다. 시간이 가는 줄도 모르고 집중해서 논다. 그럴 때 아이들은 시간도 공간도 자기 자신도 잊고 놀이와 하나가 된다. 불교에서 '삼매'라 부르는 경지에 아이들은 수시로 빠져든다.

공자의 말처럼 아는 자는 좋아하는 자만 못하고, 좋아하는 자는 즐기는 자만 못하다.[9] 자신이 하고 있는 일이 무엇이든 완전히 몰입하면 그 일은 놀이가 될 수 있고 즐길 수 있게 된다. 즐길 수 있게 되면 결과에 대한 집착에서도 한결 자유로워진다. 지금부터 무엇을 하든 '어떻게 하면 이 일을 하며 몰입을 경험할 수 있을까?'를 고민해보자. 몰입을 더 많이 경험할수록 힘든 일도 놀이로 변하는 연금술이 일어날 것이다.

다섯 번째, 즐거움 - 심각하지 않기

아이들은 주로 즐겁다. 즐겁게 노는 아이들의 몸과 마음은 말랑말랑 유연하다. 반면 어른들은 주로 심각하다. 먹고살 일이 걱정되어서, 나만 뒤처질까 봐, 일이 잘 안될까 봐 늘 심각하다. 심각함에 빠져 있으면 몸도 심각해진다. 온몸이 딱딱하게 굳어서 힘이 잔뜩 들어가 있는데도 자신이 힘을 주고 있다는 것조차 모른다. 심각해진 몸은 이런저런 통증과 질병을 일으킨다. 질병의 영어 표현인 'disease'라는 단어를 살펴보면 dis(없다)와 ease(편안함), 즉 '편안함이 없는 상태'가 질병이라는 것이다. 실제로 심각함은 현대인의 모든 정신적, 육체적 질병을 일으키는 주요 원인이다.

호모 루덴스(Homo Ludens)는 '놀이하는 인간'을 뜻한다. 재미를 추구하고 노는 것 자체가 인간의 주된 속성이며 삶의 목적이다. 우리는 놀기 위해 태어났다. 즐거움을 잊어버리고 심각해지는 것은 인간의 속성과 삶의 목적을 놓치는 정말로 심각한 문제다. 하지만 머리로는 이해해도 심각함에서 벗어나는 것은 전혀 간단치 않다. '먹고 살길이 막막한데…', '일이 잘 안 풀리는데…', '회사 생활이 너무 힘든데…' 등등 무거운 현실이 나를 짓누르고 있는 상황에서 '심각하지 말라'고 하면 답답하다 못해 화까지 난다.

그래서 나는 수업 첫날, 참가자들에게 이 시간 동안은 여섯 살로 있어 달라고 요청한다. 그리고 다 같이 여섯 살 아이들의 특징을 떠올려보며 앞으로 어떻게 행동할지 계획을 세워본다.

"여섯 살 아이는 작은 핀잔에도 금세 상처받고 기죽는다. 그러니 나도 여섯 살인 나를 기죽일 만한 말은 하지 않는다."

"여섯 살 아이는 하고 싶은 것을 눈치 보지 않고 한다. 그러니 나도 눈치 보지 않고 내가 하고 싶은 것을 해본다."

"여섯 살 아이는 하기 싫은 것을 억지로 하지 않고, 지루한 것은 견디지 못한다. 그러니 나도 하기 싫은 것은 하지 않고, 지루할 때 참지 않고 표현한다."

"여섯 살 아이는 걱정 없이 그냥 논다. 그러니 나도 이 시간만큼은 걱정을 접어두고 그냥 놀아본다."

이렇게 행동 수칙을 공유하고 나면 사람들의 표정에서 '정말로 그래도 될까?' 하는 두려움과 동시에 '아! 재밌겠다! 자유로울 것 같다!'라는 설렘이 교차한다.

심리학 교수 엘렌 랭어(Ellen J. Langer)는 70대 노인들을 모집해 일주일간 50대처럼 살아보는 '시계 거꾸로 돌리기' 실험을 했다. 실험 결과 단 일주일 만에 노인들의 신체 기능이 20년 전과 같이 젊어졌다.[10] 이 실험 결과처럼 현재 나이가 몇 살이든 내가 여섯 살이라고 생각하는 동안은 내 몸이 기억하고 있는 아이 때의 놀이, 아이 때의 창조성이 저절로 드러난다. 어른으로 사는 책임과 의무에서 완전히 벗어날 수야 없지만 일상에서 아주 잠깐씩 여섯 살로 돌아가는 것은 가능하다. 그러니 이 책을 읽고 실천하는 8주 동안은 종종 여섯 살처럼 생각하고 행동해보자. 조금씩 익숙해지면 점점 나를 짓누르는 무거운 현실에서도 심각하지 않을 수 있는 내공이 생길 것이다.

어른의 놀이는 저절로 되지 않는다

솔직히 고백하겠다. 매일 어떻게 하면 창조적으로 살지에만 몰두하며 사는 나에게도 이 다섯 가지 원칙을 삶에 적용하는 것은 몹시 어렵다. 나 역시 내적 즐거움보다는 외적 보상에 따라 행동하는 데 익숙하다. 즐거운 상상들은 '현실적으로 불가능해'라는 생각에 번번이 사장되곤 한다. 그 무엇보다 실천하기 어려운 것은 '결과와 상관없이 과정을 즐기는 것'이고, 그것보다 더 어려운 것은 '심각함에서 벗어나는 것'이다. 어린아이였을 때는 자연스러웠던 놀이가 어른인 지금은 왜 애써 노력해도 잘 안 될까?

창조성이 사라지게 된 원인은 우리 내면에도 있다. 아이들은 자라면서 자신의 멋진 상상이 현실에서 무참하게 꺾여버리는 경험을 하게 된다. 꿈의 세계와 현실의 세계가 충돌하며 상처를 입는 것이다. 상처 입은 아이들은 더 이상 상처받지 않기 위해 꿈의 세계를 굳게 폐쇄하고 현실 세계를 사는 어른이 된다(반대로 피터팬처럼 꿈의 세계에 남아 현실 세계를 거부하는 철부지 어른이 되기도 한다).

어른이 되어도 삶을 놀이하듯 산다는 것은 마냥 즐겁게 산다는 뜻이 아니다. 도전과 실패가 두려운데도 창조성이 안내하는 모험의 길을 명랑하게 걸어가겠다고 용기를 내는 것이다. 고난을 겪으면서도 현실에 매몰되어 심각해지지 않겠노라 다짐하는 것이다. 모두가 성공을 좇아 열심히 달리는 세상에서 완고하게 나만의 행복에 집중하며 느긋하게 걸어가기를 선택하는 것이다. 그래서 어른의 놀이는 아이처럼 저절로 되지 않는다. 놀이가 될 수 없는 고단하고 힘든 삶을 놀이의 재료로 삼아 즐거움과 기쁨으로 변형시키기로 의도적으로 노력하는 것이다.

나는 어떻게 하면 내 일과 일상이 놀이가 될 수 있을지 매일 치열하게 고민한다. 삶이 무겁고 정체된 느낌이 들 때면 내 일상에 놀이의 다섯 요소 중 무엇이 빠졌는지부터 점검해본다. 빠진 요소를 찾아내서 다시 놀이에 집중하면 무겁게 정체되었던 에너지가 풀리기 시작한다. 내 삶을 놀이로 바꾸려는 노력은 그 어떤 수행보다 강력하게 나를 성장시켰다. 놀기 위해 노력하면서 나는 심각함에서 벗어나 가벼워졌고, 그래서 용감해졌고, 할 수 없다고 생각한 일에 계속 도전할 수 있었다. 그래서 나는 내가 앞으로도 더 잘 놀 수 있게 되길 바란다. 그리고 더 많은 사람이 잘 놀 수 있게 되길 열망하며 이 책을 쓰고 있다(글쓰기의 고통을 '놀이'로 승화하려 매일 버둥대면서 말이다!).

Be Yourself

3.

창조성을 깨우는
2가지 훈련

딸깍ᴵ

01

몸 감각
깨우기

모든 답은 몸이 알고 있다

10명이 함께 바다를 보러 갔다. 누군가는 바다의 비릿한 내음에 눈살을 찌푸리고, 누군가는 바다 내음을 맡으며 "아, 바다다!" 하며 좋아한다. 누군가는 검푸른 바다를 보며 두려움을 느끼고, 누군가는 경이로움을 느낀다. 누군가는 파도 소리나 갈매기 우는 소리에 먼저 집중하고, 누군가는 고운 모래의 촉감을 느끼며 즐거워한다. 여기서 바다를 잘못 감상한 사람이 있을까? 당연히 없다. 우리는 같은 시간 같은 바다를 보면서도 모두 다 다르게 느끼고 다르게 생각한다.

인간은 누구나 '고유수용감각'[11]이 있다. 우리는 같은 자극을 받아도 각자의 몸 안에서 느껴지는 감각이 모두 다르다. 각자 다른 것을 느끼고, 다른 것에 매료되고, 다른 것에 두려움을 느낀다. 누구도 내 안에서 일어나는 느낌이나 감각을 알 수 없다. 내가 느끼는 것은 오직 나만 알 수 있다. 그래서 내 몸에서 일어나는 감각에 주의를 기울일 때 우리는 완벽하게 독창적인 자기 자신을 드러내게 된다. 나 자신으로 사는 방법은 너무도 간단하다. 매 순간 성실하게 내 몸의 감각에 집중하면 된다.

우리는 몸이 충분히 지성적이라는 것을 거의 모르고 있다. 몸은 뇌보다 더 이성적이다. 한 연구에서는 금융 분야에서 성공한 사람들이 '많이 배우고 치밀하게 분석을 잘하는 사람'이 아니라, '신체의 느낌을 더 민감하게 느끼는 사람'이라는 사실을 밝혀냈다. 몸은 뇌처럼 인지 오류도 겪지 않기 때문에 몸이 보내는 신호는 뇌보다 더 정확하다. 게다가 몸은 이성적으로 접근이 어려운 깊은 잠재의식과도 연결되어 있다. 몸의 감각을 잘 인지하면 무의식적 정보도 활용하게 되면서 머리보다 더 빠른 속도로 정보를 처리할 수 있다.[12]

성인이 된 이후 나는 줄곧 '어떻게 살아야 할까?'에 대한 답을 찾아 헤맸다. 인문, 철학, 심리, 예술, 영성 등 다양한 공부를 한 끝에 찾은 답은 바로 몸이었다. 몸이 존재의 시작이고, 몸이 나를 만나는 길이었다. 몸이 내 삶의 모든 답을 갖고 있었다. 몸은 내가 무엇을 해야 하고, 무엇은 하지 말아야 할지 매 순간 다 알려주고 있었다. 내가 할 일은 그저 몸에서 어떤 감각이 일어나는지 주의 깊게 듣고 몸을 따라 살면 되는 것이었다(이 단순한 사실을 깨닫기 위해 오랜 시간 머리 싸매고 공부해야 했지만 말이다).

몸의 감각이 보내는 신호대로 살기 시작하니 결정은 쉬워지고 걱정은 줄어들었다. 무엇을, 언제, 어떻게 해야 할지 고민할 필요가 없어졌다. 몸의 감각에 집중할수록 컨디션 관리도 쉬워져서 더 효율적으로 일하게 되었다. 감정을 알아차리고 관리하는 것도 더 섬세해졌다. 몸에 귀를 기울일수록 삶은 단순하고 명료해졌다. 그럴수록 내 재능을 펼치는 나다운 삶의 방향도 더욱 분명해졌다. 나답게 잘 사는 길을 찾고 싶다면 부디 몸의 감각에 집중하는 훈련을 해보길 강력하게 권한다.

감각 깨우기 훈련

우리의 두뇌는 유아기와 청소년기를 거치면서 발달한다. 그러나 우리의 감각은 엄마 뱃속에서부터 발달해서 태어날 때는 이미 온전히 기능한다. 그래서 감각을 깨우는 훈련은 전혀 어렵지 않다. 잘 사용하지 않아서 잠시 잊은 것뿐이니 조금만 주의를 기울이면 금방 깨어난다. 훈련은 하루 중 언제든 할 수 있고 어떤 상황에서도 할 수 있다. 길을 걷다가, 수업을 듣다가, 밥을 먹다가 등등 언제든지 내가 무엇을 보고, 듣고, 만지고, 냄새 맡고, 먹고 있는지 나의 다섯 감각에 잠깐 주의를 기울이면 된다.

우리는 대부분의 일상에서 보고 있는데 보지 못하고, 듣고 있는데 듣지 못한다. 만지면서도 감촉을 느끼지 못하고, 먹고 있으면서 맛을 느끼지 못한다. 생각에 빠져 있느라 그렇다. 생각에서 빠져나와 감각에 주의를 기울이면 모든 것이 새롭게 느껴진다. 더 많은 것이 보이고, 더 많은 소리가 들리고, 음식의 맛은 더 생생해진다. 감각에 주의를 기울이는 동안은 걱정도 사라지고 모든 것이 괜찮아진다. 몸을 떠나 있던 정신이 몸으로 돌아와서 '지금, 여기'에 존재하게 되는 것이다.

창조성 수업 참가자들은 감각을 깨우는 훈련을 하면서 눈에 띄는 변화를 겪었다고 말한다. 과식하는 습관이 줄고, 저절로 몸에 좋은 음식을 선택했다. 몸의 상태를 잘 알고 돌보게 되니 자신을 잘 돌보고 있다는 만족감도 커졌다. 부정적인 감정에서는 더 빨리 빠져나왔고, 행복의 빈도와 강도는 더 강해졌다. 판단 평가하는 마음은 줄어들고, 더 수용적으로 변했다. 마음의 여유가 많아지고, 쉽게 편안해질 수 있게 되었다. 이 외에도 감각을 깨우며 겪은 긍정적인 변화들은 무궁무진하다.

이 책에서는 8주간 '보기, 듣기, 걷기, 이완하기, 먹기' 등 몸의 감각을 깨우는 과제가 매주 하나씩 주어질 것이다. 하루에 한 번도 좋고, 일주일에 두세 번도 좋다. 주어진 미션에 따라 내 몸의 감각을 느껴보고 기록해보자. 처음에는 감각을 느껴보는 것이 낯설고 '이게 무슨 도움이 될까?' 의심스러울 수 있다. 그래도 포기하지 말고 계속 시도해보자. 한 주씩 쌓여갈수록 점점 더 머리가 아닌 온몸의 감각으로 일상을 생생하고 풍부하게 경험하게 될 것이다. 그럴수록 감각이 주는 경이로움과 아름다움을 더 자주, 더 많이 느끼고 싶어질 것이다.

02

창조
리추얼

창조 리추얼, 매일 두려움을 돌보는 시간

창조성 강사 줄리아 카메론은 '용기'와 '낙관론'이 창조적 성공의 필수요소라고 말한다.[13] 인간은 원래 가만히 내버려두면 걱정 근심에 사로잡히게 된다. 그래서 의도적으로 낙관적인 태도를 유지하기 위해 노력해야 한다. 특히 창조 과정은 매 순간 두려움을 넘어 미지의 세계를 향해 용기 내야 하는 순간의 연속이다. 잠시만 방치해도 두려움에 잠식당해 용기를 잃고 창조 과정이 중단되어버리기 쉽다.

창조 리추얼은 일상 속에서 '용기'와 '낙관적 태도'를 기르는 간단한 장치다. 나는 주로 만사가 귀찮은 사람이라 단순하고 효율적인 것을 좋아한다. 그래서 쉽고 간단하면서도 일상적으로 창조성을 돌볼 수 있는 리추얼, 나같이 모든 게 귀찮고 에너지가 적은 사람도 쉽게 실천할 수 있는 리추얼을 오랫동안 고민했다. 그런 고민 끝에 추려낸 두 가지 리추얼은 창조 과정을 지속하는 데 든든한 버팀목이 되어줄 것이다.

첫 번째, 굿나잇 리추얼

창조성 수업 첫날, 나는 참가자들에게 8주 동안 잠을 충분히 자달라고 간곡히 부탁한다. 잠이 부족한 상태에서 창조성을 깨우는 것은 불가능하다. 피곤하고 지친 상태로는 좋아하고 즐거워하는 일을 찾을 수도 없고, 찾았다 해도 즐겁게 하기 어렵다. 용기 내서 새로운 도전을 하고 싶지도 않고, 그저 만사가 다 귀찮을 뿐이다. 그래서 피곤한 직장인들과 저녁에 진행하는 수업은 항상 이완 명상으로 시작하곤 한다. 뇌를 잠시라도 쉬게 해야 잠시라도 창조적인 활동이 가능해지기 때문이다.

유난히 부지런한 우리나라 사람들은 뭔가를 성취하려면 잠을 줄여가며 노력해야 한다는 생각이 지배적이다. 그래서 잠을 많이 자는 것을 게으르다고 생각하며 죄책감을 느끼곤 한다. 하지만 수면이 부족할수록 뇌의 학습, 인지 능력은 모두 떨어진다. 자신의 상태를 판단하는 능력도 떨어져서 좋은 결정을 내리기 어렵고, 부정적인 습관은 더 강해진다. 한마디로 잠이 부족할수록 멍청해진다. 건강하고 생산적인 삶을 위해서도, 창조성을 깨우기 위해서도, 잠을 충분히 잘 자는 것은 무엇보다 중요하다. 간단한 굿나잇 리추얼을 통해 질 좋은 수면으로 뇌를 최적화해서 창조적인 활동이 가능하도록 일상을 가꾸어보자.

먼저, 핸드폰을 잠자는 장소와 완전히 분리된 곳에 둔다. 잠들기 전은 억눌렀던 부정적인 감정과 온갖 잡생각이 마구 올라와서 하루 중 심리적으로 가장 부대끼는 시간이다. 또, 가족이 곁에 있어도 내 안에 있는 감정과 혼자서 마주해야 하는 고독한 시간이기도 하다. 이 시간의 불편한 감정을 피하기 위해 우리는 보통 잠들기 직전까지 핸드폰을 본다. 하지만 핸드폰 사용의 해로움에 대해서는 충분히 알고 있을 것이다. 핸드폰을 사용할수록 자의식은 왜곡되고, 도파민에 중독되며, 우울감은 더 심해진다. 온종일 핸드폰을 보며 정신을 흐리멍덩하게 만든 것도 모자라, 잠자기 전까지 핸드폰에게 내 정신을 내어줄 수는 없다. 핸드폰이 눈에 보이는 것만으로도 의식이 흐트러진다. 손에 닿지 않게 멀리 두는 것이 아니라 아예 다른 방에 두기를 권한다.

창조성 수업 참가자들도 핸드폰 없이 잠들고 일어나는 것에 대해 처음에는 난감해한다. 하지만 8주가 지난 후에는 이것만은 앞으로도 계속 지키고 싶다고 말한다. 실천한 사람들은 대부분 잠들기가 훨씬 수월해지고, 아침을 맞이하는 것도 여유로워졌다. 기분도 한결 나아지고, 정신은 또렷해지고, 몸도 더 개운해졌다. 이런 변화를 겪으면서 그동안 핸드폰 사용이 얼마나 해로웠는지 생생히 깨닫게 되었다고 말한다. 나도 아주 가끔 핸드폰을 보다가 자는 날에는 어김없이 수면의 질이 떨어지고 정신이 흐리멍덩해진다. 흐리멍덩한 정신에는 아무리 좋은 것을 입력해도 흐리멍덩할 뿐이다. 맑은 정신부터 가꿔야 뭐라도 할 수 있다. 생각보다 많이 불편하지 않고 오히려 좋은 변화가 더 많을 테니 한번 마음을 열고 시도해보자.

핸드폰을 멀리 두고 잠잘 준비를 마쳤다면, 몸을 부드럽고 편안하게 이완해준다. 요가나 스트레칭을 해도 좋고, 누운 상태로 가볍게 온몸을 살랑살랑 털어도 좋다. 바디 스캔을 하는 것도 좋다. 머리끝부터 발끝까지 스캔하듯이 천천히 몸의 감각을 느끼며 이완한다. 너무 피곤해서 다 귀찮으면 누워서 편안히 심호흡만 해도 된다(2, 3주차에 몸 감각 깨우기 활동으로 호흡과 그라운딩을 자세히 안내해놓았다. 이 두 가지로 굿나잇 리추얼을 하면 가장 좋다).

심리치료사 다미 샤르프(Dami Charf)는 "우리는 대체로 이완된 상태에서만 새로운 행동 패턴을 익힐 수 있다. 심한 스트레스 상태에서는 사실상 학습 능력이 없기 때문이다"[14]라고 말한다. 안타깝게도 스트레스에 절여진 대부분의 사람이 잠들기 직전까지도 몸의 긴장을 잘 해소하지 못한다. 심지어 긴장한 몸 그대로 잠을 자기도 한다. 몸이 긴장되어 있으면 생각도 감정도 잘 알아차릴 수가 없다. 당연히 수면의 질도 떨어진다. 잠자기 전에 충분히 몸을 이완하는 것이 습관이 되면 질 좋은 수면에도 결정적인 도움이 될 뿐 아니라, 일상에서도 몸의 감각을 더 섬세하게 느낄 수 있게 된다.

이완하기는 잠자기 전 올라오는 온갖 걱정과 불안을 돌보는 데도 매우 효과적이다. 사람은 두 가지 생각을 동시에 할 수가 없다. 생각을 멈추려고 노력해봤자 소용이 없지만, 이완하면서 내 몸의 감각에 주의를 집중하면 생각은 어느새 끊어지게 된다. 나는 십수 년간 불면을 겪은지라 지금도 자려고 누우면 '잠이 안 오면 어쩌지?'하는 불안이 습관적으로 올라온다. 하지만 매일 밤 이완하기를 지속한 결과, 지금은 그런 불안이 무색할 만큼 1~2분 만에 잠이 들어버린다.

수업 참가자들은 몸을 이완해보며 그동안 몸이 늘 긴장되어 있었다는 것에 놀란다. 몸을 이완하니 생각과 감정도 유연해진다는 것을 경험한다. 실제로 심리적 문제가 많은 사람일수록 몸에 긴장이 많다. 그래서 몸을 잘 이완할수록 감정적인 어려움을 돌보는 것도 쉬워진다. 잠자기 전 단 몇 분간 몸을 이완하는 것은 전혀 어렵지 않다. 별다른 도구도 필요 없고 누워서도 가능하다. 하지만 그 효과는 일상을 완전히 바꿀 만큼 놀라울 것이다. 잠자기 전 핸드폰 없이, 몸의 감각에 주의를 기울이며 몸을 이완하기, 오늘부터 바로 시작해보자!

두 번째, 칭찬일기 리추얼

창조성을 안내하며 가장 어려운 일이 자기 비난과 비판을 멈추게 하는 것이다. 자신이 부족하다는 생각은 백해무익 하지만, 알면서도 자기 비난을 멈추는 것은 상당히 어렵다. 그 어려운 것을 아주 쉽게 해결해주는 도구가 바로 칭찬일기다. 칭찬일기는 가장 빠르게 자기 비난에서 벗어나 자신을 수용할 수 있게 돕는 최고의 방법이다. 그뿐만이 아니다. 칭찬일기는 불안이나 우울감을 해소해주고, 자기 장점과 가능성을 더 잘 발견하게 해준다. 칭찬일기는 창조 과정을 지속하는 데 필요한 모든 것을 제공해주는 훌륭한 도구다.

창조성을 안내하며 칭찬일기를 쓴 그룹과 쓰지 않은 그룹의 차이는 확연했다. 칭찬일기를 쓴 그룹은 빠르게 자존감이 높아졌고, 자신의 감정을 잘 케어할 수 있게 되었다. 부정적인 감정에서 쉽게 탈출했고, 정서적 안정감도 커졌다. 그 안정감을 기반으로 두려움을 이기고 도전하는 힘도 커졌다. 반대로 칭찬일기를 쓰지 않은 그룹은 8주간 아무리 긍정적인 변화를 겪었어도 자꾸만 원점으로 돌아왔다. 자신을 믿지 못하고 비난과 비판이 이어지니, 원하는 게 있어도 주저하며 앞으로 나아가지 못했다. 시작은 더 어렵고 좌절은 더 빨리 찾아왔다.

칭찬일기의 효과는 과학적으로도 입증된 바 있다. 자신을 비난하는 말들로 수치심을 느끼면 뇌에서는 스트레스 호르몬이 분비된다. 이로 인해 인지적 유연성과 학습 능력이 떨어져서 어려운 일에 대응하는 것이 더욱 어려워진다. 나를 비난할수록 비난받을 일은 더 많아지게 되는 것이다. 반면, 자신을 격려하고 응원할 때는 행복 호르몬인 옥시토신과 엔도르핀이 분비된다. 이로 인해 우울감, 불안감, 스트레스는 덜 느끼고, 어려운 문제에 맞설 수 있는 수행력은 높아진다. 실패나 실수를 받아들일 수 있는 회복탄력성도 좋아진다. 자신에게 친절하게 대할수록 삶의 모든 영역에서 더 나은 결과를 얻을 수 있게 된다.

칭찬일기는 노트를 마련해서 잠자기 전이나 아침에 적어도 좋고, 하루 종일 틈틈이 생각날 때마다 핸드폰 메모장에 적어도 좋다. 갯수는 하루에 3개도 좋고 10개도 좋다. 자기 비난이 심해서 확실한 효과를 보고 싶다면 하루 30개 적기를 추천한다. 칭찬일기에는 다른 사람에 대한 칭찬이나 감사는 쓰지 않는다. 나 자신에게만 고마워하고, 나 자신에게 하는 칭찬의 말만 쓴다. 자신과 타인에 대한 비난은 쓰지 않는다. 대신 비난하고 싶은 마음을 알아차린 것을 칭찬해준다.

꼭 칭찬받을 만한 일만 적는 것이 아니다. 물을 마시거나 운동한 것, 양치질 등 하루 동안 내가 한 모든 행동에 대해서 아주 당연한 것까지도 칭찬해준다. 또, 딱히 좋은 성과나 결과가 없어도 내가 노력한 것은 무엇이든 칭찬해준다. 내가 가장 많이 하는 칭찬은 무기력한데도 하루를 살아내려 애쓴 나를 칭찬하는 것이다. 때로는 몸이 너무 피곤해서 계획대로 하지 못한 나를 칭찬해주기도 한다. 계획은 지키지 못했지만, 그보다 몸을 더 소중히 한 나를 칭찬하는 것이다.

내 외모, 내 성격 등 내가 노력하지 않고도 갖고 있는 것들도 칭찬해준다. 나는 종종 네모난 나의 발이 너무 귀엽다거나 피아노를 잘 치는 내 손이 고맙다고 쓴다. 달빛이 밝아서 왠지 신이 난 나의 감수성을 칭찬하기도 하고, 심각한 상황에서도 개그를 구상하는 나의 유머 감각에 감탄을 보내기도 한다. 새로운 깨달음이나 일상의 긍정적 변화도 칭찬일기에 쓴다. '칭찬일기 10개를 이렇게나 쉽게, 이렇게나 자연스럽게 쓰다니, 대단해! 처음에는 3개도 못 쓰고 끙끙댔는데!'라며 예전과 조금이라도 달라진 부분이 있다면 아낌없이 칭찬해준다.

칭찬일기의 마지막은 나의 하루를 응원하고 격려해준다. 나는 다음 날 할 일들을 떠올리며, 그 일들을 즐겁고 성실하게 잘해낼 나를 상상하며 응원해준다. 두려운 도전이 있다면 잘해낼 수 있다고 더더욱 힘주어 응원해준다. 칭찬일기라고 해서 칭찬만 쓰는 것이 아니다. 나의 존재에 대한 감사와 감탄도 쓰고, 나에 대한 격려와 응원도 쓰며, 나를 믿어주고 지지해주는 모든 말들을 쓰는 것이다.

나는 지금도 칭찬일기 쓰기를 게을리할 때마다 용기를 잃고 움츠러드는 나를 발견하곤 한다. 소심하고 겁많고 무기력한 내가 지금까지 수많은 일에 도전할 수 있었던 건 단연코 칭찬일기 덕분이었다. 칭찬과 격려의 말은 매일매일 공급되어야 하는 창조성의 핵심 연료다. 핵심 연료를 채우기 위해 나를 응원하고 격려해줄 사람을 매번 찾아다닐 수는 없다. 가장 빠르고 안전하고 확실하게 연료를 채우는 방법은 매 순간 나 자신에게 응원과 격려를 쏟아붓는 것이다. 앞으로 8주 동안 칭찬일기로 창조성의 핵심 연료를 매일매일 채워보자. 칭찬일기를 지속하는 것만으로도 매우 행복한 변화를 경험하게 될 것이라고 장담한다.

주의사항

굿나잇 리추얼의 핵심은 '편안하고 이완된 몸'으로 잠드는 것이고, 칭찬일기 리추얼의 핵심은 칭찬과 응원을 받으며 좋은 기분을 '몸'으로 느끼는 것이다. 둘 다 핵심은 '몸'이 편안해지는 것이다. 억지로 칭찬할 거리를 쥐어짜며 애써서 나를 응원하면 기분만 더 나빠지고 몸은 답답한 느낌이 든다. 몸을 이완하려고 과도하게 애를 쓰면 긴장은 풀리지 않고 몸은 더 굳어진다. 매일 리추얼을 해야 창조성이 깨어난다는 생각에 의무적으로 해서는 안 된다. 의무적으로 하는 리추얼은 머리로만 하는 리추얼이다. 머리로 하는 리추얼은 창조성에 도움이 안 되는 정도가 아니라 치명적으로 해롭다.

리추얼을 통해 나의 창조성을 돌보겠다는 약간의 거룩한 의무감 외에는 가능한 모든 힘을 빼기 바란다. 매일 반드시 해야만 한다는 생각

없이 편안하게 시도해보자. 무심히 시도하다가 리추얼이 주는 긍정적 변화를 느끼게 되면 저절로 리추얼을 계속하고 싶어질 것이다. 그럴수록 매일 해야 한다는 생각 없이도 어느새 매일 하고 있는 나를 발견하게 될 것이다. 어쩌다 하루 이틀 하지 않아도 문제 될 것은 없다. 리추얼을 할 때의 좋은 경험을 기억한다면 언제든 자연스럽게 다시 하게 된다. 이것이 우리가 되찾아야 할 창조성의 자연스러운 흐름이다.

편·안한상태

03

창조성은
경험하는 것이다

창조성을 경험하기 위한 준비

모든 지식이 그렇지만 특히 창조성은 언어만으로는 절대 이해할 수 없다. 마치 요리를 먹어보지 않고 글로 맛을 이해하려는 것과 같다. 또한 창조성은 훈련할수록 더 강해진다. 이 책은 창조성을 경험하고 일상에서 훈련할 수 있도록 구성되어 있다. 책을 읽는 것으로 창조성에 대해 이해할 수 있다. 하지만 정말로 내 안에서 창조성이 깨어나는 변화를 경험하고 싶다면 매주 창조성을 깨우는 과제와 리추얼도 꼭 실천해보길 바란다. 몸으로 경험할 때 창조성은 머리에서 가슴으로 내려와 내 삶에 구체적인 변화를 만들어낼 것이다.

먼저 1주일에 한 번씩 책을 읽고 과제를 할 시간을 정해둔다. 미리 시간을 정해두지 않으면 다른 바쁜 일로 밀리거나 중간에 흐지부지될 수 있다. 과제 대부분은 책을 읽으면서 바로 할 수 있지만 좀 더 시간이 필요한 것들도 있다. 그런 과제는 한 주간 언제 할 것인지 일정을 미리 잡아둔다. 매주 정해진 시간에 혼자서 편안히 집중할 수 있는 '좋아하는 공간'도 정해두면 좋다. 그 공간에 앉아 책을 펴는 것만으로도 매주 지속하기가 쉬워질 것이다. 혼자서도 할 수 있지만 함께하면 훨씬 풍부하게 창조성을 경험할 수 있다. 단, 함께할 때는 서로의 창조성을 도울 수 있도록 주의할 점이 있다. 소모임으로 함께할 경우 부록에 있는 '소모임 가이드'를 구성원들과 함께 읽고 시작하기를 바란다.

변화의 저항을 넘어가기

창조성이 깨어나는 과정은 편하고 즐겁지만은 않다. 창조성은 숨기고 외면했던 꿈을 다시 꾸게 한다. 그럴 때 우리는 기쁜 것이 아니라 불안과 두려움에 사로잡힌다. 꿈을 묻어두고 나로 살지 못하는 삶이 행복하지는 않아도 익숙하기 때문이다. 익숙한 것과 이별하는 것은 불편하고 두렵기 마련이다. 그래서 많은 사람이 변화하고 싶다고 말하지만 실제로는 변화하기를 거부한다. 그 두려움을 잘 알기에 수업을 시작할 때마다 꼭 하는 말이 있다.

"살던 대로 살면, 살던 대로 살게 됩니다."

이 책을 읽고 있는 당신에게도 간절히 부탁하고 싶다. 부디 용기를 내기 바란다. 익숙한 안락지대에 머물면서 창조성을 깨우는 것은 불가능하다. 8주간 예상치 못했던 격렬한 감정 기복을 겪거나 그동안 피해왔던 두려움을 마주할 수도 있다. 그런 불편한 변화들이야말로 나 자신을 찾아가고 있다는 반가운 증거들이다. 그러니 부디 도망치지 말고 마주해보자. 도망친다고 달라질 것은 아무것도 없다. 나 자신으로 살지 못하는 혼란의 시간만 길어질 뿐이다.

반대로 8주간 책의 내용을 실천했는데 아무 변화도 일어나지 않는 것 같아서 의심스러울 수도 있다. 하지만 장담하건대 이 책을 읽고 실천까지 했는데도 아무런 변화를 겪지 않을 방법은 없다. 그러니 의심하는 마음을 일단 고이 접어 넣어두자. 무엇이든 하지 않는 것보다는 하는 것이 도움이 되니, 실천했다가 손해 볼 것은 없다.

자, 여기까지 읽은 지금 당신의 마음에는 어떤 두려움이 있는가? 또 어떤 변화가 기대되는가? 한번 적어보자.

8주의 창조성을 깨우는 여정을 시작하며,

두려운 것 : _____

기대되는 것 : _____

위의 적은 내용을 8주의 여정이 끝날 때 꼭 다시 읽어보길 바란다. 창조적 여정의 중요한 키를 발견하게 될 것이다.

창조성 선언하기

의도는 내가 무엇에 집중해야 하는지를 상기시켜준다. 의도를 설정하기만 해도 긍정적인 기분이 들고 기억력과 문제해결력이 좋아진다. 아래의 창조성 선언문을 소리 내어 읽어보며 나의 창조성을 깨우는 것을 의도해보자. 그냥 읽어보기만 하면 안 된다. 소리 내어 읽어야 가슴에 새겨진다. 좀 더 진지하게 오른손을 들고 선서하듯 읽어도 좋다. 나는 수업 첫날 참가자들과 항상 오른손을 들고 함께 선서하듯 읽는다.

창조성 선언문

1. 나는 창조성을 깨우는 과정에서 **안전지대를 벗어나는 저항**이 따르더라도 **마음을 열고 시도**한다.
2. 나는 나의 창조성을 만나기 위해 8주간 **잘 먹고, 잘 자며,** 나 자신을 잘 돌본다.
3. 나는 8주간 **오직 나 자신에게 집중하고, 나 자신을 진실하게** 대한다.
4. 나는 8주간 생각이 아닌 **느낌**과 행동으로 창조성을 **체험**한다.
5. 나는 8주간 매주 만나는 과제를 호기심을 가지고 **즐겁게 시도**한다.
7. 나는 모든 사람이 창조성을 가진 고유하고 평등한 존재임을 존중하며 **함부로 판단, 평가하지 않는다.** 나는 나 자신도 창조성을 가진 고유한 존재로 존중하며 함부로 판단, 평가하지 않는다.
8. 나는 8주간 **지금 여기, 내 몸에서 일어나는 감각에 집중**한다.

자, 이제 'Best one'이 아닌 'Only one'이 되는 길, 내 안의 창조성을 깨우는 여정을 시작해보자. 때로는 롤러코스터를 타는 듯한 극적인 변화가, 때로는 일상에서 느껴지는 충만함으로 전율하는 순간이 기다리고 있을 것이다!

Be Yourself

Part 2

창조성을 깨우는
8주간의 여정

1주

창조성이 꽃필 수 있는
환경 조성하기

인지심리학자들은 '창조적인 사람'이 따로 있는 것이 아니라 '창조적인 상황으로 걸어 들어가는 사람'이 있을 뿐이라고 말한다. 환경이 인간에게 미치는 영향력은 매우 크다. 같은 사람이라도 어떤 환경에 있는지에 따라 감정과 생각, 생활 습관까지 모두 달라진다. 창조성도 마찬가지다. 대부분 사람이 창조적이지 못한 이유는 창조성을 발휘할 수 없는 상황에 놓여있기 때문이다. 그래서 창조적인 사람들은 창조성을 발휘할 수 있는 환경을 잘 파악하고, 스스로 그 환경을 조성하기 위해 끊임없이 노력한다.

창조성을 꽃피우기 위한 첫걸음은 창조성이 깨어날 수 있는 환경부터 조성하는 것이다. 식물은 적절한 환경에 놓이면 저절로 씨앗을 틔우고 자라난다. 우리 안의 창조성도 적절한 환경을 조성해주면 스스로 깨어나고 자라나기 시작한다. 창조 여정의 시작인 이번 주는 나를 둘러싸고 있는 시간과 공간, 그리고 가장 중요한 인간관계까지 나의 창조성을 꽃피울 수 있는 환경을 하나씩 점검해보자.

공간이 바뀌면 사람이 바뀐다
: 창조적 공간 가꾸기와 걷기

공간이 바뀌면 사람이 바뀐다

EBS <건축탐구 집>은 집과 사람, 공간에 관한 이야기를 담은 다큐멘터리다. 이 프로그램 출연자들은 한결같이 자신만의 집을 짓고 나서 일상에 변화가 생겼다고 이야기한다.

"집에 오면 누워서 TV만 보던 남편이 엄청 부지런해졌어요."

"아내가 많이 아팠는데 지금은 건강해졌어요."

"이사 오고 나서는 엄마가 짜증을 안 내고 잔소리가 줄어서 너무 좋아요."

"늘 바쁘고 정신없었는데, 공간이 바뀌니 마음이 여유로워지고 편안해졌어요."

공간이 바뀌자 성격도 감정도 몸의 건강도 바뀌었다는 것이다. 그런 삶을 증명이라도 하듯 출연자들의 얼굴은 한결같이 편안하고 여유 있는 미소를 띠고 있다.

건축가 크리스토퍼 알렉산더(Christopher Alexander)는 "한 사람의 상태는 전적으로 그 사람의 주변 환경과의 조화에 달려 있다"[15]라고 말한다. 과도하게 정돈된 공간에 있으면 몸이 긴장되고 활동이 자유롭지 못하게 된다. 정돈되지 않은 혼잡한 공간에서는 자존감이 떨어지고 집중력을 발휘하기 어렵다. 머무는 공간에 따라 기분과 감정, 신체적 건강과 자존감까지 달라진다. 공간이 주는 영향력이 매우 큰데도 불구하고 우리는 공간의 중요성을 간과하는 경향이 있다.

창조적인 공간 조성하기

그렇다면 나의 창조성을 열어주는 공간은 어떤 공간일까? 심리학자 미하이 칙센트미하이(Mihaly Csikszentmihalyi)는 창조성을 향상시키는 환경에 대해 이렇게 말한다. "우리의 개성을 마음껏 드러낼 수 있는 집에 산다면 창조성의 가능성 또한 높아질 수 있다. ··· 소중한 물건들은 우리의 목표를 상기시키고, 자긍심을 갖게 하며, 주의를 집중할 수 있게 한다. 사무실에 진열된 트로피, 졸업 증서, 좋아하는 책들, 가족사진은 내가 누구인지 무엇을 성취했는지 그리고 무슨 일을 하게 될지 확인시켜준다. 내가 방문하고 싶은 장소의 그림과 지도, 좀 더 알고 싶은 일들에 관한 책들은 미래에 하게 될 일에 대한 이정표들이다."[16] 나의 창조성을 깨우는 공간은 바로 나를 잘 담고 있는 공간이다.

공간은 그 공간을 사용하는 사람의 인격, 개성, 심리 상태 등을 고스란히 반영한다. 공간만 봐도 그 공간을 사용하는 사람에 대해 많은 것을 알 수 있다. 내가 가장 오래 머무르는 공간을 한번 천천히 둘러보자. 내

방일 수도 있고, 사무 공간일 수도 있다. 내 공간에서 '나'라고 느낄 수 있는 것은 무엇인가? 나에게 의미 있는 물건, 나의 취향과 관심사가 담긴 것들은 어떤 것이 있는가? 내 공간에서 나를 반영하고 있는 '나다운 요소'들은 내가 누구인지, 내가 어떤 삶을 살고 싶어 하는지 말해준다. 또한 내가 원하는 방향으로 집중하고 나아갈 수 있게 도와준다.

내가 편안해지고 기분 좋아지는 공간의 특징을 잘 알수록 일상의 만족감과 행복도 달라진다. 지금 내 공간이 나다움을 잘 반영하고 있지 않다면, 이번 주에 나를 불편하게 하는 것들을 바꿔보자. 내 공간에서 가장 거슬리는 것은 무엇인가? 불쾌한 냄새, 낡은 벽지, 조화롭지 못한 가구들…. 무엇이든 좋다. 내 공간을 천천히 둘러보며 불편하고 거슬리는 것들을 찾아보자. 다른 사람에게는 거슬리지 않아도 나에게는 견디기 어려운 것들이 있다. 오직 나를 기준으로 불편한 것들을 찾아보자. 그리고 불편한 것을 어떻게 바꿀 수 있을지 고민해보자.

당장 이사를 하거나 마음에 드는 가구를 사는 것은 어렵다. 그러나 내가 불편한 것과 원하는 것을 정확히 알면 얼마든지 창조적으로 해결할 수 있다. 창조성 수업에 함께했던 지혜 씨는 새로 이사한 어두운 원룸이 마치 무덤같이 느껴졌다. 집에 있으면 우울해져서 점점 더 집에 들어가기가 싫어졌다. 고민 끝에 지혜 씨는 책에서 좋아하는 구절을 포스트잇에 옮겨 적어 온 방 안에 붙여놓았다. 시선이 닿는 곳마다 힘이 나는 문구들이 보이니, 무덤같이 느껴졌던 공간이 창조성이 확장되는 우주같이 느껴진다며 행복해했다.

지혜 씨처럼 돈을 들이지 않고도 얼마든지 나에게 힘을 주고 영감을 주는 공간으로 바꿀 수 있다. 낡은 벽지는 화려한 빛깔의 스카프 한 장으로 멋지게 가릴 수 있다. 바꾸고 싶은 수납장은 좋아하는 소품들을 놓아 시선을 다른 곳에 집중시킬 수 있다. 참을 수 없는 환경을 견디느라 소중한 에너지를 소모하면서도 '어쩔 수 없다'며 포기하지 말자. 내가 원하는 모든 것을 완벽하게 갖추는 것이 목표가 아니다. 내가 원하는 것을 알고 원하는 방향으로 조금씩 변화를 만들어내는 과정 자체가 중요하다.

과학 저널리스트 애니 머피 폴(Annie Murphy Paul)은 다음과 같이 말한다. "사람들은 자기만의 공간처럼 느껴지는 공간을 사용할 때, 더 자신감 있고 능력 있는 자기 자신을 발견하게 된다. 그들은 또 더 능률적이고 생산적이며, 집중력이 높아져 덜 산만한 상태가 된다. 게다가 그들은 자신의 관심사를 더 강력하고 효과적으로 제시하게 된다."[17] 자신감 있고 능력 있는 나를 만나고 싶다면 나의 공간부터 바꿔보자. 나에게 전혀 도움 되지 않는 공간에 머물면서 생산적이지 못한 것을 내 문제라고 탓하지 말자. 내 공간이 나다운 요소들을 잘 담고 있을수록 더 쉽게 나의 창조성을 만나게 될 것이다.

자연에서 걷기

과학 저널리스트 애니 머피 폴은 다음과 같이 말한다. "우리의 몸과 뇌는 실내가 아닌 실외에서 잘 기능하도록 진화했다. … 연구 결과에 따르면 자연에 노출되면 20~60초 사이에 심장 박동수가 느려지고, 혈압은 떨어지고, 호흡은 더 규칙적으로 자리 잡고, 뇌 활동은 더 편안해진다. … 자연은 우리의 정신력을 독차지하지 않은 상태에서 우리의 기분을 고양하고 생각을 전환해준다. 그러한 긍정적인 감정 상태가 되면 우리는 더 폭넓고 열린 마음가짐으로 사고하게 된다. 정신적 여유 공간이 생기면 활발하게 일어나는 생각들이 이미 뇌에 깊이 저장돼 있던 기억, 감정, 생각들과 뒤섞이면서 영감을 주는 생각이 번뜩일 수 있다."[18]

건축가 해리 프랜시스 몰그레이브(Harry Francis Mallgrave)도 "우리 조상들의 피가 여전히 우리 안에 흐르고 있기 때문에 우리는 야외에 있을 때 '집에 있다'고 느낀다"[19]라고 말한다. 우리는 건물의 날카로운 직선보다 나무나 바위의 부드러운 곡선에서 안정감을 느낀다. 도시의 자극적인 소리보다 파도 소리나 새소리 같은 반복되는 잔잔한 소리에서 편안함을 느낀다. 자연에 머물 때 부정적인 생각이 줄어들어서 우울함이 개선된다는 연구 결과도 있다. 인공적인 환경에서 벗어나 자연에 머무는 것만으로도 감정적으로 편안해지고 정신적으로 고양된다. 그럴 때 창조성도 깨어난다.

걷기 또한 창조성에 지대한 영향을 미친다. 우리는 보통 생각하는 동안 가만히 있어야 한다고 생각한다. 우리가 받은 수업은 대부분 가만히 앉아서 집중하도록 한다. 가만히 있지 못하고 꼼지락거리면 집중력이 부족한 '문제 있는 학생'으로 찍히기 십상이다. 그러나 스탠퍼드 교육대학원에서 '걷기가 창의성에 미치는 영향'에 대해 연구한 결과, 가만히 앉아서 과제를 수행한 학생들은 50%가 과제를 완수한 반면, 걸으며 과제를 수행한 학생들은 95%가 과제를 완수했다.[20] 가만히 앉아 있는 것보다 몸을 활발하게 움직일 때 집중력, 인지적 유연성, 문제해결 능력 및 의사결정 능력이 모두 향상된다.

위대한 사상가들은 모두 걷기에 관해 이야기했다. 철학자 니체(Friedrich Nietzsche)는 "걷는 동안 떠오른 생각만이 가치가 있다"라고 했고, 작가 랄프 왈도 에머슨(Ralph Waldo Emerson)은 "걷기가 정신을 위한 체조"라고 말했다. 철학자 장 자크 루소(Jean Jacques Rousseau)는 "나는 걷지 않으면 성찰할 수가 없다"라고 했고, 작가 헨리 데이비드 소로(Henry David Thoreau)는 "나는 내 다리가 움직이기 시작하는 순간 사유가 흐르기 시작한다고 생각한다"라고 말했다.[21] 세계적인 창조성 강사 줄리아 카메론도 내면의 소리를 듣고 창조적 영감을 얻기 위해 걷기를 추천한다. 그는 "걸으면서 우리는 더 높은 정신적 힘을 경험하고 예감, 통찰, 직관을 갖게 된다. 걷는 습관을 들이면 더 높은 곳에 내면의 귀를 열게 된다"[22]라고 말한다.

내가 깊은 절망과 우울증에서 빠져나올 수 있었던 것도 걷기 덕분이었다. 집을 나설 땐 한 발짝도 걸을 수 없을 것 같은 기분이지만, 간신히 나가 걷기 시작하면 나를 짓누르던 감정들이 조금씩 옅어졌다. 하늘을 보며 바람을 맞다 보면 어느새 우울과 불안은 느껴지지 않았다. 어제와 다른 길로 걸어가다 골목 끝에 숨겨진 낡은 노란 대문을 발견한 순간에는 절망감도 잊었다. 적어도 나무를 보는 동안은, 함께 산책하던 반려견 얀이의 깡총거리는 뒷모습을 보는 동안은 모든 것이 괜찮아졌다. 걷는 동안 때로는 깊은 위로가 찾아왔고, 때로는 반복되던 질문에 '아!' 하는 답이 찾아왔다. 집에 돌아오면 아무것도 달라진 건 없지만 내 마음은 절망에서 한 발짝 멀어져 있었다. 그런 시간이 하루하루 쌓여서 우울과 절망에서 조금씩 벗어날 수 있었다.

자연에 머물기와 걷기. 이 두 가지는 신체적 건강을 위해서도 필요하지만, 부정적인 감정에서 벗어나 창조성을 깨우는 데도 꼭 필요한 활동이다. 가만히 앉아서 생각할수록 문제는 더 크게 느껴지고 불안은 더 커진다. 같은 고민도 걸으면서 고민하면 긍정적 탈출구를 찾게 된다. 예상치 못한 답이 떠오를 수도 있고, 답을 찾지 못한다 해도 고민이 한결 더 가볍게 느껴진다. 그렇게 가벼워질 때 다양한 각도에서 생각할 수 있는 창조적인 관점도 열린다.

그러니 틈만 나면 자연으로 나가서 걷자. 직선으로 뻗은 인공적인 환경에서 벗어나 구불구불한 곡선으로 이어진 숲길을 걷자. 걱정거리가 있다면 앉아서 걱정하지 말고 공원을 걸으면서 걱정하자. 정신노동에 집중한 후에는 더더욱 신체활동을 해야 소진된 에너지가 충전될 수 있다. 일이나 공부에 열중한 후에 널브러져 쉬기보다는 나가서 걷자. 자연 속에서 걷는 동안 몸과 정신은 빠르게 회복되고 뇌는 신선하고 풍부하게 창조적으로 변할 것이다.

Doing보다 중요한 Non-doing
: 창조적인 시간 환경 가꾸기

지루함과 게으름은 창조성이 잉태되는 요람

작곡할 때 나의 일상은 '작곡 모드'로 변한다. 일단 며칠 동안 집에 틀어박혀서 청소만 한다. 청소가 끝나면 정갈해진 책상 앞에 앉아 작업할 내용을 잠깐 훑어보고는 그보다 훨씬 긴 시간 산책을 다녀온다. 잠깐 피아노 앞에 앉아 끄적대다가 이내 침대에 드러누워 빈둥거린다. 괜히 낮잠 자는 고양이를 괴롭히기도 하고, 초점 없는 눈으로 천장의 벽지 무늬를 오랫동안 응시하기도 한다. 이런 나의 모습이 다른 사람 눈에는 백수나 한량쯤으로 보일 것이다. 하지만 나의 '작곡 모드'는 오랜 시간에 거쳐 체득한, 내 안의 창조성을 깨워내는 중요한 시간이다.

지루함과 게으름은 창조성이 잉태되는 요람이다. 멍때리고 하늘을 보거나 목적 없이 어슬렁거리며 걷는 시간은 아무것도 하고 있지 않는 것처럼 보인다. 하지만 그 순간 뇌는 창조적인 상태로 돌입하고 있다. 심리학자 산디 만(Sandi Mann)은 "많은 사람들이 지루함을 부정적인 감정으로 해석하지만 오히려 긍정적인 면이 많다. 이 시간은 죽은 시간이 아니라 어떤 행동을 하기 위한 수많은 생각을 떠올리는 시간이다"[23]라고 말한다. 지루함은 불편하고 고통스러운 감정이다. 외부의 자극 없이 몹시 지루해지면 누구나 지루함에서 벗어날 자극을 찾게 된다. 바로 그때 뇌는 풍부하게 창조적으로 변한다. 작곡가들이 종종 '그분이 오셨다'라고 표현하는, 잠재의식에서 쏟아지는 영감을 받아 적는 순간이기도 하다.

Doing보다 어려운 Non-doing

게으르게 빈둥거리는 것은 결코 소모적이거나 무의미한 시간이 아니다. 시간을 내서라도 가져야 하는 중요한 시간이다. 그러나 많은 사람이 휴식이 필요한 시간조차 쉬는 것에 죄책감을 느낀다. 목적도 없이 빈둥거리면 왠지 한심하다는 생각이 든다. 아무것도 하지 않는 시간은 너무 불안하다. 뭐라도 해야 할 것 같아서 도무지 가만히 있기 어렵다. 그래서 쇼핑, 인터넷, 게임 등에 빠져 불안을 피하기도 하고, 운동, 공부, 명상 등 자기 계발이나 성장에 매달리기도 한다.

가만히 있는 것이 두려운 또 다른 이유도 있다. 대부분 사람은 혼자 있는 것이 익숙하지 않다. 혼자 존재할 때 자기 자신과 마주하며 자신 안에 있는 것들을 오롯이 느끼게 되는 것이 불편한 것이다. 그래서 일이든 노는 것이든 최대한 바쁘게 움직이면서 생각하기 싫은 골치 아픈 문제들을 피하려고 노력한다. 하지만 그렇게 바쁘게 움직이면서 정말로 외면하고 있는 것은 나 자신과 내 삶이다. 정작 책임지고 가꿔야 할 내 삶과 나 자신으로부터 도망치고 있는 것이다. 그렇게 도망친다고 해서 마주해야 할 감정과 해결해야 할 문제가 사라지지도 않는데 말이다.

고대의 사상가들은 사람이 아무 할 일이 없을 때 자신의 잠재력을 깨달을 수 있다고 주장했다. 학교를 뜻하는 영어단어 'school'은 여가를 뜻하는 그리스어 'scholea'에서 나온 것이다.[24] 많은 자기 계발서가 잠재력을 발휘하기 위해 무엇이든 열심히 하라고(doing) 몰아붙인다. 하지만 내 안의 잠재력을 깨닫기 위해서는 오히려 무언가 하지 않는(non-doing) 시간이 더 중요하다. 목적 없이 멍하니 있는 시간에 비로소 나의 창조적 자아를 가꾸기 위해 무엇이 필요한지 찾을 수 있다. 외부의 자극 없이 혼자 있는 시간에 비로소 내면에 존재하는 나만의 리듬을 찾을 수 있다. 혼자 있는 시간, 멍 때리는 시간은 나만의 리듬과 나의 창조적 자아를 놓치지 않기 위해 반드시 사수해야 하는 시간이다.

Non-doing 훈련하기

무언가 하는 것보다 무언가 하지 않는 것이 훨씬 더 어렵다. 그래서 의도적인 훈련이 필요하다. 오늘부터 한 주 동안 일상에 최대한 공백을 만들어서 창조적인 시간을 가져보자. 먼저 습관적으로 TV나 영상을 시청하는 것을 멈춘다. 일과 관련된 것을 제외하고 SNS, 인터넷 검색, 책 읽기도 모두 멈춘다. 운전할 때 차 안에서 생각 없이 틀어놓는 방송도 멈춘다. 핸드폰은 정해진 시간에만 확인하고 되도록 눈에 보이지 않는 곳에 둔다. 아무것도 하지 말라는 이야기가 아니다. 음악을 듣고 싶다면 몰입해서 음악을 듣는다. 드라마를 보고 싶다면 정해진 시간 동안 집중해서 즐긴다.

다만 적막함이 불편해서 끊임없이 뭐라도 듣는 것, 가만히 있기 불안해서 무언가 보는 무의식적인 행동을 멈추는 것이다. 이번 한 주간 꼭 해야 할 최소한의 일을 하면서, 나머지 시간은 최대한 공백으로 남겨두자.

내가 얼마나 흐릿한 정신으로 살았는지 알기 위해서는 먼저 '일단 멈춤'을 할 필요가 있다. 습관적으로 보고 듣고 읽던 것들을 멈췄을 때 어떤 느낌이 드는지 관찰해보자. 아마도 처음에는 지루함보다 불안이 더 클 것이다. 무언가 하고 있지 않다는 불안이 얼마나 크며, 그 불안을 피하려고 그동안 무엇을 했었는지 생생히 느껴보자. 불안을 가만히 지켜보다 보면 그동안 놓치고 있던 내 안의 목소리가 서서히 들리기 시작할 것이다. 나는 무엇을 피하고 싶어 하는가? 무엇이 견딜 수 없이 싫은가? 그래서 나는 무엇을 원하는가? 내 안에서 들려오는 말을 회피하지 말고 귀 기울여 들어보자.

한편, 모든 것을 멈추면 보이지 않던 것들이 보이기 시작한다. 손바닥만 한 핸드폰 화면에서 빠져나오면 제일 먼저 모든 사람이 핸드폰만 보고 있는 모습이 보일 것이다. 볼 것이 없어져서 방황하는 눈은 비로소 눈앞에 있는 것들을 진짜로 보기 시작한다. 하루 단위로 계절이 바뀌는 숲, 매 순간 색이 달라지는 하늘빛, 언젠가 하려고 미뤄왔던 옷 정리, 기대감에 부풀어 구매해놓고 오랫동안 방치한 악기…. 매일 보면서도 보지 못했던 것들이 하나하나 눈에 들어오면서 마치 꿈에서 깬 것처럼 새삼스러운 느낌이 들 것이다. 그 느낌은 흐릿했던 정신이 '지금, 여기'로 돌아왔다는 반가운 증거다.

의도적으로 만든 공백의 시간에 나는 무엇이 하고 싶어졌는가? 어떤 것이 문득 떠올랐는가? 이제 떠오른 것들을 해보자. 미뤄왔던 청소든, 철 지난 옷 정리든, 실컷 낮잠을 자는 것이든, 무엇이든 좋다. 아무것도 안 하고 무기력하게 널브러지고 싶다면 그렇게 해보자. '이렇게 무기력하게 있으면 안 돼!'라는 불안감이 엄습해도 그대로 있어 보자. 일주일 동안 무기력하게 있는다고 해서 큰 문제가 생기지 않는다. 많은 사람이 오랫동안 무기력에 시달리는 이유는 무기력에서 벗어나려고 너무 애쓰기 때문이다. 죄책감 없이 실컷 무기력에 빠져들고 나면 반드시 '이렇게 있고 싶지 않아! 무언가 하고 싶어!'라는 강력한 의지가 샘솟게 된다. 나만의 리듬, 내 몸이 알려주는 타이밍을 존중하며 실컷 널브러져 보자.

지루한 시간을 갖는 것은 매우 강력한 깨달음을 주는 훈련이다. 이 훈련에 도전한 사람들은 한결같이 많은 것을 깨닫고 일상에 긍정적인 변화가 생겼다. 아무것도 하지 않는 게 상상조차 안 돼서 시도할 엄두가 나지 않을 수 있다. 그렇다면 정말로 꼭 필요한 연습임이 틀림없다. 단 일주일만이라도 나의 일상에 공백을 만들어보자. 그 공백의 시간이 나에게 무엇을 알려주는지, 어디로 안내하는지 마음을 열고 경험해보자.

수많과 하다리기!

03

가장 중요한 환경은 사람
: 창조적인 관계 가꾸기

창조성을 죽이는 관계

창조성을 깨우는 데 무엇보다 중요한 것은 '주변에 어떤 사람들이 있는가'이다. 교육학자 칼 로저스(Carl Rogers)는 다음과 같이 말한다. "창조성은 모든 개인에 존재하고, 단지 적절한 조건에서만 드러나고 표현된다. … 심리적인 안정과 자유의 조건을 만들어줌으로써 창조의 가능성을 최대화할 수 있다."[25] 창조성 수업에서 내가 가장 정성을 쏟는 부분이 바로 '심리적 안정감을 느끼며 자유로울 수 있는 관계'를 조성하는 것이다. 안타깝게도 우리의 일상적인 관계는 심리적 안정과 자유가 거의 보장되지 않기 때문이다.

창조성에 가장 해로운 환경은 두려움, 수치심 등 심리적인 안정감을 해치는 관계이다. 몸과 마음을 긴장하게 하고, 자유롭게 시도할 수 없는 상황에서 창조성은 그야말로 질식해버린다. 심리학자 피파 그레인지

(Pippa Grange)는 다음과 같이 말한다. "사람들은 통제적이고 두려움을 조장하는 환경에서 결과를 내야 한다는 압박감에 끊임없이 시달린다. 이로 인해 가장 피해받는 것은 상상력과 창의력이다."[26] 대부분의 사람이 통제적이고 강압적인 상황에서 성과에 대한 압박을 받으며 공부나 일을 한다. 이런 환경에 지속적으로 놓이면 몸과 마음은 긴장하게 되고 쉽게 지치게 된다. 늘 평가받고 있다는 불안감은 정신적 자유를 앗아가고 도전할 의욕도 사라지게 한다. 새로운 의견을 제시하거나 아이디어를 내놓기도 어렵다.

내가 가장 안타까운 건 많은 사람이 이런 환경에서 스트레스를 받으면서도 '먹고살려면 어쩔 수 없다'라고 생각하며 버티는 것이다. 내가 처음 음악감독으로 일했던 극단에서의 일이다. 나를 포함한 모든 단원이 대표로부터 일상적으로 욕지거리를 듣고 성추행을 당했다. 매일 출근하는 게 두려웠고, 모멸감에 잠을 잘 수 없을 만큼 힘들었다. 하지만 더 견딜 수 없었던 건 누구도 이런 상황을 문제 삼지 않는 것이었다. '극단은 원래 다 이런 곳인가…. 못 견디는 내가 이상한 건가…' 하며 오히려 나 자신을 의심했다. '여기서도 못 버티는데, 다른 곳에서 일할 수 있을까…' 그만두는 것도 두려웠다. 그래도 더 버티다간 정신이 나갈 것 같아서 용기 내어 극단을 그만두었다. 이후 극단 대표처럼 수치심과 두려움으로 통제하는 사람과는 단 한 번도 같이 일하지 않을 수 있었다. 이 과정에서 내가 일하는 환경은 '먹고살려면 어쩔 수 없는 것'이 아니라, 얼마든지 내 선택으로 바꿀 수 있다는 것을 깨달았다.

심리학자 피파 그레인지는 "성공에 대한 낡은 사고방식, 즉 성공하려면 남을 짓밟고 정복하고 투쟁하고 싸워야 한다는 믿음이 우리의 일상을 오염시켰다"[27]라고 말한다. 두려움과 수치심을 주며 통제하는 환경은 어쩔 수 없이 받아들여야 하는 것이 아니다. 성과를 내기 위해 꼭 필요한 것도 아니다. 단지 사라져야 할 낡고 오래된 잘못된 생각일 뿐이다. 두려움과 수치심을 주는 환경에 지속적으로 놓이면 자기 자신을 의심하게 되고, 자신의 잠재력에 대한 신뢰도 잃게 된다. 앞으로 나아가는 것에 대한 기대나 희망도 놓아버리게 된다. 자존감이 떨어지는 것도 당연하다. 수치심과 두려움으로 잔뜩 위축된 상태로는 더 나은 미래를 꿈꾸는 것도, 새로운 도전도 가능하지 않다.

나의 창조성을 보살피려면 무엇보다 먼저 나를 심리적으로 움츠러들게 하거나 나의 자유를 억압하는 관계부터 정리해야 한다. 그동안 친했거나 소중하다고 생각했던 관계가 사실은 나의 창조성을 해치는 환경이었을 수도 있다. 익숙한 관계를 정리하는 데는 두려움이 따른다. 하지만 도움되지 않는 관계를 방치하면 가장 큰 타격을 입는 것은 나의 창조성이다. 좋은 관계는 저절로 형성되지 않는다. 도움이 되지 않는 관계를 정리해야 그 빈자리를 나를 존중하고 응원하는 사람으로 채울 수 있다.

창조성을 깨우는 관계

창조성 수업에서는 결혼, 직업, 자녀, 나이, 스펙 등 사회에서 자신을 소개하는 말들은 전혀 오가지 않는다. 수업 내내 나누는 이야기는 오직 자신이 무엇을 느끼는지, 어떤 게 싫은지, 무엇을 하고 싶은지 등 자신의 내면에 있는 말들이다. 이 과정에서 서로에 대한 판단이나 평가, 충고나 조언은 하지 않는다. 시간이 지날수록 참가자들은 긴장을 내려놓고 꾸밈없이 자기 자신으로 편안히 있게 된다. 그럴수록 애써 끌어내려하지 않아도 자신 안의 창조성을 자연스럽게 드러내기 시작한다.

내가 참가자들에게 최선을 다해 경험하게 하려는 것은 존재 자체로 온전히 수용되는 경험이다. 그냥 나 자신으로 있어도 괜찮을 때 우리는 깊은 안정감과 편안함을 느낀다. 자신에게 솔직해질 수 있을 때 서로에 대한 신뢰와 친밀감도 깊어진다. 친밀감과 신뢰를 바탕으로 한 관계는 매우 강력한 안전망이 되어준다. 자기 의견을 말해도 수용될 수 있다는 안정감을 느낄 때 무엇이든 자유롭게 표현할 수 있다. 실패하더라도 받아들여진다는 걸 알 때 위험을 감수하고 도전할 수 있다.

이처럼 창조성은 조건 없이 존중받는 환경, 신뢰할 수 있고 안정감을 느낄 수 있는 환경에서 자라난다. 그런 환경에 있을 때 외부에 에너지를 뺏기지 않고 자신의 내면에서 일어나는 일들을 더 세밀하게 알아차릴 수 있다. 또한 수치심을 느낄까 봐 숨지 않고 자신의 생각과 감정을 자유롭게 표현할 수 있다. 그럴 때 내면의 고유한 잠재력은 자연스럽게 모습을 드러낸다. 서로의 잠재력을 발견하고 응원해주는 사람들의 존재는 창조적인 모험에 가장 든든한 힘이 된다.

창조적 지지자 그룹 만들기

자기 계발 전문가 짐 론(Jim Rohn)은 "가장 많은 시간을 함께 보내는 다섯 사람의 평균이 당신이다"라고 말했다. 내가 가장 많은 시간을 함께 보내는 다섯 사람을 떠올려보자. 그들과 어떤 대화를 나누는가? 그들과 같이 있을 때 어떤 감정을 주로 경험하는가? 인간은 함께할 때 무엇이든 증폭된다. 무기력한 사람과 의미 없는 이야기를 주고받으면 더 무기력해진다. 불안한 사람과 있으면 불안이 더 커진다. 성장하려는 사람들과 함께 있으면 성장에 가속도가 붙는다. 창조적인 사람들과 함께 있으면 모험에 도전할 용기가 생긴다. 누구와 함께하느냐에 따라 내가 가고 싶은 방향에 날개를 달 수도 있고, 날아오르려고 애쓰는 날개조차 꺾일 수 있다.

이번에는 나의 창조성에 날개를 달아줄 나만의 지지자 그룹 멤버를 찾아보자. 꼭 주변 사람 중에서 찾지 않아도 된다. 감명 깊게 읽었던 책의 저자든 이미 세상을 떠난 사람이든 상관없다. 나의 지지자 그룹에는 오프라 윈프리(Oprah Winfrey)가 있다. 내가 힘을 잃고 두려워질 때 그녀를 떠올리는 것만으로도 신기할 만큼 강해지는 것을 느끼곤 한다. 가끔은 그녀가 나에게 뭐라고 말해줄지 상상해본다. 그러면 당당하고 멋진 그녀가 "넌 충분히 멋있고 잘하고 있으니 아무 걱정하지 말라"며 두 팔을 활짝 벌려 나를 안아주는 모습이 떠오른다. 그런 상상만으로도 어느새 가슴이 따뜻해지면서 힘이 솟는다.

이처럼 떠올리기만 해도 힘이 되는 사람, 내가 무엇을 선택해도 믿고 응원해줄 것 같은 사람을 찾아보자. 안전지대를 벗어나 나만의 창조적 모험을 시작할 때는 누구나 두렵다. 그럴 때 나를 믿어주고 응원해주는 사람이 단 한 사람만 있어도 위험을 감수할 용기를 낼 수 있다. 나의 꿈에 걱정부터 앞세우며 뜯어말리는 사람은 내 지지자가 아니다. 무모한 도전이든 현실적인 이득을 포기하는 일이든 상관없이 내 선택을 믿고 응원해줄 사람을 떠올려보자.

또 나에게 영감을 주고, 나를 가슴 뛰게 하는 사람을 찾아보자. 매일 비슷한 일상을 살며 생산적이지 않은 이야기를 주고받는 사람과는 아무런 방향성도 생기지 않는다. 반면, 내가 꿈꾸는 것을 이미 하고 있는 사람, 나에게는 너무 어려운 것을 이미 도전하고 해내고 있는 사람은 언제나 나에게 풍부한 영감과 길을 제시해준다. 계속해서 나의 꿈을 상기시키며 나 역시 그런 방향으로 나아가게 한다. 이제부터 나의 일상에서 가장 많은 시간을 함께 보내는 다섯 사람이 이들이 되도록 하자. 이들은 나의 창조성에 계속해서 양분을 공급해주며 창조성을 깨워내는 마중물이 되어줄 것이다.

원치 않는 충고, 조언에 대처하기

"그냥 내 말 들어. 그 좋은 직장을 왜 그만둬. 너 분명히 후회한다."
"더 늦기 전에 결혼해야지. 지금도 늦었다."
"그 나이에 뭘 새로운 걸 배우겠다고. 그냥 살던 대로 살아."

우리 일상에 이런 충고나 조언의 말은 너무도 흔하다. 이런 말을 들으면 누구나 기분이 상하고 힘이 빠진다. 내 생각이 잘못된 건 아닌지 자신을 의심하게 되기도 한다. 게다가 '다 너를 위해서 하는' 선의의 말이라고 하니 기분이 (나쁘지만) 나쁘면 안 될 것 같다. 하지만 요청한 적 없는 충고나 조언의 말을 하는 것은 매우 무례한 일이다. 자유의 핵심은 '스스로 선택하는 것'에 있다. 아주 작은 사안일지라도 다른 사람의 선택권을 침해하는 것은 자유를 침해하는 것이다.

특히 집단주의 성향이 강한 우리나라에서는 개인의 선택권을 침범하는 일이 밥 먹듯이 일어난다. 집단주의 문화의 가장 큰 문제는 개인의 심리적 자유, 다양한 취향과 가치관이 존중받지 못하는 것이다. '지금 결혼해야 한다', '대학은 꼭 가야지' 등등 인생의 답이 정해져 있고, 그 답에서 벗어나려는 개인에게는 충고나 조언의 말이 쏟아진다. 다른 것은 틀린 것이 되어버리고, 정답에서 벗어난 선택을 하려면 '그 선택은 틀렸다'라는 말에 맞서야 한다.

대부분의 충고와 조언은 별 쓸모도 없다. 그럼에도 불구하고 우리는 그 말에 귀를 기울인다. 행여나 나에게 도움이 되는 말인데 내가 듣지 않아서 잘못될까 봐 두려워한다. 하지만 우리는 누구나 도움이 되는 충고와 그렇지 않은 말을 충분히 구별할 수 있다. 도움이 되는 충고는 당장은 아프고 수치스러울 수 있어도 시간이 지날수록 내면 깊은 곳에서 받아들여진다. 하지만 도움 되지 않는 충고는 자신의 선택을 거부당한 불쾌함과 반발심, 괜한 혼란만 일으킬 뿐이다.

행여나 도움이 되는 충고를 놓쳤다 해도 잘못될 것은 없다. 내면의 창조성을 따라가는 과정에 '잘못된 길'은 없기 때문이다. 삶에는 옳은 길이 없다. 옳은 길이 없으니 틀린 길도 없다. 그저 각자 자신을 찾아가는 '다른 선택'과, 그 선택으로 생긴 '다른 경험'이 있을 뿐이다. 그러니 '안 들었다가 잘못되면 어쩌지' 하는 두려움에 불편한 말을 귀담아들을 필요는 없다. 나에게 필요한 것을 나 자신보다 더 잘 아는 사람은 없다.

주변에서 뭐라고 하건 나의 선택대로 계속 나아가면 결국 나만의 궤도에 진입하게 된다. 그때는 무슨 말을 들어도 쉽게 흔들리지 않게 된다. 하지만 처음 창조성이 안내하는 대로 따라가려 할 때는 다른 사람들의 말에 휘청이기 쉽다. 창조성이 안내하는 방향은 남들과 다른 길, 세상에 없는 '나만의 길'이기 때문에 두려울 수밖에 없다. 안 그래도 두려운데 시도 때도 없이 날아오는 충고, 조언에 용기를 잃어버리지 않기 위해 대처하는 방법을 미리 익혀두자.

먼저, 요청한 적 없는 충고, 조언의 말을 들었다면 그 말을 즉시 갖다 버리자. 쓰레기통에 쓰레기를 버리듯 갖다 버리는 것이다. '그 말이 맞을지도 몰라'라는 생각이 들기 전에 즉각 버려야 한다. 애매하게 대처했다가는 그 말들이 마음속에 남아 있다가 두려움과 의심을 가져올 수 있다. 확실히 버리기 위해 장기하 씨의 노래 <그건 니 생각이고>를 마음속으로 불러보자. 상당히 효과가 있을 것이다. 내 선택이 맞다고 상대를 설득하거나 논쟁을 벌일 필요는 없다. 내 선택에 왈가왈부하는 사람이라면 어차피 나의 창조성에 물을 줄 사람은 아니다. 굳이 대응하느라 에너지를 낭비하지 말고 나에게 필요한 조치에만 집중하면 된다.

충고와 조언의 말 때문에 나의 선택에 의심이 생기고 혼란스러워졌다면 다시 한번 '내 안의 나'에게 물어본다. 심장에 손을 얹고 들으면 더 잘 들을 수 있다. 멘토는 외부에 있지 않다. 나 자신이 최고의 멘토고, 훌륭한 조언자다. 내 안에서 답을 찾았다면 이제 하려고 했던 것을 계속하자. 누가 뭐라고 해도 내가 하고 싶은 것을 계속하는 사람은 점점 더 깊은 해방감을 맛보게 된다. 그렇게 계속해서 나의 선택으로 만들어가는 삶에는 진정한 자유와 기쁨, 그리고 '멋짐'이 있다!

창조성을 깨우는 과제

1. 창조적인 공간 가꾸기

내가 가장 많은 시간을 보내는 공간을 천천히 살펴보자.

공간에서 마음에 들지 않고 불편하고 거슬리는 것은 무엇인가?

불편하고 거슬리는 부분을 현실적 범위 안에서 창조적으로 변화를 준다면 어떻게 할 수 있을까? 돈이 거의 들지 않거나 간단한 소품을 활용할 수 있는 방법을 고민해보자.

공간 안에 더 이상 필요가 없어 처분할 필요가 있는 물건이나 가구는 무엇인가?

무질서한 공간은 정체성의 혼란, 생각의 혼란을 가중시킨다. 만약 가능하다면 이번 주 내에 정리할 수 있는 것을 한 가지 처분해보자.

이번에는 공간에서 마음에 드는 것을 찾아보자. 소품, 가구, 조명, 벽의 색과 질감…. 최대한 자세히 좋아하는 부분을 찾아본다.

특히 볼수록 설레고 만족스러운 것은 무엇인가?

평소 내가 좋아하고 오래 머무르고 싶어 하는 공간의 특징들을 적어보자. 공간의 인테리어, 천장의 높이, 조명, 채광, 공간 밖의 환경 등 최대한 자세히 적어본다.

지금까지 답한 내용을 종합해 나다운 공간의 특징이 무엇인지 적어보자.

어떤 요소들이 충족되어야 내 공간에서 편안하고 만족스러울 수 있을까? '나랑 딱 어울려! 내 스타일이야!'라고 느껴지는 공간의 특징은 무엇인가?

2. 창조적인 시간 가꾸기 - 아무것도 하지 않기(Non-doing) 훈련

일주일간 독서, TV 시청, 라디오 청취, 인터넷(유튜브, SNS)을 하지 않는다. 반드시 해야 하는 일을 제외한 나머지는 일주일간 모두 멈춰본다.

모든 것을 멈췄을 때 내 안에서 어떤 생각들이 일어났는가? 주로 어떤 느낌을 느꼈는가?

지루한 시간에 무엇을 하게 되었는가? 그것을 하고 나서 기분과 에너지는 어떻게 달라졌는가?

만약 지루한 시간을 갖기 어려웠다면 원인은 무엇인가?

3. 창조적 인간 환경 가꾸기

경계 세우기

포스트잇에 원을 그려본다. 원 안에는 지지자 그룹에 해당하는 사람들의 이름을 적고, 원 밖에는 나의 창조성을 지키기 위해 멀리해야 하는 사람들을 적어본다. 잘 보이는 곳에 붙여두고 누가 원 안에 있고, 누가 원 밖에 있어야 하는지 계속해서 찾아본다(잘 모르겠을 때는 그 사람을 떠올리며 몸에 귀를 기울여본다. 몸은 언제나 명료하게 답을 알려줄 것이다).

원 안에 있는 지지자 그룹과 교류할 때 주로 어떤 것을 경험하고 느끼는가?

원 밖에 있는 사람들로부터 나의 창조성을 지키기 위해 어떤 행동이 필요한가? 미리 계획을 세워보자(예 : 전화가 오면 통화를 최대한 짧게 한다, 만나자고 하면 되도록 거절한다 등등).

원치 않는 충고, 조언에 대처하기

최근 내가 들었던 원치 않는 충고나 조언의 말을 적어보자.

그 말을 들었을 때 어떤 기분, 어떤 생각이 들었는가?

지지자 그룹에 있는 사람들을 떠올려보고, 내가 들은 말에 대해 그들이 뭐라고 말해줄지 적어보자.

원치 않는 충고와 조언의 말을 들은 나에게 나는 어떤 말을 해주고 싶은지 한번 적어보자.

내 안의 멘토에게 조언을 부탁하기

요즘 가장 고민되는 일을 적어보자.

60세가 된 나를 상상해보자. 지금보다 성숙하고 여유로운 60세의 내가 지금 나의 고민에 대해 뭐라고 조언해줄지 적어보자.

이번에는 어린 나로 돌아가보자. 한참 재밌게 놀고 있던 여섯 살 꼬마인 나는 현재의 나의 고민에 대해 뭐라고 말할지 적어보자(오른손잡이라면 왼손으로, 왼손잡이라면 오른손으로, 평소 사용하던 손의 반대로 적어본다).

적고 나서 소리 내서 읽어보자. 무엇을 느꼈는가? 적기만 하는 것과 소리 내어 읽어보는 것은 큰 차이가 있으니 꼭 소리 내어 읽어본다(소모임에서는 돌아가며 소리 내어 읽어보며, 나의 것을 읽을 때와 다른 사람 것을 들을 때 무엇을 느꼈는지 나눠본다).

언제든 조언이 필요할 때는 이렇게 나 자신에게 물어볼 수 있다. 내 안의 창조성은 충분히 지혜롭다.

4. 몸 감각 깨우기 - 칫솔질

한 주 동안 칫솔질할 때마다 다음의 안내에 따라 몸의 감각을 느껴본다.

칫솔질하는 동안 어떤 자세로 서 있는가? 몸이 앞으로 지나치게 숙여져 있는가? 혹은 한쪽 다리로 중심이 쏠려 있는가? 칫솔질을 하며 아무 긴장 없이 최소한의 힘으로 서 있는 자세를 찾아보자.

칫솔질하는 강도와 세기는 어떠한가? 칫솔은 어느 손에 주로 쥐고 있는가? 혹시 과도한 힘을 사용하고 있지 않은가? 어떻게 하면 최소한의 강도로 칫솔질을 할 수 있을까? 여러 강도로 닦으며 탐색해보자.

칫솔질은 어떤 차례로 진행되는가? 매일 같은 순서로 진행되는가? 다른 부분이 있는가?

칫솔이 치아와 잇몸에 닿는 느낌을 느껴보자. 치약은 어떤 맛과 냄새가 나는가?

칫솔질하는 동안 들리는 소리를 들어보자. 어떤 소리가 들리는가? 칫솔질하는 소리, 공간에서 들리는 소리를 모두 빠짐없이 들어본다.

칫솔질을 하며 주로 무슨 생각을 하는가 의식해본다.

한 주간 칫솔질을 관찰하며 알게 된 것은 무엇이 있는지 떠올려본다.

2주

창조성이 자라날 수 있는 내면 환경 점검하기

나씨앗!

나 : 언제 꽃이 피려나?
씨앗 : 물도 주고 그런소리해라
나 : ◉◉ 。

창조적인 환경을 가꾸는 것은 내 집의 울타리를 잘 관리하고, 주변에 좋은 이웃들을 두는 것과 같다. 그런데 집 주변 환경을 잘 가꿔놓고도 정작 집 안은 먼지와 잡동사니가 가득한 채 방치되어 있다면 어떨까? 울타리와 좋은 이웃보다 더 중요한 것은 집 안, 즉 나의 내면 환경을 가꾸는 일이다. 창조성을 아낌없이 지원해주는 환경에 있어도 '나는 할 수 없어', '나는 재능도 창조성도 없어'라고 믿고 있다면 창조성은 발휘되지 않을 것이다.

비폭력 대화의 창시자 마셜 로젠버그(Marshall B. Rosenburg)는 "우리가 자신의 머릿속에서 비판하고, 비난하고 분노를 일으키는 생각에 빠져 있을 때는 우리 자신을 위한 건강한 내면 환경을 만들 수 없다"[28]라고 말한다. 자신의 잠재력을 훼손하는 가장 큰 적은 스스로에 대한 비난과 비판이다. 자신에 대해 부정적인 생각만 가득하다면 두려움에 한 발짝도 나아갈 수 없다. 이번 주에는 창조성을 억압하는 내 안의 부정적 생각들을 몰아내고, 창조적 존재인 나를 신뢰하고, 응원할 수 있도록 나의 내면 환경을 가꾸어보자.

01

모든 일의 0순위는 자기 존중
: 몸 돌보기

자기 계발을 해도 행복해지지 않은 이유

많은 자기 계발서가 성장과 성공을 위한 다양한 방법을 제시한다. 그러나 대부분의 자기 계발서에는 자기 계발의 가장 중요한 영역이 빠져 있다. 바로 내 삶의 주인공인 나 자신에 대한 '존중'과 '사랑'이다. 대부분의 사람이 자신에 대한 이해도 존중도 없이 자신을 다그치고 몰아붙이며 자기 계발에 힘쓴다. 하지만 자신에 대한 사랑과 존중 없는 자기 계발은 득이 아니라 독이 될 뿐이다.

'나는 부족하고 한심해, 더 나아져야만 해'라는 결핍된 생각으로 하는 자기 계발과, 내 안의 재능과 열정을 찾아서 더욱 나다운 모습으로 살기 위해 하는 자기 계발은 전혀 다른 결과를 낳는다. 결핍을 채우려고 하는 자기 계발은 아무리 많은 것을 성취해도 결핍감이 사라지지 않는다. 끊임없이 '나는 부족하다', '더 나아져야 한다'라는 불안에 시달리며 또 다

106 비유어셀프, 내 안의 창조성을 깨우는 8주간의 여행 │ Part 2·창조성을 깨우는 8주간의 여정 │

른 성취나 더 큰 목표를 향해 계속 내달린다. 아무리 이룬 것이 많아도 나 자신으로 사는 만족감이나 행복과는 점점 더 멀어질 뿐이다.

자기 존중과 자기 사랑의 시작은 몸

그렇다면 자신을 존중하고 사랑하려면 어떻게 해야 할까? 그 시작은 내 몸을 존중하고 사랑하는 것부터이다. 몸은 존재의 시작이다. 우리는 누구나 몸으로 삶을 살아가고, 몸이 없이는 아무것도 할 수 없다. 그래서 자기 사랑을 쉬운 말로 바꾸면 '자기 양육'이다. 부모님이 나를 돌보고 길러준 것처럼, 내가 나의 부모가 되어 내 몸을 돌보고 나를 키우는 것이다. 나를 잘 돌보려면 부모님이 나에게 해주신 것처럼 일단 잘 먹이고, 잘 입히고, 잘 재우는 것부터 시작하면 된다.

먼저, 나를 잘 먹여야 한다. 나는 나에게 제때 좋은 음식을 제공하고 있는가? 귀찮아서 또는 바빠서 아무 음식이나 대충 먹이고 있지는 않은가? 자주 굶겨서 영양의 불균형이 깨지지는 않았는가? 반대로 속이 불편한데도 계속 먹여서 위를 혹사시키고 있지는 않은가? 두 번째로, 나를 잘 입혀야 한다. 나는 날씨에 맞게 필요한 옷을 입히고 있는가? 추운 날에도 너무 얇게 입고 다녀 감기에 걸리진 않았는가? 멋을 부리느라 불편한 소재의 옷과 신발로 내 몸을 혹사하지는 않았는가? 마지막으로, 나를 잘 재워야 한다. 나는 깨끗하고 편안한 잠자리를 제때 제공하고 있는가? 너무 적게 자서 늘 피곤하거나, 반대로 너무 많이 자서 무력감을 느끼고 있지는 않은가?

자기 사랑과 자기 존중, 자기 양육은 연결되어 있다. 내 몸을 함부로 대하지 않고, 매 순간 몸이 무엇을 원하는지 살피는 것이 자기 존중이다. 내 존재를 소중히 여기기에 필요한 것을 제공하고 정성껏 보살피며 양육하는 것이 바로 자기 사랑이다. 내 몸을 돌보는 것은 귀찮다고 안 하거나 다른 사람에게 맡길 수 있는 일이 아니다. 내 몸을 돌보는 것은 내 삶을 온전히 책임지는 시작이자, 모든 일의 0순위다. 자기 몸을 존중하지 않고 돌보지 않는 사람에게 더 나은 삶을 위한 다음 스텝은 없다.

우리 몸은 모두 다르다

자기 계발의 사전적 정의는 '잠재하는 자기의 슬기나 재능, 사상 따위를 일깨워 줌'[29]이다. 그러나 대부분의 자기 계발서는 개인의 고유한 재능을 찾는 방법을 제시하지 않는다. 대신 '졸려도 참고 미래를 위해 투자하라', '시간을 쪼개 쓰라', '꾸준히 운동하라', '새벽 일찍 일어나라'라며 성공한 사람들의 습관을 따라 하라고 한다. 물론 시간을 효율적으로 활용하고 꾸준히 운동하는 것은 좋다. 그러나 효율적인 시간관리 방법, 적절한 운동량과 운동 방법은 각자의 고유한 특성에 따라 달라진다.

천억 원대의 자산가인 세이노 씨는 이렇게 말한다. "일과 관련된 공부를 할 때는 피를 토하는 자세로 하라…. 밥을 많이 먹으면 졸려서 책을 제대로 읽지 못하므로 밥을 굶거나 조금만 먹고, 시간을 철저하게 아끼려면 라면 하나를 끓여 먹는 시간도 아껴야 하므로 그냥 생으로 씹어 먹어라."[30] 성공한 사람들의 이런 이야기를 들으며, 우리는 원하는 것을 얻으려면 잠을 줄이고 밥 먹는 시간까지 아껴서 노력해야 한다고 생각하게 된다. 결국 무언가 성취하지 못하면 '내가 성공한 사람들처럼 열심히 하지 않아서야'라고 생각하며 자책과 자학에 빠지기 쉽다.

나도 그랬다. 성공한 사람들의 말대로 잠을 줄이고 계획을 세워서 시간을 아껴 쓰려 노력했다. 하지만 아무리 노력해도 잠을 줄이지 못했고, 계획은 늘 흐지부지되었다. 그럴수록 내가 너무 한심하고 무능력하다는 생각에 시달렸다. 결국 우울증으로 죽을 고비를 넘기고 나서야 나는 다른 사람의 방법을 따라 하는 것을 그만두었다. 게으르면 안 된다는 죄책감을 버리고 자고 싶을 때 자고 일어나고 싶을 때 일어났다. 몇 달간 내 몸을 관찰해보니 나는 8~9시간은 자야 맑은 정신을 유지할 수 있었다. 또, 오전에는 뇌가 물을 먹은 듯이 멍청해졌고, 저녁이 되면 정신이 맑고 집중력이 좋아졌다. 일하는 시간도 관찰해보니 하루 8시간씩 일하면 몸에 무리가 간다는 것을 발견했다. 내 몸은 평균보다 많이 자야 하고 평균보다 적은 시간 일할 수 있는 몸이었다. 그런 몸으로 잠을 줄이고 종일 시간을 쪼개서 무언가 하려 했으니, 늘 중간에 포기하고 실패할 수밖에 없었던 것이다.

내 몸에 대해 이해한 후, 나는 자연스러운 몸의 리듬대로 살기 시작했다. 필요한 만큼 자고 나면 알람 없이도 몸이 알아서 깨어났고, 온종일 좋은 컨디션이 유지되었다. 오전에는 멍때리며 보내다가 오후부터 본격적인 일을 시작하니 일의 효율도 훨씬 좋아졌다. 일하는 시간도 8시간 미만으로 줄이니 체력을 안정적으로 관리할 수 있었다. 무엇보다 많이 자고 적게 일하는 것에 대해 다른 사람과 비교하며 자책하지 않게 되었다. 이렇게 내 몸에 맞는 기준을 찾고 나만의 기준대로 사는 것이 바로 '나를 있는 그대로 존중하는 것'임을 깨닫게 되었다.

우리 몸은 모두 다르다. 갖고 태어난 체력도, 잠자는 시간도, 먹어야 하는 음식의 종류와 양도 모두 다르다. 몸뿐만이 아니다. 각 사람의 성향과 기질, 갖고 태어난 재능은 모두 각자에게 맞는 효율적인 삶의 방법을 갖고 있다. 평균은 그저 평균일 뿐이며, 평균에 속하지 않는 것이 잘못되었거나 나쁜 것은 아니다. 자기 존중의 시작은 내 몸이 어떤 고유한 리듬과 특성을 갖고 있는지부터 관찰하고 나에게 맞는 삶의 패턴을 찾아내는 것이다.

세이노 씨의 방법은 세이노 씨에게 가장 효과적인 방법이지만, 나에게는 내 몸과 마음을 망가뜨리는 최악의 방법이다. 아무리 좋은 음식이어도 내 몸에 맞지 않으면 탈이 나는 것처럼, 누군가에게 도움이 되었던 방법이라도 나에게는 도움은커녕 해가 될 수 있다. 이제부터 '이렇게 하면 성공한다', '이렇게 하면 건강해진다', '이렇게 하면 좀 더 보람된 삶을 살 수 있다'라는 다른 사람의 말은 그저 참고만 하자. 그 방법이 정말로 나에게 적절하고 효율적인지 내 몸으로 시도하고 관찰해보며 하나하나 나만의 삶의 방식을 찾아내자.

격려와 응원은 창조성의 연료
: 심리적 안정감 되찾기

거짓말 같은 사실, 사실 같은 거짓말

우리가 아기였을 때를 떠올려보자. 처음 두 다리로 섰을 때, 처음 '엄마'라는 말을 했을 때, 우리가 처음 해낸 행동에는 언제나 박수와 환호가 쏟아졌다. 곤지곤지 놀이만 해도 "아이 잘한다", 방긋 웃기만 해도 "아이 잘 웃네"라는 말을 들었다. 하지만 아기였을 때 받았던 격려와 응원은 자라면서 점차 비난과 평가의 말로 바뀌어갔다.

"제대로 할 줄 아는 게 없어."

"잘하지도 못하면서 뭘 한다고 나서."

"그 정도는 누구나 하는 거지. 그게 뭐 대단한 거라고⋯."

부모님, 친구, 선생님으로부터 반복된 이 말들은 시간이 지나면서 내면의 목소리로 자리잡았다. 그 결과, 대부분 사람이 '나는 결점투성이 부족한 존재'라고 생각하며 살아간다.

하지만 당신은 어떤 존재인가? 당신은 전 세계 80억 명 중 단 하나뿐인 특별하고 귀한 존재다. 당신만의 고유한 재능은 차고 넘치도록 많으며, 당신이 원하는 삶을 창조할 수 있는 힘도 충분히 가지고 있다. …지금 이 말들이 사실이라고 믿어지는가? 안타깝게도 사실인 말들은 믿어지지 않고, '나는 잘하는 게 없어', '나는 평범해', '나는 한심해'라는 말이 더 사실 같을 것이다. 당연한 결과다. 그동안 '너는 정말 멋지고 특별한 존재야. 너에겐 무한한 가능성과 재능이 있어'라고 말해주는 사람이 거의 없었을 테니 말이다.

우리가 자신에 대해 긍정적으로 생각하지 못하는 것은 우리 잘못이 아니다. 사실같이 여겨질 만큼 계속해서 들어왔기 때문이다. 작가 돈 미겔 루이스(Don Miguel Angel Ruiz)는 "우리가 머릿속에 저장한 믿음 중 95%는 거짓말에 불과하며, 우리는 그 거짓말들을 믿기 때문에 고통받는다"라고 했다. 우리가 용기 내지 못했던 이유는 정말로 재능이 없고 용기가 없어서가 아니다. 바로 우리 안에 어느새 들어와서 끊임없이 사실처럼 떠들고 있는 거짓말들 때문이다.

내 안의 거짓말들은 내가 뭔가 하려고 할 때마다 물귀신처럼 발목을 붙잡고 늘어지며 용기를 빼앗아간다. 창조성에 가장 필요한 환경인 '심리적 안정감'을 깨버리는 것이다. 게다가 자신을 비난하는 것은 외부에서 비난을 듣는 것보다 훨씬 더 심각하다. 자기 자신만큼 자신의 결함을 잘 찾는 사람도 없거니와, 하루 종일 시도 때도 없이 쉬지 않고 비난이 이어지기 때문이다.

사실 같은 거짓말 버리기

지금까지는 사실처럼 믿어왔어도 지금부터 무엇을 사실로 믿을지는 나의 선택이다. 이제 사실이라 믿어왔던 익숙한 거짓말들을 찾아서 떠나보내자. 아래의 문장 중 나에게는 마치 사실처럼 느껴지는 문장을 찾아보자.

사실 같은 거짓말들

1. 나는 재능이 없다. 나는 잘하는 게 없다.
2. 나는 운이 없다. 나에게는 행운이 따르지 않는다.
3. 나는 사랑받을 만한 사람이 아니다.
4. 나는 개성이 없다. 나는 너무 평범하다.
5. 어차피 해봤자 안될 것이다.
6. 꿈을 이루려면 더 열심히 노력해야 한다.
7. 나는 게으르다.
8. 나는 의지력이 부족하다.
9. 나는 제대로 할 줄 아는 게 없다. 한심하다.
10. 나에게는 꿈꾸는 일에 도전할 만한 용기가 없다.
11. 내가 하고 싶은 일을 하면서 돈을 버는 것은 불가능하다.
12. 좋아하는 일을 하며 성공하려면 특별한 재능이 있어야 한다.
13. 내가 하고 싶은 대로 하고 살면 주변 사람들이 나를 비난할 것이다.
14. 열심히 살지도 않으면서 좋은 것을 바라면 안 된다. 욕심내지 말고 그냥 가진 것에 감사하며 살자.
15. 이 나이가 되도록 꿈도 없고 좋아하는 게 뭔지도 모르는데, 이제 와서 원하는 삶을 찾기는 어려울 것이다.
16. 나는 또 하다가 중도에 포기하고 한심해질 것이다. 나는 달라질 수 없을 것이다.

17. 나에게는 성공할 만한 자격도 능력도 없다.
18. 나의 타고난 재능은 찾아봤자 별로 대단하지 않을 것이다.
19. 창조성을 깨워낸다고 노력해봤자 내 삶이 바뀌지 않을 것이다.
20. 내 재능을 펼치겠다며 괜히 바보 같은 짓만 하다가 시간과 돈만 날릴 것이다.

내 안에서 창조적 에너지를 갉아먹고 있는 거짓말을 찾아냈는가? 이제 이 거짓말들을 떠나보내자. 찾은 문장들을 종이에 옮겨 적어보자. 옮겨 적은 종이를 박박 찢으며 그동안 사실이라 믿었던 거짓말을 떠나보내는 나만의 의식을 행해보자. 찢으면서 "이 말들을 더 이상 믿지 않을 거야!", "나는 이런 사람이 아니야!"라고 외쳐도 좋다. 찢은 종이를 꽃가루처럼 흩뿌리면서 신나게 춤을 추어도 좋다. 의식은 강렬한 힘이 있다. 별것 아닌 작은 행위의 의식이어도 강렬한 해방감과 희열을 느낄 수 있을 것이다.

격려와 응원은 창조성의 연료

"이걸 기억해.
넌 네가 믿는 것보다 더 용감하며,
보기보다 강하고,
네 생각보다 더 똑똑하단 걸."

10년 전, 대학원 입시시험을 앞두고 불안에 바들바들 떨고 있는 나에게 말해준 <곰돌이 푸>의 명대사다. 이 말을 주문처럼 외운 덕일까. 도저히 가능할 것 같지 않았던 시험에 좋은 성적으로 합격했다. 그 이후 새로운 도전 앞에서 두려울 때마다 이 말을 나에게 해주었다. 그 효과는 생각보다 위대했다. 나는 점점 더 어려운 일에 계속해서 도전할 수 있었다. 겁 많던 내가 정말로 용감하고, 강하고, 똑똑한 사람으로 변해갔다.

아무것도 할 수 없었던 아기가 걷고 말을 할 수 있게 되는 것은 어른들의 무한한 칭찬과 응원 덕분이다. 아기만 칭찬과 응원이 필요한 것이 아니다. 예측할 수 없고 모든 것이 처음인 삶을 살아가는 것은 누구나 두렵다. 그 두려움을 넘어 원하는 것을 찾고 도전할 수 있게 하는 연료는 격려와 응원이다. 우리는 대부분 다른 사람에게는 격려나 응원을 잘하면서도 자신에게는 매우 인색하다. 그러나 거듭 강조하지만 인정과 응원, 칭찬과 격려의 말은 매일매일 공급되어야 하는 창조성의 핵심 연료다.

무엇이든 반복하면 익숙해지고 편안해진다. 그동안 비난의 말을 계속 반복해서 익숙해졌으니, 지금부터는 나를 응원하고 격려하는 말을 반복해서 익숙해지면 된다. 우리 뇌는 익숙한 것을 사실이라고 받아들인다. 익숙해질 때까지 다음의 확언 문장들을 이용해 뇌를 훈련해보자. 문장을 읽으면서 마음에 와닿는 문구들을 찾아보자(더 와닿도록 문장을 좀 더 수정하거나, 내가 원하는 문장을 더 만들어도 좋다).

창조성을 키우는 확언

1. 나는 나를 안내하는 내 안의 창조성을 신뢰한다.
2. 나는 나에게 더 많은 가능성을 허락한다.
3. 나의 꿈을 이룰 수 있는 기회가 계속 찾아온다.
4. 온 우주가 나의 창조성을 응원하고 돕는다.
5. 나의 창조성은 나를 점점 더 자유롭게 한다.
6. 창조성이 깨어날수록 나는 무슨 일이든 가볍고 즐겁게 해낸다.
7. 내가 건강해질수록 내 주변 사람들도 치유되고 회복된다.
8. 내가 행복한 것이 내가 세상에 줄 수 있는 가장 좋은 선물이다.
9. 나는 누구와도 비교할 수 없는 고유하고 귀한 존재다.
10. 나는 내가 무엇을 좋아하는지 점점 더 선명히 찾아가고 있다.
11. 나는 나의 고유한 재능을 발견하고 나만 할 수 있는 일로 세상을 이롭게 한다.
12. 이 세상에는 내가 있어야 할 자리가 반드시 있다. 나는 지금 나의 자리를 찾아가고 있다.
13. 나에게는 나만의 길이 있다.
14. 나는 나로 살기 위해 태어났다.
15. 나의 가치는 내가 결정한다.
16. 나는 남들이 나를 마음대로 생각(평가)하도록 허락한다. 나는 계속 내 길을 간다.
17. 나는 내가 원하는 무엇이든 선택할 수 있다. 나에게는 언제나 선택권이 있다.
18. 나는 나의 선택을 언제나 지지하고 존중한다.
19. 나는 성공할 수도 있고 실패할 수도 있다. 성공한다면 기뻐하고 실패한다면 축하하기를 선택한다.
20. 어떤 일이든 일어날 수 있고, 어떤 경험이든 내게 도움이 된다.

선택한 문장들을 다양하게 활용해보자. 항상 볼 수 있는 거울이나 현관문에 붙여놓고, 볼 때마다 나 자신에게 읽어줄 수도 있고, 핸드폰 바탕화면에 적어둘 수도 있다. 녹음해서 잠자기 전에 듣는 것도 매우 효과적이다. 나는 종종 마음이 움츠러들 때마다 두 팔을 번쩍 들어 만세 자세를 하고는 큰 소리로 몇 번씩 이 문장들을 외치곤 한다. 그러면 금세 움츠러든 기분에서 벗어나 한결 기분이 좋아지고 자신감도 생긴다. 어떤 방법이든 자신에게 끌리는 방법대로 문장들을 활용한다. 어쩌다가 한두 번 읽는 것으로는 안 된다. 창조성의 연료가 중간에 떨어지지 않도록 자주 채워주어야 한다. 모든 문장이 완전히 사실로 느껴질 때까지, 일부러 말하지 않아도 내 안에서 응원과 격려의 말이 자연스럽게 저절로 나올 때까지, 반복해서 자신에게 말해주자.

03

정말로 두려운 건 가능성이다
: 핑계의 말 멈추기

정말로 두려운 건 가능성이다

"우리가 느끼는 가장 큰 두려움은 자신이 부족하다는 생각이 아니라 상상을 초월할 정도로 강력한 존재라는 사실이다. 우리는 우리에게 내재된 어둠이 아니라 빛을 두려워하고 있는 것이다."

– 메리앤 윌리엄슨

몇 년간 창조성 수업을 하고 나서야 이 시의 의미를 정말로 이해할 수 있었다. 수업 참가자들은 심리적 안정감도 되찾고, 응원과 격려로 창조적 에너지도 회복해서, 자신이 정말로 원하던 것을 찾은 그 순간! 대부분 이렇게 말한다.

"내가 그걸 정말로 원하는지 모르겠어요."

"그걸 하기에는 너무 재능이 없어요."

"지금 시작하기에는 너무 늦은 것 같아요."

다시 '사실 같은 거짓말'들을 스스로 끌어와서 반복하는 것이다.

사람들은 대부분 자신이 부족해서 용기가 나지 않는다고 말한다. 하지만 마음속 깊은 곳에서 정말로 두려워하는 것은 자신의 부족함이 아니다. 메리앤의 시처럼 '자신이 위대한 존재'라는 것과 '열려 있는 가능성'이 두려운 것이다. 당신이 꿈꾸는 삶이 무엇인가? 그 삶을 당신의 현실로 만들 수 있다. 당신이 대단하다고 생각하는 사람이 누구인가? 당신도 그 사람처럼 대단한 일을 해낼 수 있다. 그러나 우리는 꿈을 현실로 만들기 위해 용기 내고 도전하기보다는 '나는 그럴 능력이 없어'라는 말 뒤에 숨고 싶어 한다. 그래서 '나는 위대한 존재'라는 사실 대신 '나는 형편없는 사람이야'라는 거짓말을 선택한다. 그리고 온갖 핑계를 대며 창조적 에너지를 스스로 막아버린다.

용기 내지 않으려는 핑계들

가장 흔한 핑계는 "재능이 없다"라는 말이다. 내가 원하는 것을 가진 사람들은 재능이 있어서, 또는 능력이, 용기가, 의지력이…. 뭐가 됐든 나에게는 없는 뛰어난 능력을 가졌다고 생각한다. 성공한 사람들이 "나도 했으니 당신도 할 수 있다"라고 아무리 말해도, "그건 당신이 남다른 능력이 있어서 가능한 것"이라며 선을 긋는다. 하지만 아주 잠깐만 생각해봐도 당신이 재능이 없다는 말은 사실이 아니다. 재능이 없는 사람은 없다. 굼벵이도 '구르는' 재주가 있는데, 잘하는 것이 단 한 가지도 없는 사람이 어떻게 존재하겠는가!

데이비드 베일즈(David Bayles)의 저서 《Art and Fear》에서는 예술가들이 재능에 대해 고민하는 것에 대해 이렇게 잘라 말한다. "자신이 가진 재능이 얼마나 되는지 걱정하는 것보다 더 쓸모없고 흔한 에너지 소모는 아마도 없을 것이다. …이 세상은 위대하고 눈부신 천성을 타고 태어났지만 아무것도 창조해내지 못하는 사람들로 가득 차 있다. 재능이 있다고 뭐가 달라지는가? 대답은 간단하다. 그 누구도 신경 쓰지 않고, 알아주지도 않으며, 그 어떤 차이도 없다."**31**

회의주의도 자주 등장하는 핑계다. "어차피 해봤자 안될 거야", "내 재능은 찾아봤자 별것 아닐 거야", "괜히 시도했다가 상처만 받을 거야" 등의 회의적인 말들은 재미와 즐거움, 새로움을 누리고 싶은 창조적 욕구에 찬물을 끼얹는다. 회의주의적 태도는 내 삶이 더 나아질 수 있다는 가능성을 포기하게 하고, 그로 인해 깊은 무력감이 자리잡게 된다. 회의주의는 자신뿐 아니라 다른 사람의 창조성에도 그림자를 드리운다. 누군가가 내면의 호기심을 따라 재미와 즐거움을 누리려 할 때 심드렁하게 이렇게 말하면서 찬물을 끼얹는다. "해봤자 소용없어."

그 외에도 자주 등장하는 핑계들이 있다. "나이가 너무 많아", "그럴 돈이 없어", "시간이 없어", "용기가 없어" 등등 자신의 상황을 탓하는 말들도 있고, "지금은 불경기라서", "흙수저라서", "남자 (또는 여자)라서", "사회가 학벌만 따지니까" 등등 사회적 상황을 탓하는 말들도 있다. 어쩔 수 없는 상황이라며 내 탓, 남 탓, 부모 탓, 세상 탓, 과거 탓을 하는 동안, 우리는 아무것도 하지 않아도 되는 '안전지대'에 머물 수 있다. 대신 자신이 가진 힘을 포기한 대가로 우울과 무기력 등의 암울한 감정들을 얻게 된다.

현실적 제약은 창조성의 기폭제가 된다

가수 장기하 씨의 원래 꿈은 드러머였다. 그러나 손 근육이 마비되는 병이 찾아와 드럼도 기타도 연주할 수 없게 되었다. 하는 수 없이 작곡과 보컬에 전념했고, 가수로 이름을 알리게 되었다. 사진작가 김영갑 씨는 루게릭병으로 온몸의 근육이 굳어가는 것을 조금이라도 늦추기 위해 매일 폐교 마당에 있는 돌을 옮겼다. 제주 김영갑 갤러리 두모악의 아름다운 정원은 그렇게 탄생했다. 아기 엄마들은 자신을 위해 쓸 시간이 부족해서 아이가 잠든 새벽 시간을 더없이 소중하게 사용한다. 예술가들은 자신이 겪은 트라우마를 시로 쓰고 그림으로 그린다. 현실적 한계와 제약은 나의 창조성을 막는 장애물이 아니라, 오히려 잠든 창조성을 흔들어 깨우는 알람이 된다.

우리는 보통 돈, 시간 등 외부적인 조건이 갖춰져야 무언가 해낼 수 있다고 생각한다. 하지만 실상은 그 반대다. 창조성에는 오히려 제한된 조건이 필요하다. 종이와 펜만을 사용해 제한된 시간 안에 무언가를 창조해야 할 때, 우리는 더욱 창조적으로 변한다. 모든 것이 완벽하게 보장될 때 창조성을 마음껏 발현할 수 있는 것이 결코 아니다. 무한한 자유는 혼란을 가져올 뿐 창조적으로 만들어주지 않는다. 우리가 제약이라고 느끼는 것들은 창조성에 불을 붙이는 훌륭한 기폭제가 될 뿐이다.

핑계의 말 뒤에 숨겨진 진실을 마주하기

나에게 창조성을 한 문장으로 말해달라고 하면 나는 주저 없이 이 문장을 말할 것이다.

"창조성은 전적으로 용기에 달려 있다."

수년간 사람들의 창조성을 깨우면서 가장 어려웠던 주제는 언제나 '용기'였다. 창조적인 삶은 특별하거나 탈일상적이거나 추상적이지 않다. 오히려 상당히 현실적이고 지극히 단순하다. 원하는 것을 정말로 현실에서 시도하느냐, 원하지만 아무것도 하지 않느냐. 이게 전부다. 창조성의 관점에서 보면 세상에는 두 종류의 사람만이 있다. 두려운데 하는 사람과 두려워서 하지 않는 사람. '하는 사람'은 점점 더 두려움에서 벗어나 새로운 가능성을 넓혀가게 된다. '하지 않는 사람'은 계속해서 가능성의 입구에 서서 '할 수 없는 이유'의 가짓수만 늘려간다.

이제 온갖 핑계의 말 뒤 내면의 진실을 보자. 정말로 내 앞을 가로막는, 내가 어쩌지 못하는 장애물이 존재하는 것이 아니다. 나는 두려운 것이다. 아직 겪어보지 못한 미지의 세계가 두려운 것이다. 도전했다가 겪게 될 실패와 좌절이 두려운 것이다. 두려워서 창조성이 주는 즐거움과 만족감을 포기하고 안전지대에 머물기를 선택하는 것, 그 선택의 대가로 따라온 우울함과 무력감 등의 암울한 감정에 빠져 사는 것, 이것이 우리가 마주해야 할 불편한 진실이다.

그렇다면 어떻게 해야 두려움에서 벗어나서 용기를 낼 수 있을까? 그 출발은 진실을 인정하는 것이다. 이런저런 핑계의 말이 나올 때, "나는 사실 두려워"라고 진실을 말하는 것이다. 누구나 두려움을 마주하는 데 용기가 필요하다. 그래서 두려움을 인정하는 것만으로도 용기가 생기기 시작한다. 또한 두려움을 인정하고 나면 '어떻게 하면 용기가 날까?' 방법을 찾게 된다. 나도 모르게 자주 말하는 핑계의 말은 무엇인가? 회의주의인가, 아니면 '어쩔 수 없다'라며 상황을 탓하는 것인가? 지금까지 말해왔던 핑계의 말을 멈추고 내 안의 두려움을 인정하는 것부터 시작해보자.

창조성 금지어 정하기

말은 강력한 창조의 힘을 갖고 있다. 우리는 누구나 자신이 하는 말로 자신의 현실을 창조한다. 특히 부정적인 말은 긍정적인 말보다 몇 배 더 영향력이 강하다. "충분해", "잘했어" 같은 말은 10번을 들어도 잘 믿어지지 않지만, "형편없네"라는 말은 단번에 설득되어 가슴에 새겨지기 마련이다. 평소 생각 없이 쓰고 있는 핑계의 말은 나의 창조적 에너지를 심각할 정도로 낭비하게 한다. 다음의 말 중 평소 자주 쓰는 핑계의 말이 있는지 찾아내서 '창조성 금지어'로 지정해보자.

창조성 금지어

돈이 없어.

시간이 없어.

너무 늦었어.

해봤자 소용 없어.

될 리가 없어.

나는 못해.

나는 안돼(이번 생은 틀렸어).

~ 때문에 안돼. ~라서 안돼. 절대 안돼.

창조성이 막혀 있고 생각이 굳어 있는 사람일수록 이 말들을 많이 사용한다. 반대로 열려 있고 유연하게 사고하는 창조적인 사람일수록 이 말들을 하지 않는다. 이제 나의 창조성을 제한하는 말들을 '금지어'로 지정해 내 삶에서 쫓아내버리자. 앞으로 8주간은 의도적으로 이 말들을 쓰지 않는 연습을 하자. 자주 쓰는 말은 잘 보이는 곳에 붙여놓고 커다랗게 X표를 그려놓으면 도움이 될 것이다. 이 말들을 의도적으로 쓰지 않는 것만으로도 나의 창조적 에너지는 되살아나기 시작할 것이다.

용기는 믿음에서 나온다
: 자기 신뢰 회복하기

믿을 구석이 있어야 용기가 난다

수영을 할 줄 알면 물에 빠질 일이 두렵지 않다. 영어를 잘하면 해외 여행에 대한 두려움이 줄어든다. 내가 할 수 있다는 것을 알고 있으면 도전할 용기를 내는 것이 쉬워진다. 나다운 삶을 창조하는 과정도 마찬 가지다. 내가 원하는 것을 만들어낼 수 있는 힘이 나에게 있다는 걸 안 다면 도전하기가 한결 쉬워진다. 모든 사람은 자신이 원하는 삶을 창조 할 힘을 충분히 가지고 있다. 단지 자신의 힘을 자각하지 못해서 스스로 를 믿지 못하고 있을 뿐이다.

인간의 뇌는 진화론적으로 생존에 위협이 되는 것을 더 잘 기억하게 되어 있다. 그래서 우리는 긍정적인 것보다 부정적인 것을 더 잘 기억한 다. 즐겁고 편안함, 성취와 만족감을 느꼈던 기억은 쉽게 잊혀지고, 실 패와 불안, 두려움을 느꼈던 기억은 오랫동안 강렬하게 남는다. 그래서 긍정적인 기억을 의도적으로 강화하지 않으면 점점 더 부정적인 기억에 사로잡혀 옴짝달싹 못 하게 된다. 나에 대한 믿음을 되찾고 용기를 내고 싶다면 부정적인 기억에 떠밀려 희미하게 사라져가는 긍정적인 기억을 최대한 많이 퍼 올려야 한다. 지금부터 과거의 기억에서 나와 나의 창조성을 신뢰할 근거들을 찾아보자.

긍정적 기억 퍼 올리기

먼저 내가 창조적이었던 순간을 찾아보자. 나는 어떤 것에 호기심과 설렘을 느끼며 눈이 반짝였는가? 시간 가는 줄 모르고 깊이 몰입했던 것은 무엇이었는가? 아이처럼 천진난만하게 웃고 떠들며 자유롭게 놀았던 순간은 언제인가? 아주 어린 시절이 떠오를 수도 있고, 10대, 20대의 순간들이 기억날 수도 있다. 기억을 떠올릴 때 마음은 충만해지고 얼굴에는 저절로 즐거운 미소가 지어질 것이다. 그 경험과 느낌이 바로 내 안에 언제나 존재했고 나도 모르게 경험해왔던 창조성이다. 우리는 모두 창조적인 존재기 때문에 창조성이 뭔지 몰랐더라도 언제나 창조성을 경험하고 있었다. 내가 창조적이었던 순간들을 기억할수록 더 이상 '나에게 창조성이 있을까?' 의심하지 않을 수 있다. 또, 창조적이었던 순간의 즐거움과 만족감을 기억할수록 다시 창조성을 경험하고 싶은 열망도 샘솟는다.

이번에는 과거에 칭찬과 인정을 받았던 기억을 찾아보자. 나는 어떤 칭찬의 말을 들었는가? 무엇을 잘해서 인정받았는가? 모두가 인정할 만한 대단한 성과가 아니어도 좋다. 동생을 잘 돌봐서 칭찬받았든, 일기를 잘 썼든, 칭찬받았던 기억을 모두 끄집어내보자. 칭찬받았던 행동 뒤에는 내가 자연스럽게 가진 재능이 숨어 있다. 동생을 잘 돌봤다면 돌봄과 이타심의 재능이 있고, 일기를 잘 썼다면 자기성찰의 재능이 있다. 내가 가진 재능들이 바로 나의 '믿을 구석'이다. 막막하고 두려워도 나에게 재능이 있다는 것을 확실히 알면 용기 내기 쉬워진다(재능에 대해서는 4주차에 더 자세히 다룰 예정이다).

마지막으로, 두려웠지만 용기 냈던 기억을 찾아보자. 이번에도 엄청 대단한 경험을 떠올리라는 것이 아니다. 용기의 기준은 오직 '과거의 나'다. 과거의 내가 할 수 없던 것에서 단 한 발짝이라도 움직였다면 용기 있는 행동이다. 중압감을 견디며 수능시험을 본 것도, 좋아하는 사람에게 고백을 해본 것도 모두 용기 낸 순간들이다. 사실 우리는 누구나 용기 있게 살아왔다. 아무것도 할 수 없는 아기로 태어나 걷고 말하는 법을 배웠고, 친구를 사귀고 학교에 갔다. 넘어지고 자빠지며 자전거를 배웠고, 낯선 나라로 여행을 떠났다. 사는 내내 언제나 해보지 않은 일, 할 수 없다고 생각한 것들에 계속해서 도전해왔다. 새로운 시도들은 금세 익숙해져서 내가 용기를 냈었다는 것조차 잊었을 것이다. 그 모든 용기 낸 순간들을 당연하게 생각하지 말자. 내가 용기 냈던 순간들을 기억할수록, 내가 충분히 용기 낼 수 있는 사람이라는 믿음도 생겨날 것이다.

긍정 기억을 길어 올리는 과정에서 주의할 것이 있다. 다른 사람과 비교하지 않는 것이다. 흥미와 관심을 느끼는 것에 우열은 없다. 합창대회에서 함께 노래했던 순간이 행복했던 사람도 있고, 혼자 식물을 키우며 관찰일기를 썼던 것이 제일 재밌었던 사람도 있다. 재능도 마찬가지다. 음악 재능이 수학 재능보다 덜 중요한 재능은 아니다. 공부를 잘하는 것과 공감을 잘하는 것, 둘 다 소중한 재능이다. 용기 낸 기억도 다른 사람과 비교할 필요가 없다. 내 친구는 20대부터 별 어려움 없이 혼자 유럽 여행을 다녔지만, 나는 35살에 처음으로 혼자 국내 여행을 가는 데도 엄청난 용기를 내야 했다. 각자 두려움을 느끼는 지점이 다르니 용기 내는 주제도 다르다. 우리는 정말 모두 다른 존재라 각자만의 독특함이 있을 뿐, 다름에 우열은 없다. 다른 사람과 비교하며 '내 재능이나 경험은 별 것 아니다'라고 하찮게 생각할 때마다 나를 신뢰할 소중한 근거들을 놓칠 뿐이다. 내가 가진 것과 나의 경험은 모두 나를 이루는 독특함의 일부고, 나다운 삶을 만들 재료들이다. 그러니 '이런 건 재능도 아니다', '이건 용기 낸 것도 아니다'라는 비교에서 오는 말들은 부디 멈추자.

반복해서 강화하기

나는 태생적으로 소심하고 겁이 많다. 그래서 지금도 새로운 도전 앞에서 두려움에 주저할 때마다 나의 긍정 기억을 무한 반복한다. '결국 내가 하고 싶은 걸 했을 때 행복했잖아!'라며 내 안의 창조성을 따랐을 때 느꼈던 충만함을 떠올린다. '나에게는 '진정성'과 '친절함'이라는 재능이 있잖아. 그건 정말로 소중한 거야. 그 재능으로 이번 일도 해낼 수 있어!!'라고 내가 가진 재능들을 떠올리며 힘을 얻는다. '지난번에도 못하겠다고 울고불고했는데, 결국 잘해냈잖아! 이번에도 무섭다고 하면서 결국은 또 해낼걸?'이라고 말하며, 내가 용기 냈던 순간들을 떠올린다.

소심하고 겁 많은 내가 멈추지 않고 계속 도전할 수 있는 힘은 이렇게 긍정 기억을 반복하는 것에서 나온다.

우리는 보통 실패하는 이유가 자신의 능력이 부족하거나, 열심히 하지 않아서라고 생각한다. 하지만 실패는 능력이나 노력의 문제가 아니라, 자신에 대한 믿음과 더 관련이 있다. 나에 대한 믿음이 없으면 그 어떤 노력도 소용이 없다. 반대로 내 안의 힘을 믿고 신뢰하는 사람은 무엇이든 정말로 해낼 수 있다. 그러니 언제든 반복해서 기억하자. 내가 느꼈던 창조적 경험의 즐거움을, 내가 가진 재능들을, 내가 용기 냈던 순간들을 떠올리며 내가 할 수 있다는 것을 기억하자. 창조적인 여정의 핵심은 두려움을 넘어 용기 내는 것이고, 용기는 나에 대한 믿음에서 나온다.

당신의 가능성을
믿으세요

창조성을 깨우는 과제

1. 몸 돌보기

나 자신을 잘 먹이고, 잘 입히고, 잘 재우지 않고 내 몸을 함부로 대하는 일상의 습관을 3~4가지 적어보자. 그 습관대로 살고 있는 내 모습 중 하나를 그림으로 그려보자. 불편한 진실을 마주할수록 나를 사랑하는 방향으로의 전환은 확실해진다. 부끄럽더라도 한번 직면해보자.

그림을 보며 어떤 기분과 생각이 올라오는가?

그림 속 나를 부모가 되어 돌봐준다면, 그림 속 나에게 무슨 말을 해주고 싶은가? 그림 속 나를 어떻게 해주고 싶은가?

2. 심리적 안정감 되찾기

이 활동은 몸의 감각을 인지하는 것이 중요하다. 몸에서 일어나는 반응에 섬세하게 주의를 기울이고 집중해본다.

내 안의 부정적인 말들, 평소 나를 비난하는 말들을 적어보자(앞에 소개한 <사실 같은 거짓말들>에서 가져와도 좋다).

고치고 싶은 나의 단점을 적어보자.

다 적고 나서, 다른 사람이 적은 말이라고 생각하며 읽어본다(그룹으로 함께 한다면 적은 종이를 바꿔서 자신이 쓴 말을 다른 사람을 통해 들어본다). 읽으면서 (또는 다른 사람을 통해 들으면서) 몸의 감각과 반응, 몸의 온도 변화, 느낌과 생각을 섬세하게 관찰해본다. 몸에 어떤 감각들이 느껴지는가? 어떤 감정들이 느껴지는가?

<사실 같은 거짓말들> 20개의 문장 중 와닿는 문장들을 종이에 옮겨 적고, 떠나보내는 의식을 행한다. 어떤 의식을 행했는가? 의식을 하면서 무엇을 느꼈는가?

<창조성을 키우는 확언>에서 고른 문장을 포스트잇에 옮겨 적어서 잘 보이는 곳에 붙여놓자. 매일 보면서 한 번씩 소리 내어 읽으며 나 자신에게 선언해보자.

3. 핑계의 말 멈추기

솔직하게 답해보자. 부끄러운 부분을 마주할 수도 있지만, 부끄러울수록 진실이 가져오는 삶의 변화는 확실해진다.

내 삶에서 바꿀 수 있는데도, 선택하지 않고 포기하고 있는 것은 무엇인가?

바꾸려 하지 않는 이유를 솔직하게 답해보자. 그저 진실에 직면하는 것이다. 직면이 모든 일의 첫걸음이다.

124쪽의 <창조성 금지어> 중에서 내가 자주 쓰는 핑계의 말은 무엇이 있는가? 포스트잇에 쓰고 그 위에 커다랗게 X자 표시를 한 후 잘 보이는 곳에 붙여두자.

4. 자기 신뢰 회복하기

내가 창조적이었던 기억을 찾아보자. 언제 밥 먹는 것도 잊고 잠도 안 잘 만큼 몰입했는가? 내가 어떻게 보일지 생각하지 않고 어린아이처럼 자유롭게 놀았던 적은 언제인가? 호기심을 주체할 수 없었던 대상은 무엇인가? 설렘이 폭발했던 순간은 언제인가?

살면서 내가 들었던 칭찬의 말들을 적어보자. 누구에게 어떤 칭찬을 들었는가?

나의 장점을 최소 10개 이상, 최대한 많이 적어보자.

살면서 두렵지만 용기를 냈던 일을 3가지 이상 적어보자. 아주 작은 일이라도 상관없다. 과거의 내가 하지 못했던 일을 시도했다면 모두 용기 낸 일이다.

다 적고 나서, 다른 사람이 적은 말이라고 생각하며 읽어보자(그룹으로 함께한다면 적은 종이를 바꾸어서 자신이 쓴 말을 다른 사람을 통해 들어본다). 읽으면서 (또는 들으면서) 몸의 감각과 반응, 몸의 온도 변화, 느낌과 생각을 섬세하게 관찰해본다. 앞의 2번에 적었던 부정적인 목소리를 들을 때와 어떤 차이가 느껴지는가?

5. 몸 감각 깨우기 - 호흡

모든 신체활동은 호흡을 기본으로 이루어진다. 또한 호흡은 지금, 여기, 내 몸의 감각으로 즉시 돌아올 수 있는 가장 쉽고 간단한 방법이다. 몸의 긴장이 많이 누적되어 있을수록 호흡은 얕아지고 빨라진다. 그럴수록 몸에 충분한 산소가 공급되지 않아 불안하고 부정적인 감정은 더 많이 올라온다. 그래서 호흡을 인식하고 제대로 하는 것만으로도 부정적 감정에서 벗어날 수 있다.

긴장을 느끼는 순간에 평소보다 천천히 호흡을 해본다. 호흡을 통해 어떤 변화가 일어나는가?

생활하면서 나도 모르게 호흡을 멈추는 순간이 있는지 관찰해본다. 나도 모르게 호흡을 멈추는 것은 언제인가?

예) 물을 따를 때, 엘리베이터에서 누군가를 기다릴 때, 누군가 대화할 때, 화장할 때 등

호흡을 관찰하면서 감정을 느껴보면 감정을 더욱 잘 파악할 수 있게 된다. 감정에 빠져들 때 의식적으로 호흡을 알아차려보자. 호흡 패턴이 어떻게 달라져 있는가? 의식적으로 호흡하면서 감정을 느껴보자. 호흡을 인식하지 않을 때와 어떤 변화가 있는가?

3주

창조적인 욕구
깨워내기

잠들어있던 너의욕구를 깨워봐~

정신과 전문의 마크 엡스타인(Mark Epstein)은 "욕구는 농축액이다. 자신이 누구인지 그리고 자신이 무엇으로 구성됐는지를 발견하는 핵심적인 것이다"[32]라고 말한다. 나의 다양한 욕구들은 내가 누구인지, 내가 가진 잠재력이 무엇인지 알려주는 아주 중요한 단서들이다. 남들은 이해할 수 없어도 나는 왠지 끌리는 것이 있다. 위험하고 무모하다는 걸 알면서도 꼭 해보고 싶은 무언가가 있다. 이러한 창조적 욕구는 원시적인 욕구, 즉 두려움은 피하고 안전지대에만 머물려고 하는 본능적인 생존 욕구를 넘어서서 모험에 도전하게 하는 아주 강력한 동기가 된다.

우리는 대부분 "욕심부리면 안 된다"라는 말을 들어왔다. 또한 욕구를 잘 참을 줄 아는 것이 성숙한 어른이라고 배웠다. 그 과정에서 나 자신이 되고 싶은 욕구, 나를 성장으로 이끄는 중요한 욕구조차 지나친 욕심이나 탐욕과 혼동하며 억압하기 바빴다. 욕구는 내 삶의 가치와 의미를 찾아가는 표지판이다. 욕구를 억압하면 방향성을 잃고 혼란에 빠지게 된다. 이번 주에는 내 안의 창조적 욕구를 억압하는 장애물들을 걷어내고, 잠들어 있던 창조적 욕구들을 조금씩 깨워내보자.

욕구는 나를 찾는 단서
: 욕구를 억압하는 장애물 걷어내기

이기심만큼 해로운 가난한 이타심

자기 삶을 온전히 책임지는 무게는 누구나 가볍지 않다. 그런데 그 가볍지 않은 무게에 책임지지 않아도 되는 것까지 무게를 더하는 사람들이 있다. 나를 희생해서라도 도와야 하고, 돕지 못하면 죄책감까지 느끼는 '가난한 이타심'에 빠져 있는 사람들이다. 이들은 겉으로는 '잘 돕고 항상 베풀고 사는' 좋은 사람으로 보인다. 하지만 실상은 남을 위해 자신의 소중한 욕구를 억압하고 있는 가엾은 영혼들이다. 우리는 '나만 생각하느라 다른 사람을 무시하는' 이기심은 나쁜 것이라고 배워왔다. 그러나 '남만 생각하느라 나 자신을 무시하는' 가난한 이타심도 이기심과 똑같이 아주아주 해롭다.

"하지만 좋아하는 것만 하고 사는 건 너무 이기적이지 않나요?"
"엄마, 아빠는 고생하시는데, 나는 좋아하는 것 하며 행복하면 안 될 것 같아요."

"그래도 부모인데 내가 좋아하는 것만 할 수는 없잖아요. 자식들을 위해 희생해야죠."

가난한 이타심에 빠져 있는 사람들은 좋아하는 것을 정말로 하기도 전에 좋아하는 것을 찾는 과정에서부터 벌써 죄책감을 느낀다. 이기적으로 보일까 봐, 나만 행복한 게 미안해서, 힘들게 사는 가족들에게 죄책감이 들어서, 책임감이 없어 보일까 봐, 자신의 욕구에 브레이크를 밟아버린다.

특히 선천적으로 공감 능력이 발달한 사람은 자기도 모르게 '가난한 이타심'에 빠지기 쉽다. 이들은 타인의 일에도 자연스럽게 깊이 공감하다 보니 자신과 타인에 대한 구분이 없다. 그래서 남의 일을 내 일처럼 여기며 돕는 데 전념하곤 한다. 또한, 종교적인 영향으로 이타적인 사람이 되기 위해 과도하게 자신을 희생하며 남을 돕는 경우도 있다. 하지만 성경에는 "네 이웃을 사랑하라"가 아니라, "네 이웃을 **네 몸과 같이** 사랑하라"라고 적혀 있다. 나 자신을 사랑할 수 있어야 이웃에게도 사랑을 베풀 수 있는 것이다. 누구나 책임져야 하는 첫 번째는 타인이 아니라 나 자신이다.

남에게는 No, 나에게는 Yes!

많은 사람이 이기주의와 개인주의를 혼동한다. 이기주의가 '남이야 어떻든 나만 생각하는 것'이라면, 개인주의는 '내가 소중하기 때문에 다른 사람도 소중하게 대하는 것'이다. 개인주의(idividualism)는 더 이상

'나눌 수 있는(dividual)' 것이 '없는(in)' 상태를 뜻한다. 자신을 '세상에 단 하나밖에 없는 존재'로 소중히 대할 수 있어야 타인도 나와 똑같이 '세상 단 하나밖에 없는 존재'로 소중히 대할 수 있다. 나를 먼저 소중히 하는 것은 이기적인 행동이 아니다. 오히려 다른 사람을 존중하고 배려하는 시작이다. 개인주의자로 가득 찬 세상이야말로 나와 타인이 모두 존중받고 배려받을 수 있는 건강한 세상이다.

집단주의가 강한 우리 문화의 특성상 우리는 나 자신을 먼저 소중히 여기는 것에 익숙하지 않다. 오히려 내가 원하는 것을 정확히 말할수록 '당돌하다', '배려심이 없다' 또는 '자기중심적이다'라는 비난을 받는다. 하지만 그렇게 비난하는 사람 또한 무조건 자신을 희생하는 '가난한 이타심'에 길들여져 있을 뿐이다. 정말로 타인과 평등하고 조화롭게 살기 위해서는 적극적으로 '개인주의'를 연습할 필요가 있다. 그동안 가난한 이타심에 빠져 남에게는 "좋아"라고 답하고, 나 자신에게는 "안 돼"라고 말해왔다면, 이제부터는 반대로 해보자. 나에게는 무조건 "좋아"라고 답하고 남에게는 "안 돼"라고 말하는 것이다.

혼자 영화를 보며 주말을 누리고 싶다면 이사를 도와달라는 친구의 부탁을 완곡히 거절하자. 좋아하는 책을 읽고 싶다면 자기 이야기를 들어달라고 전화하는 친구에게도 "지금은 중요한 일이 있어서 어려워"라고 말하자. 남을 돕는 것은 중요한 일이고 나를 위한 휴식은 무시해도 되는 일이 아니다. 뒹굴뒹굴 누워서 멍을 때리든 텃밭을 가꾸든 나 자신을 위해 시간을 쓰는 것은 인생에서 가장 중요한 것에 시간을 쓰는 것이다. 그러니 '나만 생각하면 안 된다'는 죄책감 따위는 개한테도 주지 말자. 창조성 강사 줄리아 카메론은 "창조성을 살찌우는 근본 요소는 바로 자신을 살찌우는 것이다. … 당신 자신의 치유가 다른 사람들에게 가장 큰 희망의 메시지가 될 수 있다"[33]고 말한다. 물에 빠진 사람이 다른 사람을 구할 수는 없다. 정말로 이타적이고 싶다면 더 온 마음을 다해 나에게 집중해서 나의 욕구부터 소중히 다뤄야 한다.

과도한 책임감 버리기

"나 아니면 우리 엄마를 누가 돌봐", "남편은 내가 안 챙겨주면 안 돼"라고 말하는 사람들은 얼핏 보면 이타적이고 책임감이 강한 사람처럼 보인다. 하지만 실상은 아무도 요청한 적 없는 책임을 스스로 지고 있는 것이다. 심리학자 알프레드 아들러(Alfred Adler)는 "어떤 사람을 정말로 돕고 싶다면, 우리가 해야 할 일은 그가 스스로 해낼 수 있다는 것을 믿어주는 것뿐이다"[34]라고 말했다. 꼭 내가 돕지 않아도 누구나 자신에게 필요한 것을 스스로 채워갈 수 있다. 물도 셀프, 인생도 셀프다. 오히려 내가 계속 돕고 있어서 상대를 '도움이 필요한 의존적인 존재'로 만들며 그의 자유와 권리를 침해할 수도 있다는 것을 기억해야 한다.

이제 나의 일상에서 굳이 내가 책임지지 않아도 되는 부분을 걷어내 보자. 먼저 내가 해야만 한다고 느끼는 일, 하지만 솔직히 하고 싶지는 않은 일부터 찾아보자. 그중에서 꼭 하지 않아도 되는 일을 분류해보자. 자녀 된 도리를 위해 부모님이 원하는 것을 다 해야만 하는 건 아니다. 왠지 도와줘야 할 것 같은 친구는 사실 나의 도움이 그다지 필요하지 않을 수도 있다. 이제부터 내가 하지 않아도 되거나 다른 방법이 있는데도 '꼭 내가 해야만 해'라고 생각했던 것들을 그만두자. 처음에는 죄책감도 느껴지고 상대가 걱정될 수 있지만, 곧 관계가 훨씬 더 건강하게 변한다는 것을 깨닫게 될 것이다.

의무감 속에 숨겨진 욕구와 가치 찾기

그럼에도 불구하고 삶에는 언제나 하기 싫지만 해야 하는 일이 있기 마련이다. 창조적으로 사는 것은 재밌고 즐거운 일만 한다는 뜻이 아니다. 해야만 하는 일, 하기 싫은 일도 '놀이'가 될 수 있는 방법을 찾아 덜 힘들고 더 재밌게 해내는 것이다. 내가 '해야만 한다'라고 생각하는 일에는 언제나 나의 욕구와 내가 중요하게 생각하는 가치가 숨겨져 있다. 지겨운 직장에서 적성에도 안 맞는 일을 하는 이유는 경제적 문제를 해결하고 싶기 때문이다. 아무리 힘들어도 육아를 포기하지 않는 이유는 소중한 내 아이를 잘 양육하고 싶기 때문이다. 당장 눈앞의 일들이 힘들고 고달파도 이 일이 나의 중요한 욕구를 충족하는 일임을 명확히 인지할 때, 그 일을 대하는 태도는 확연히 달라진다.

나는 지금 이 글을 쓰는 것이 정말로 하기 싫은 일, 의무감을 느끼는 일 중 하나였다. 엄청난 열정으로 시작했지만, 글을 쓸 때마다 막막하고 답답해서 도망치고 싶었다. 내 빈곤한 글쓰기 실력을 마주하는 것이 괴로웠고, '힘들게 써봤자 누가 읽기는 할까…' 하는 회의감이 수시로 찾아왔다. '글 쓰는 재주는 없는 것 같으니, 차라리 이 시간에 내가 더 잘할 수 있는 일을 하는 게 효율적이지 않을까?'라는 생각은 오만 번쯤 했다. 부담감에 몇 달을 외면하다가, 그래도 해보겠다고 붙잡았다가, 또다시 포기하기를 반복했다. 그런 시간이 길어질수록 '책을 쓰고 싶다'는 나의 창조적 열망은 '책을 써야만 한다'는 의무감으로 바뀌어 점점 더 쓰기 싫어졌다.

그렇게 몇 년을 허우적대다가 더는 안 되겠다는 생각이 들었다. 그때부터 글을 쓰기 전에 '왜 이 책을 완성해야 하는가?'라고 나 자신에게 물었다. 내 열정이 도무지 식지 않는 '창조성'이란 주제를 더 많은 사람과 공유하고 싶었다. 머릿속에 흩어져 있는 정보들을 사람들과 공유할 수 있을 만큼 정돈하고 싶었다. 내 생이 끝나도 내 메시지는 세상에 남아 있기를 바랐다. 글쓰기는 부담스럽고 하기 싫은 일이지만, 글쓰기를 통해 충족하고 싶은 나의 욕구는 무척 소중하고 포기하고 싶지 않았다. 도망치고 싶을 때마다 계속해서 '나의 욕구'에 집중한 결과, 나는 지금 이 글을 쓰고 있다!

삶에 주도권이 없다고 느낄 때 우리는 에너지를 잃는다. 자유롭고 싶은 것은 인간의 본성이기 때문이다. 하지만 아무리 하기 싫은 일, 해야만 하는 일이라도 나의 중요한 욕구와 가치를 추구하고 있다는 것에 집중하면 삶의 주도권을 빼앗기지 않는다. 모든 것이 내 욕구를 충족하기 위한 내 선택임을 기억할 때 우리는 잃어버린 에너지를 되찾게 된다. 되찾은 에너지로 하기 싫은 일도 훨씬 더 가볍고 능동적으로 해낼 수 있다. '해야만 한다'라고 생각하는 일마다 '왜 해야 하는가?'라고 자신에게 질문해보자. 그게 어떤 일이든, 해야만 하는 일 안에는 내가 소중하게 여기는 가치와 충족하고 싶은 욕구가 들어 있을 것이다. 욕구와 가치에 집중할수록 나를 짓누르는 의무감에서 벗어나 몸과 마음의 에너지가 되살아나기 시작할 것이다.

02

남들처럼 살고 싶은 욕망 vs 내가 되고 싶은 욕망
: 원트와 라이크 구분하기

좋아하는 걸까? 원하는 걸까?

중학생 시절, 나는 수업이 끝나자마자 집에 달려가곤 했다. 빨리 집에 가서 피아노를 치고 싶어서였다. TV나 라디오에서 들었던 음악들을 피아노로 표현하고 싶어서 온갖 시도를 해보고, 악보도 그릴 줄 모르면서 작곡에 심혈을 기울였다. 아무도 나에게 곡을 쓰고 피아노를 치라고 하지 않았지만, 매일 작곡과 연주에 푹 빠져 있었다. 그렇게 빠져 있다 보니 어느새 실력도 붙어서 주변에서 인정도 받게 되었다. 성인이 되어서도 음악에 대한 열정은 좀처럼 사그라지지 않았다. 여러 우여곡절이 있었지만, 결국 나는 작곡가가 되었다.

나에게 음악이 그랬던 것처럼 누구나 자신도 모르게 끌리는 무언가가 있다. 누군가는 곤충의 움직임에, 누군가는 수학 문제를 푸는 것에, 누군가는 낯선 언어를 배우는 것에 끌린다. 이유 없이 끌리고, 열정이

솟구치며, 아무도 시키지 않아도 시간만 나면 나도 모르게 하고 있는 것, 그것이 바로 내적 동기이다. 내적 동기는 창조적 활동을 지속하는 에너지원이다. 재미와 만족감을 느끼며 즐겁게 지속하는 힘, 꿈을 현실로 만드는 힘은 모두 내적 동기에서 비롯된다.

김경일 인지심리학 교수는 "많은 사람이 원트(want)를 라이크(like)로 착각한다. 하지만 라이크가 없는 원트는 진정한 행복감을 느끼게 하지 못한다"[35]라고 말한다. '라이크'는 주변 상황과 상관없이 지속적으로 하고 싶어 하는 일이다. 반면 '원트'는 외부의 영향을 받아 나도 그것을 원한다고 생각하는 것이다. 다른 사람이 여행가는 게 좋아 보여서 나도 여행을 가고 싶다거나 다들 결혼하니 나도 결혼하고 싶다고 생각하는 것은 '원트'에 해당된다. 그래서 '라이크' 없이 '원트'만으로 하는 일은 주변 상황이 바뀌면 쉽게 마음이 바뀐다.

원트를 따라갈 때 생기는 일

다시 내 음악 이야기로 돌아가보면, 이미 10대에 음악에 푹 빠진 나는 음대에 진학하고 싶었다. 하지만 입시레슨비를 부담할 형편이 안 된다는 생각에 부모님께 말을 꺼내보지도 않고 포기했다. 대학 졸업 후에도 음악을 하고 싶었지만, 일단 돈 버는 일을 선택했다. 하지만 음악에 대한 열정은 시간이 지나도 전혀 꺾이지 않았다. 결국 늦은 나이에 음악 대학원에 입학했다. 대학원에서 만난 작가 동기도 나와 비슷한 선택을 해왔다. 어릴 때부터 작가가 되고 싶었지만 취직이 잘되는 과에 진학했고, 졸업 후에도 일단 돈을 벌 수 있는 일을 선택했다. "언제가 됐든

하지 않고 못 견딜 일이었으면 그냥 처음부터 할걸 그랬어"라는 동기의
말에 나 역시 격하게 공감했다.

많은 사람이 나와 나의 동기처럼 자신이 무엇을 '라이크'하는지 알면
서도 자신이 없어서, 주변의 시선 때문에, 또는 현실적 어려움이 두려워
따라가지 않는다. 그 대신 안정적인 현실이나 다른 사람들이 인정해줄
만한 성공을 바라며 '라이크' 없는 '원트'를 따라간다. 자기 계발서들은
'라이크'를 찾기보다는 '원트'를 부추기며 보여지는 성공에 대한 희망
을 품게 한다. 하지만 성취에 가장 큰 영향을 주는 요인은 내적 동기, 즉
'자기가 좋아하는 일을 하는 것'임을 다양한 연구 사례에서 밝히고 있
다.[36]

열정도 끌림도 없는 일을 계속하면 누구나 공허하고 무력해진다. 무
엇을 위해 이 일을 열심히 해야 하는지 회의감이 올라오고, 그럴수록 나
자신이 누구인지, 어떻게 살아야 하는지 혼란스러워진다. '라이크'를 따
라갈 때 설렘, 몰입과 즐거움, 성장과 확장을 경험한다면, '원트'만을 따
라갈 때는 지속하는 힘이 생기지 않아서 애써서 힘들게 하게 된다. 그러
다 보니 중도에 쉽게 포기하게 되고, 반복해서 좌절감을 맛보게 된다. 힘
들게 원하는 것을 성취한다 해도 만족감이 아닌 공허함을 느낄 뿐이다.

원트와 라이크 구분하기

'원트'와 '라이크'를 구분하는 기준은 내적인 충족감이다. 발달심리학
전문가 토드 로즈(Todd Rose)는 "충족감을 얻고 싶다면 남들이 강요하는

열정이 아니라 당신의 항해에서 순풍을 타게 할 열정이 정확히 무엇인지 알아야 한다"[37]라고 말한다. 원트와 라이크를 구분하려면 먼저 '사람들이 원하는 것을 나도 좋아해야 한다'라는 생각에서 벗어나야 한다. 내적인 충족감은 매우 개별적이고 고유하다. 내가 충족감을 느끼는 것에 대해 다른 사람들로부터 "도대체 왜 그게 좋아?"라는 말을 듣는 게 당연하다. 나 역시 다른 사람이 충족감을 느끼는 일에 대해 '도대체 그게 왜 좋아?'라는 의문이 올라올 것이다. 그러니 내가 좋아하는 것에 대해 남들에게 이해받지 못할까 봐 걱정하지 않아도 된다. 이해받지 못하는 게 자연스럽고 당연하다.

'원트'와 '라이크'를 구분하는 데 "이런데도 계속할 거야?"라는 질문도 도움이 된다. 작가 엘리자베스 길버트(Elizabeth Gilbert)는 이렇게 말한다. "올바른 질문은 "당신은 무엇에 열정을 가졌는가?"가 아니라 "당신은 그 일에 따르는 가장 불쾌한 측면까지도 꿋꿋이 견뎌낼 수 있을 만큼 차고 넘치는 열정을 가졌는가?"다."[38] 아무리 좋아하는 일도 때로는 지긋지긋하다. 창조의 과정은 즐거운 몰입의 시간도 있지만 고통과 인내의 시간도 존재한다. 다만 그런데도 계속할 수밖에 없는, 포기하고 싶지 않은 그 무언가가 계속 나를 이끌 뿐이다. 엘리자베스 길버트는 이것을 '완고한 즐거움'이라고 표현한다. 세계적인 가수 아델(Adele)을 비롯해 수많은 배우들이 무대 공포증에 시달리면서도 무대에 계속 서는 것도 바로 이 '완고한 즐거움' 때문일 것이다.

시간이 필요해

'원트'와 '라이크'를 구분하기 위해서는 다양한 경험이 필요하다. 여러 가지 상황에 놓여야 내가 그 상황에서 무엇에 충족감을 느끼는지 세세히 이해할 수 있다. 영화를 좋아한다면 영화를 보는 것을 좋아하는지, 영화 만드는 과정에 관심이 있는지, 아니면 영화를 본 후 사람들과 영화에 관해 토론하는 것을 좋아하는지, 영화의 어떤 장르를 어떤 이유에서 끌려 하는지 등등…. 내가 좋아하는 요소를 아주 구체적으로 알아내야 한다. 그러려면 다양한 경험 속에서 나를 관찰할 시간이 필요하다.

나는 과거에 내가 음악을 '라이크'하는 건 알았지만, 하고 싶은 영역이 작곡인지 편곡인지 연주인지 도무지 선택할 수가 없었다. 몇 년간 작곡, 편곡, 연주를 모두 공부하고 나서야 연주는 '원트'하지만 '라이크'하지는 않는다는 것을 알게 됐다. 작곡을 결정하고 나서도 어떤 장르를 선택해야 할지 몰라 방황했다. 이 역시 몇 년간 온갖 장르의 음악을 다 공부하며 시도해보고 나서야 내가 '라이크'하는 장르가 뮤지컬과 전통음악임을 찾아낼 수 있었다.

창조적인 삶은 '내가 좋아하는 것을 찾고 그것에 몰입하면 성공!' 이런 단순한 구조가 아니다. 매일의 경험을 통해 나에게 충족감을 주는 조각들을 하나씩 찾으며 '나'라는 퍼즐을 완성해가는 과정 자체다. 그러니 서두르지 말자. 섣불리 포기하지도 말자. 내적인 충족감을 주는 조각들을 발견하는 것은 내 인생을 흥미진진하고 만족스럽게 만들어줄 에너지의 원천을 확보하는 일이다. 그리하여 고통스러운 인내의 시간조차도 '완고한 즐거움'을 느끼며 지속할 수 있는 길을 찾는 것이다. 나의 숨겨진 재능이 세상에 점점 더 드러나는 과정이며, 더더욱 정교하게 '나다움'이 완성되어가는 일이다. 이 의미 있는 일에 얼마든지 시간과 에너지를 투자하자.

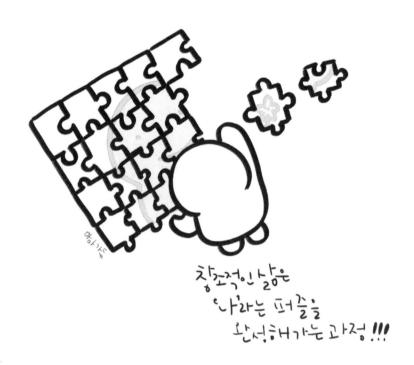

모든 것은 상상에서 시작된다
: 제한된 생각에서 벗어나 마음껏 상상하기

모든 것은 상상에서 시작된다

　놀이의 시작은 공상과 상상이다. '만약 ~라면 어떨까?'라고 여러 가능성을 탐색하는 것에서 놀이가 시작된다. '만약 내가 엄마라면?'이라는 상상에서 소꿉놀이가 시작되고, '이 막대기가 총이라면?'이라는 상상에서 전쟁놀이가 시작된다. 아이들은 규칙과 한계를 벗어나 무한한 가능성을 탐색한다. 상상 속에서 다양한 상황에 놓이고 터무니없는 행동을 하면서 새로운 시각을 갖게 된다. 시인 찰스 보들레르(Charles Baudelaire)는 "천재성은 자유로이 되찾은 어린아이의 마음일 뿐"이라고 말했다. 어른이 되어서도 어릴 때의 상상력을 그대로 갖고 있을 때 우리는 천재성을 발휘하기 시작한다. 아이들처럼 규칙과 한계를 벗어나 터무니없는 상상을 하는 사람들은 같은 상황에서 남들이 보지 못하는 것을 본다. 그래서 기발한 아이디어를 내고 방치된 문제들에 뛰어들어 해결책을 내놓으며 세상에 혁신을 가져온다.

사람들은 당장 먹고살기 바빠서, 현실적인 문제를 해결해야 해서, 상상하고 꿈꾸는 것을 미뤄놓는다. 어른이 되어서도 여전히 꿈을 꾸며 노는 것은 유치하고 책임감이 없는 것처럼 느껴진다. 하지만 인류는 상상하고 꿈꾸는 사람들 덕분에 살아남았고, 그들 덕분에 지금의 모든 문명이 생겨났다. 생각하던 대로 생각하고 살던 대로 살았다면 세상은 한 발짝도 진보할 수 없었다. 하늘의 새를 보며 '인간도 날 수 있을까?'라고 상상한 라이트 형제(Wright brothers) 덕분에 비행기가 생겼다. '빛과 나란히 달리면 빛이 어떻게 보일까?'라고 상상한 아인슈타인 덕에 현대 물리학에 획을 긋는 상대성 이론이 등장했다. 개인의 삶에서도 마찬가지다. 현실적으로만 생각하며 살아간다면 내 삶은 한 발짝도 달라질 수 없다. 지금 내 현실에 존재하지 않는 것을 마음껏 꿈꿀 때, 내 현실도 지금과는 다르게 변화하고 확장할 수 있는 가능성이 열린다.

제한된 생각에서 벗어나 마음껏 상상하기

'정말 이 직장 그만두고 싶다. 하지만 요즘 같은 불경기에 재취업은 힘들 거야.'

'아…. 해외로 유학가고 싶다. 하지만 영어도 못하고, 학비도 너무 비싸니 불가능해.'

'나도 유튜브를 해보면 재밌겠는걸. 하지만 유튜브는 이제 레드오션이니 돈 벌기는 힘들 거야.'

우리는 원하는 것을 알고 있어도 이처럼 현실적인 이유를 떠올리며 금세 포기한다. 원하는 것을 누리지 못하도록 '안 돼'라고 말하는 것은 현실이 아니라 나의 '현실적인 생각'이다.

'어쩌면 더 좋은 직장을 구할 수도 있어.'
'어쩌면 유학 갈 방법이 생길지도 몰라.'
'어쩌면 내가 만든 영상 덕에 재밌는 일들이 생길지도 몰라.'

창조는 예스(yes)와 노(no) 사이의 메이비(maybe) 즉, '어쩌면'의 영역에서 시작된다. 내가 원하는 것을 '안 돼'라고 말하는 대신, '그래, 나는 그걸 원해. 어쩌면 가능할지도 모르잖아'라고 가능성을 열 때, 현실에서도 정말로 가능성이 생겨나기 시작한다.

무엇보다 중요한 것은 '불가능하다'라는 생각을 치워야 내가 정말로 하고 싶은 것을 찾기가 쉬워진다는 것이다. 복권에 당첨이 되면 당첨금을 어디에 쓸 것인지 한번 상상해보자. 같은 20억 원이어도 그 돈을 쓰고 싶은 곳은 모두 다르다. 누군가는 유학을 가고 싶고, 누군가는 작업실을 갖고 싶을 것이다. '돈이 많다면?'이라는 가정으로 현실적 제약을 벗어나 마음껏 상상할 때, 그제야 숨겨놓았던 나만의 꿈이 조금씩 드러나기 시작한다. 나도 진로를 고민하는 사람들에게 '만약 부자라면?', '시간이 무한하게 많다면?', '아무것도 안 해도 된다면?' 등의 현실적 제약을 없애는 질문을 던지곤 한다. 그럴 때 '그건 불가능해'라며 현실적 틀안에서 억눌렸던 창조적 욕구들을 쉽게 발견할 수 있다. 그리고 대부분 답을 생각하는 순간부터 이미 신나고 행복해지기 시작한다. 마음껏 상상해도 되는 '놀이'가 시작됐기 때문이다!

작가 조지 버나드 쇼(George Bernard Shaw)는 "합리적인 사람은 자신을 세상에 맞춘다. 비합리적인 사람은 세상을 자신에게 맞추려고 애쓴다. 따라서 진보는 전적으로 비합리적인 사람에게 달려 있다"라고 말한다. 우리 내부에는 합리적인 이성과 예술가적 상상력이 공존한다. 예술가적 상상력이 발동하기 전에 합리적 이성이 끼어들면 상상력은 사장되고 만다. 창조의 과정에서 합리와 이성이 필요할 때도 있다. 하지만 창조의 시작인 '상상하기' 단계에서는 이성적 생각이 결코 필요하지 않다. 그러니 합리와 이성 따위는 잠시 지하 창고에 처박아두고 '비합리적인 사람'이 되어서 마음껏 상상해보자.

불가능은 없다. 동시성이 있을 뿐

"초록빛이 보고 싶다…."

어느 겨울날, 한겨울의 회색빛 스산함에 견딜 수 없이 숨이 막혀왔다. 문득 강렬하게 여름인 나라로 가야겠다는 생각이 들었다. 2년째 우울증으로 일도 못 하고 누워만 있을 때였다. 여행경비도 없었지만, 물가가 저렴한 나라로 가면 서울에서의 생활비와 여행경비가 같아서 문제없을 것 같았다. 일단 가장 싼 발리행 항공권을 사서 바로 출발했다. 발리에 도착해 따뜻한 햇살을 받으니 숨이 쉬어지고 살 것 같았다. 매일 특별히 하는 일 없이 초록빛 들판과 숲을 걸었다. 하지만 돌아가서 어떻게 먹고 살아야 할지 막막함과 두려움이 수시로 몰려왔다. 얼마 되지 않는 여행경비가 줄어드는 것도 걱정되어 아끼고 또 아껴 썼다. 그런데 두려움을 날려버릴 기적이 이어지기 시작했다.

어느 날, 휴학 중인 대학원에서 갑자기 실험 실습비를 반환해준다며 통장에 돈이 입금됐다. 그것을 시작으로 예상치 못한 곳에서 연달아 돈이 입금됐다. 거기서 끝이 아니었다. 가수로 음반을 내거나 공연 활동을 한 적이 없는데도 뮤직페스티벌 초청팀으로 공연해달라는 제안이 들어왔다(내 노래로 공연을 하는 것은 내가 오랫동안 꿈꾸던 일이었다!). 넉넉해진 여행경비로 공연 아이디어를 구상하며 지내다가 돌아온 바로 다음 날, 내일부터 바로 출근해달라는 좋은 일거리 제안을 받았다.

나에게 이런 기적의 순간들은 셀 수 없이 많았다. 처음 창조성 수업을 열기로 결심했을 때는 공간을 무료로 지원받았다. 음반을 발매하기도 전에 내가 꿈꿨던 EBS의 음악프로그램 <스페이스 공감> 무대에서 노래할 기회도 얻었다. 몸이 너무 힘들어 2달간 일을 쉬어야겠다고 결심했을 때는 갑자기 수상을 해서 상금으로 2달 치 생활비가 생겼다. 기적이 일어날 때의 공통점은 불가능한 상황과 상관없이 내가 하고 싶은 일을 선택했다는 것이다. 신화학자 조셉 캠벨(Joseph Campbell)은 "자신의 행복을 좇으라. 그러면 전에는 문이 없던 곳에서 문이 열린다"라고 했다. 가능성에 마음을 열고 내가 원하는 것에 귀를 기울이기 시작하면, '벽'이라고 생각했던 곳이 우연의 우연을 거쳐 '문'으로 바뀌는 마법은 항상 일어난다.

심리학자 칼 융이 '동시성(동시성은 아무런 관련이 없는 두 가지 이상의 사건이 마치 관련이 있는 것처럼 동시에 일어나는 것을 말한다. 융은 동시성이 우연히 일어나는 것이 아니라 우리가 알지 못하는 무의식적 차원에서의 질서가 존재한다고 말한다)'이라고 말한 이런 마법 같은 일들은 사실 살면서 누구나 경험한 적이 있다. 단지 '그저 우연일 뿐이야, 운이 좋았지'라고 대수롭지 않게 여겼을 뿐이다. 세상에는 우리가 알고 있는 것보다 훨씬 더 많은 가능성이 존재한다. '지성이면 감천이다', '정성이 지극하면 돌 위에 풀이 난다'라는 속담도 있듯, 도무지 불가능할 것 같던 일이 기적처럼 가능해지는 일은 언제나 있었다. 꿈을 현실로 창조한 사람들은 한결같이 "운이 따랐다"라고 말한다. 자신이 원하는 것을 완전히 자신의 힘으로만 이뤄낸 사람은 없다. 그러니 '그건 불가능해!'라는 나의 좁은 생각에 창조의 가능성을 가두지 말고, '어쩌면 가능할지도 몰라'라고 마음을 열어보자.

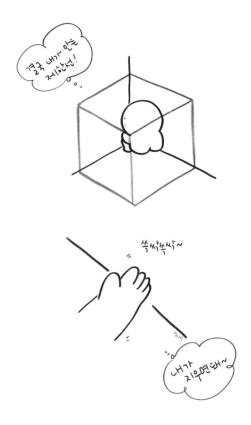

창조는 편집이다
: 모방할 것 수집하기

해 아래 새것은 없나니

2007년, 아이폰이 세상에 등장했다. 전화기, 음악 재생기, 소형 PC의 기능이 담긴 아이폰은 이전에 존재한 적 없던 새로운 형태였다. 매스컴은 '마법에 가까운 선구적 제품'이라 환호했고, 아이폰을 개발한 스티브 잡스(Steve Jobs)는 혁신의 아이콘이 되었다. 그러나 사실 아이폰은 터치스크린 기능이 있는 카시오의 손목시계, 핸드폰에 여러 앱이 깔린 IBM의 사이먼, 개인용 디지털 보조장치인 데이터 로버 840이 하나로 합쳐진 작품이다. 아이팟 역시 출시하기 22년 전에 케인 크레이머가 만든 휴대용 음악 재생기 아이디어를 다듬어 탄생한 것이다. 스티브 잡스는 이렇게 말했다. "창조력은 그저 이것저것을 연결하는 일이다. 창조적인 사람에게 어떻게 그걸 했냐고 물으면 그들은 자신이 실제로 그것을 한 것이 아니라서 약간의 죄의식 같은 걸 느낀다. 그들은 단지 무언가를 봤을 뿐이다."**39**

모든 창조에는 아이폰처럼 '가계도'가 존재한다. 뛰어난 예술작품, 혁신적인 발명품은 어느 날 갑자기 번개처럼 번뜩이는 영감을 받아 나타난 것이 아니다. 성경에서 말하는 것처럼 해 아래 새것은 없다. 늘 새로움을 추구했던 화가 피카소(Pablo Picasso)도 "예술은 도둑질이다"라고 말했다. 모든 창조는 모방에서 시작한다. 그 누구도 자신이 무엇을 창조할지 알고 태어나지 않는다. 그래서 무엇을 창조할 것이지는 '무엇을 따라 할지' 찾는 것부터 시작한다.

롤모델 찾기

작가 엘리자베스 길버트는 "나는 진짜로 내가 뭘 하고 있는 건지 몰랐다. … 나는 한동안 헤밍웨이를 따라 하는 시기를 겪었다. 또 꽤 심각한 수준으로 닥친 애니 프루 시기도 있었고, 이제 와서 보면 좀 창피하기도 한 코맥 매카시 시기를 거치기도 했다. 그러나 이런 게 바로 시작 단계에서 해야만 하는 것들이다"[40]라고 말했다. 발표하는 작품마다 엄청난 반향을 일으키며 독창적이라는 찬사를 받는 엘리자베스 길버트도 처음부터 자신만의 독창적인 글을 쓴 것이 아니다. 시작 단계에서는 내가 무엇을 하고 싶은지 모르는 게 당연하다. 그래서 '누구를' 그리고 '무엇을' 따라 해야 할지 롤모델이 필요하다. 나에게 영감을 주고, 내가 사랑하고, 닮고 싶은 사람은 누구인가? 그 사람의 어떤 부분을 따라 하고 싶은가?

크리에이터 오스틴 클레온(Austin Kleon)은 이렇게 말한다. "영웅들 한 명에서만 훔치지 말고, 영웅들 모두에게서 훔치는 것이 더 좋다. 영감을 받은 사람이 딱 한 사람뿐이라면 세상은 당신을 제2의 누구누구라고 칭할 것이다. 하지만 수백 명을 베낀다면 세상은 당신을 '오리지널'로 떠받들 것이다!"**41** 롤모델을 단 한 사람만 정할 필요는 없다. 나에게 영감을 주는 사람을 만날 때마다 그 사람의 어떤 부분을 따라 하고 싶은지를 찾아보면 된다.

나는 유튜버 박막례 할머니를 보며 그냥 나로 존재하는 자연스러움이 주는 아름다움과 유쾌함을 따라 한다. 김미경 학장님이 MKYU를 운영하는 것을 보며 더 많은 사람이 꿈꿀 수 있게 돕는 시스템을 베껴 온다. 오프라 윈프리를 보며 나의 공감 능력을 재능으로 활용해서 세상을 이롭게 할 아이디어를 얻는다. 이런 나의 롤모델들의 조각들이 합쳐진 것이 나다. 각 사람의 고유함은 수많은 롤모델의 조각들이 새로운 조합으로 합쳐진 결과다. 살면서 수많은 타인의 것을 베끼고 익히고 가지고 놀면서 합쳐진 그 무언가가 바로 나의 고유함이다.

또한 오스틴 클레온은 이렇게 말한다. "인간에겐 참 멋진 약점이 있다. 완전히 똑같은 카피를 만들어낼 수 없다는 점이다. 존경하는 나의 영웅들과 완벽하게 똑같아질 수 없는 바로 그 지점에서 나만의 색깔이 드러나게 된다. 이런 식으로 우리는 진화하는 것이다."**42** 토크쇼 사회자 코난 오브라이언(Conan O'Brien)은 신체 조건상 롤모델의 동작을 따라 할 수가 없었다. 어쩔 수 없이 동작을 자기 몸에 맞게 변형시켜야 했고, 그 과정에서 자신만의 스타일을 갖게 되었다. 코난 오브라이언은 "내가 늘 꿈꿔온 롤모델처럼 되는 것에 실패함으로써 우리는 존재감과 독창성을 갖게 된다"라고 말한다. 롤모델을 똑같이 따라 하는 과정은 반드시 실패하게 되어 있다. 나와 롤모델은 다른 존재이기 때문이다. 그러니 롤모델과 같아질 수 없어서 실망하거나 좌절할 필요는 없다. 따라 하다가 실패하는 지점마다 나만의 고유한 존재감이 만들어지는 것이다.

질투를 활용하기

내가 동경하는 롤모델만큼이나 내가 질투하는 대상도 모방의 단서를 제공한다. 질투는 비록 뱃속이 뒤틀리고 기분이 한껏 나빠지고 왠지 상대에게 흠집을 내고 싶은 불쾌한 감정이지만, 잘 활용하면 '내 꿈을 알려주는 지도'[43]가 되어준다. 나는 유튜브를 운영하지만 메가 유튜버들이 부럽지는 않다. 인플루언서가 될 생각이 없기 때문이다. 여행을 자주 가는 친구도 부럽지 않다. 여행을 몹시 즐기지는 않기 때문이다. 그러나 지인의 책 출간 소식을 접할 때는 온몸의 털이 쭈뼛거릴만큼 질투가 난다. 책 출간은 내가 정말로 원하는 일이기 때문이다. 이처럼 내가 질투하는 상황에서 내가 정말로 원하는 요소를 발견할 수 있다. 질투는 내가 정말로 하고 싶지만 시도하지 못하고 있는 일이 무엇인지 알려준다. 질투는 내가 정말로 미래로 만들고 싶은 모습이 무엇인지 알려준다. 그것도 온몸으로 짜릿하게!

"예전에는 돈 많은 사람도 부럽고, 여행 가는 사람도 부럽고, 애인 있는 사람도 부럽고, 부러운 게 너무 많았는데, 이제는 부러운 게 별로 없어요. 마냥 부럽고 원했던 것들이 줄어든 대신, 내가 질투 나는 몇 가지가 선명해졌어요." 창조성 수업에 참여했던 수현 씨의 말이다. 나에 대해 잘 모를 때는 막연히 좋아 보이는 모든 것들에 질투가 난다. 그런데 나에 대해 잘 알게 될수록 수현 씨처럼 질투하는 것의 가짓수가 줄어들고 선명해진다. 일상에서 질투 나는 게 너무 많다면 하나씩 떠올리며 확인해보자. '나는 정말로 그것을 원하는가?' 천천히 곱씹어보면 내가 그것을 원트했는지 라이크했는지 알게 될 것이다. 부러워하는 대상과 이유가 명확히 선별될수록, 내가 무엇을 원하고 있는지도 명확해질 것이다.

나만의 도둑질 파일 만들기

크리에이터 오스틴 클레온은 "나만의 도둑질 파일을 만들어라. 당신이 어떤 것을 훔쳤는지 그 궤적을 알 수 있는 파일이다. … 뭔가 훔칠 만한 것을 발견했는가? 도둑질 파일 안에 넣어라. 뭔가 영감이 필요한가? 도둑질 파일을 열어봐라"[44]라고 말한다. 나에게도 도둑질 파일이 여러 개 있다. 음악을 들을 때마다 훔치고 싶은 편곡 아이디어를 메모해놓고 작곡할 때마다 열어보는 '작곡 도둑질 파일'이 있다. 또 마음에 드는 집을 볼 때마다 내가 지을 집에 대한 아이디어를 메모해놓은 '건축 도둑질 파일'도 있다. '내가 부자라면? 시간이 엄청 많다면? 이미 성공했다면?'이라는 가정하에 온갖 허황된 꿈을 메모해둔 '꿈 도둑질 파일'도 있다.

신호등에 서 있다가 지나가는 멋진 차에 눈길이 갔다면 그 차를 도둑질 파일에 넣자. 카페에서 만난 예쁜 소품, 누군가의 상냥한 말버릇, 온몸이 타들어 가는 듯이 질투 나는 상황, 너무나 닮고 싶은 롤모델…. 훔치고 싶은 게 발견될 때마다 도둑질 파일에 넣자. 현실적 제약 없이 마음껏 상상하며 허황된 꿈을 꾸는 것도 도둑질 파일에 모아보자. 내가 무엇을 하고 싶어 하는지 알려주는 온갖 창조의 재료들이 나의 일상에 널려 있다. 그것들이 증발되지 않게 도둑질 파일에 차곡차곡 모아보자. 내가 창조하고 싶은 재료들이 쌓여갈수록 점점 더 어떻게 살고 싶은지, 어떻게 살아야 할지가 선명해질 것이다.

창조성을 깨우는 과제

1. 가난한 이타심에서 벗어나기

1. 나는 사람들이(에게) _____할까 봐(~라는 말을 들을까 봐) 도

   와달라는 부탁을 못 하겠다.

2. 나는 사람들이(에게) _____할까 봐(~라는 말을 들을까 봐)

   거절을 못 하겠다.

3. 나는 부모님이 나를 _____라고 생각할까 봐 걱정이다.

   그래서 부모님을 실망시키지 않으려고 _____한 노력을 한다.

4. 나는 사람들에게 _____할 때 죄책감을 느낀다.

   그래서 차마 _____하지 못한다.

5. 나는 사람들이 나를 _____하다고 생각할까 봐 두렵다.

6. 나는 사람들에게 _____하다는 말을 들을까 봐 두렵다.

7. 나는 _____라는 말을 들은 것이 마음에 남았다.

그 말을 다시 듣지 않기 위해 지금도 _____하려고 노력한다.

8. 자신의 욕구를 돌보지 않고 자신에게 함부로 하는 사람을 만나면 나는 그 사람

   에게 _____한 생각과 감정이 든다.

9. 내가 원하는 것을 계속 무시하고 남을 돕는다면 나는 어떻게 될까?

   _____

10. 내가 좋아하는 일을 하며 행복하게 지내면 내 주변 사람들은 그런 나를 어떻

    게 바라볼까? _____

적은 것 중에 마음에 크게 와닿는 것이 있다면 그곳에 잠시 머물러보자. "다른 사람 먼저 위하느라 내가 원하는 것을 외면해왔구나. 미안해"라고 말해주며 충분히 감정을 끌어안고 마주해보자.

2. 과도한 책임과 의무 버리기

내가 꼭 해야만 하는 책임과 의무가 있는 일을 찾아보자.

예) 나는 돈을 벌어야만 한다, 나는 가족을 돌봐야 한다, 나는 친절해야만 한다, 나는 운동해야 한다 등등

1. 나는 _____해야만 한다.

2. 나는 _____해야만 한다.

3. 나는 _____해야만 한다.

4. 나는 _____해야만 한다.

5. 나는 _____해야만 한다.

6. 나는 _____해야만 한다.

7. 나는 _____해야만 한다.

8. 나는 _____해야만 한다.

9. 나는 _____해야만 한다.

10. 나는 _____해야만 한다.

이 중에서 내가 꼭 하지 않아도 되는 일을 찾아 X표를 해보자. 하지 않으면 미안하고 죄책감이 느껴지는 일일수록 하지 않는 훈련이 필요한 부분이다.

3. 숨겨진 욕구와 가치 찾기

2번에 적은 10개의 문장 중에서 싫지만 꼭 해야만 하는 일 5가지를 체크해보자. 그 안에는 내가 **소중히 여기는 가치**와 내가 **추구하는 욕구**가 들어 있다. 그것을 찾아서 문장을 아래와 같이 수정해보자.

예) 나는 돈을 벌어야만 한다.

-> 나는 내가 내 삶을 능동적으로 책임지고 있다는 만족감을 위해 돈 버는 것을 선택한다.

-> 나는 안정적인 물질적 기반 위에서 사는 것을 위해 돈 버는 것을 선택한다.

-> 나는 내가 좋아하는 맛있는 음식을 마음껏 먹기 위해 돈 버는 것을 선택한다.

1. 나는 _____을 위해 _____하는 것을 선택한다.
2. 나는 _____을 위해 _____하는 것을 선택한다.
3. 나는 _____을 위해 _____하는 것을 선택한다.
4. 나는 _____을 위해 _____하는 것을 선택한다.
5. 나는 _____을 위해 _____하는 것을 선택한다.

처음의 문장과 바꿔 쓴 문장을 소리 내어 읽어보며 차이를 느껴보자. 어떤 차이가 있는가?

차이를 느꼈다면, 앞으로도 일상적으로 '해야만 한다'라는 말 대신 '나는 (나의 욕구와 소중한 가치)~를 위해 ~하는 것을 선택한다'라고 말하는 훈련을 계속해보자. 의무감에 짓눌린 에너지가 되살아나서 한결 쉽게 해낼 수 있을 것이다.

4. 원트와 라이크를 구분하기 연습

내가 돈이 무한하게 많다면 어디에 어떤 방식으로 돈을 쓰고 싶은지, 무엇을 하며 어떻게 살고 싶은지 **재빨리** 적어보자.

1. 내가 부자라면 나는 _____ 를 하겠다.

2. 내가 부자라면 나는 _____ 를 하겠다.

3. 내가 부자라면 나는 _____ 를 하겠다.

4. 내가 부자라면 나는 _____ 를 하겠다.

5. 내가 부자라면 나는 _____ 를 하겠다.

6. 내가 부자라면 나는 _____ 를 하겠다.

7. 내가 부자라면 나는 _____ 를 하겠다.

8. 내가 부자라면 나는 _____ 를 하겠다.

9. 내가 부자라면 나는 _____ 를 하겠다.

10. 내가 부자라면 나는 _____ 를 하겠다.

앞의 대답한 것들을 다시 한번 천천히 읽어보자. 그중 내적인 충족감을 주면서 도무지 포기하고 싶지 않은, '라이크'도 하고 '원트'도 하는 것들은 무엇인가? 다른 사람들이 원해서 나도 원한다고 생각하는 '원트'하는 것들은 무엇이 있는가? '원트'하진 않지만 '라이크'하는 것은 무엇인가?

10가지 중에서 죽음을 앞두고 하지 않아서 가장 후회할 일은 무엇인가?

지금 당장 구분이 어렵다면 내가 쓴 답을 시간을 두고 여러 번 다시 읽어보자. 시간이 지날수록 구분이 쉬워질 것이다.

5. 마음껏 상상하기

다음 문장들을 **제한 없이 빠르게** 완성해보자. 엉뚱하고 비현실적이어도 상관없다.

1. 아무것도 안 해도 된다면 나는 _____하고 싶다.

2. 아무것도 안 해도 된다면 나는 _____하고 싶다.

3. 아무것도 안 해도 된다면 나는 _____하고 싶다.

4. 솔직히 나는 _____하지 않고 _____하고 싶다.

5. 솔직히 나는 _____하지 않고 _____하고 싶다.

6. 솔직히 나는 _____하지 않고 _____하고 싶다.

7. 이기적으로 보일까 봐 못했지만 나는 _____하고 싶다.

8. 이기적으로 보일까 봐 못했지만 나는 _____하고 싶다.

9. 이기적으로 보일까 봐 못했지만 나는 _____하고 싶다.

10. 남들이 이상하게 생각하지 않는다면 나는 _____하고 싶다.

11. 남들이 이상하게 생각하지 않는다면 나는 _____하고 싶다.

12. 남들이 이상하게 생각하지 않는다면 나는 _____하고 싶다.

13. 너무 늦지 않았다면 나는 _____하고 싶다.

14. 너무 늦지 않았다면 나는 _____하고 싶다.

15. 시간이 많다면 _____하고 싶다.

16. 시간이 많다면 _____하고 싶다.

17. 실패해도 괜찮다면 나는 _____해보고 싶다.

18. 실패해도 괜찮다면 나는 _____해보고 싶다.

19. 이미 충분히 성공했다면 나는 _____하며 살고 싶다.

20. 이미 충분히 성공했다면 나는 _____하며 살고 싶다.

적은 것을 다시 한번 천천히 읽어보자. 무엇을 새롭게 발견했는가?

6. 롤모델 찾기

나에게 영감을 준 사람, 워너비가 되고 싶은 롤모델 세 사람을 찾아보자.

롤모델의 이름	롤모델이 나에게 준 영감, 따라하고 싶은 것
예) 줄리아 카메론	나도 창조성이 막힌 나의 예술가 친구들에게 창조성을 회복하는 법을 알려주고 싶다.

7. 질투를 지도로 활용하기

내가 부러워하는 대상을 찾아보자. 그리고 질투가 나에게 알려주는 창조의 단서를 찾아보자(부러운 사람이 없다면, 평소 '아! 부럽다!'라는 말이 나왔던 상황을 찾아본다).

부러운 대상	부러운 이유	내가 발견한 창조의 단서
예) 문숙 작가님	출간 기념 콘서트에서 관객과 대화하는 모습이 너무 부럽다.	나도 책 출간할 때 꼭 토크 콘서트를 하고 싶다!

8. 나만의 도둑질 파일 만들기

노트 한 권을 준비한다. 갖고 싶은 것, 하고 싶은 것, 놀러 가고 싶은 여행지, 도전하고 싶은 모험, 살고 싶은 집의 특징, 로또에 당첨된다면? 등등 내가 원하는 것을 적을 폴더를 만들어보자. 한 주간 훔치고 싶은 것이 발견될 때마다 무엇이든 노트에 메모해본다(이 노트는 오래 쌓아갈수록 효과가 강력해지니, 앞으로도 계속 써나가길 바란다).

9. 몸 감각 깨우기 - 그라운딩(접지) 하기

지구에 존재하는 모든 것은 중력의 영향을 받는다. 우리는 중력에 의해 지구와 항상 맞닿아 있다. 내 몸이 바닥에 닿아 있는 면을 잘 인지할 때 현재와 잘 연결될 수 있다. 또한 호흡과 그라운딩은 몸의 긴장을 빠르게 해소하며 몸의 균형을 되찾게 해준다. 이번 주에는 그라운딩을 통해 깊은 휴식과 이완, 안정감을 경험해보자.

서 있을 때 : 발바닥에 닿아 있는 면적을 느껴본다. 최대한 두 발바닥 전체로 고르게 체중을 싣고 선다. 내 몸이 나무라고 생각하고 두 다리가 바닥에 뿌리내리고 있다고 상상하며 안정감을 느껴본다.

앉아 있을 때 : 엉덩이, 허벅지 등 내 봄이 바닥과 닿아 있는 면적을 인지해본다. 정수리는 하늘로 보내고 온몸의 무게감은 바닥에 닿아 있는 면적에 모두 맡긴다고 상상해본다. 내 몸이 웅장한 산이라고 상상하며 바닥이 나를 든든하게 지지해주고 있음을 느껴본다.

누워 있을 때 : 머리끝부터 발끝까지 내 몸의 모든 무게를 바닥에 완전히 내어 맡긴다. 온몸 구석구석 긴장을 이완하고 바닥이 나를 든든히 지지해주고 있음을 느껴본다.

Be Yourself

4주

나의 고유한
천재성 찾기

전재란
당신이 정점에살고있는
'상태'를 말합니다

－리처드러드－

《위대한 나의 발견 강점혁명》에서는 "사람이 자신의 재능을 발휘할 수 있는 곳에 있지 않으면 본 모습과는 전혀 다른 사람이 된다"라고 말한다. 일에 몰입하지 못하고, 업무 성취도도 떨어지며 동료와도 부정적인 관계를 더 많이 쌓는다는 것이다. 반대로 자신의 재능을 발휘하며 사는 사람은 자신감이 커지고, 더 희망적이며, 다른 사람에게도 더 친절해진다.[45] 비즈니스 코치 딕 리처즈(Dick Richards)도 "자신의 강점을 발휘하는 곳에서 마음이 차분해지고, 집에 있는 것처럼 편안함을 느끼게 된다"[46]라고 말한다. 나의 재능을 발휘하며 살 때, 삶의 모든 영역이 긍정적으로 변하면서 나 자신으로 편안하게 존재하는 내적인 평화까지 얻게 되는 것이다.

세계적인 영적 지도자 디팩 초프라(Deepak Chopra)는 재능에 대해 다음과 같이 말한다. "당신에게는 다른 누구에게도 없는 당신만의 재능이 있다. 이 세상에 그 재능을 가진 사람이 없고, 그 재능을 당신처럼 표현하지도 못한다. 다시 말해 당신이 잘할 수 있는 일이 한 가지 있고, 당신이 하는 방법도 한 가지가 있는데, 그 방법은 온 세상 어느 누구보다도 나은 방법이다."[47] 내가 갖고 태어난 가장 자연스러운 모습으로 편안하게 사는 것, 좋아하는 것을 하면서 나만 할 수 있는 것으로 세상에 기여하는 것, 건강한 자존감과 분명한 정체성을 갖고 나만의 탁월함을 발휘하며 사는 것, 이 모든 것이 나의 타고난 재능을 알고 꺼내 쓰는 것에 달려 있다.

재능을 찾는 일이 이처럼 중요한데도, 안타깝게도 대다수의 사람이 자신의 재능을 찾고 훈련하는 데 큰 관심을 두지 않는다. 갤럽이 1,000만 명을 대상으로 한 조사 결과에 따르면 약 70%의 사람들이 자기 재능을 발휘하지 못한 채 살고 있다. 각자의 고유한 재능을 발휘하는 것은 개인의 일생에도 사회의 발전에도 매우 중요하고 우선시 되어야 할 일이다. 무엇보다 창조성을 발현하는 데 가장 중요한 핵심 영역이다. 재능을 발견하고 꽃피워가는 과정 자체가 창조적인 삶의 여정이다.

이번 주에는 자신의 타고난 재능과 열정을 찾아볼 것이다. 재능은 너무 자연스러워서 스스로 인식하기가 어렵다. 그래서 인식을 도울 아주 많은 질문을 준비했다. 나의 과거, 현재, 미래에 대한 질문에 답하며 내 안에 어떤 재능과 열정이 숨겨져 있는지 찾아보자. 먼저 그 전에 나의 재능을 찾는 데 방해가 되는 재능에 대한 오해와 진실부터 살펴보자.

재능에 대한 오해와 진실
: 재능에 대해 바로 알기

오해 : 천재는 뛰어난 재능을 가진 사람이다
진실 : 천재는 사람이 아니라 '상태'다

우리는 보통 천재는 '타고난 뛰어난 재능을 가진 사람'이라고 생각한다. 그러나 예일대 교수 크레이그 라이트(Craig Wright)가 10여 년간 천재들의 특성을 연구한 결과는 전혀 다르다. 일단 천재는 선천적이지 않았다. 천재라 불린 사람들은 IQ가 높지도 않았고 학교 성적도 좋지 않았다. 천재들의 업적도 비상한 머리로 번뜩이는 통찰을 내놓은 것이 아니었다. 천재적인 성과들은 아주 오랜 시간 붙잡고 씨름한 끝에 얻은 결과였다. 인류의 발전을 위한 남다른 이타심이 있는 것도 아니었다. 그저 자신의 만족을 위해 했던 일들이 우연히 세상을 바꾼 것이었다.

연구 끝에 라이트 교수는 "천재성은 유전적인 특성이 아니라 일회성의 현상일 뿐"[48]이라고 말한다. 인지심리학자 김경일 교수도 "한국은 천재에 관한 생각을 바꿀 필요가 있다. 창의적이고 혁신적인 상황으로 들어갈 줄 아는 사람은 누구나 천재가 될 수 있다"[49]라고 말한다. 즉, 천재는 특정한 '사람'이 아니라 '상태'다. 누구나 자신 안의 잠재된 재능을 드러낼 때 '천재의 상태'가 된다. 천재는 전혀 특별하지 않다. 우리는 누구나 천재의 가능성을 갖고 태어났고, 자신의 재능을 드러낼 때 언제든 천재의 상태가 될 수 있다.

오해 : 재능은 뛰어난 한 가지 능력이다
진실 : 재능은 평균 이상인 것의 조합이다

대부분 사람이 자신은 딱히 재능이 없다고 생각한다. 재능이 아주 특별하게 뛰어난 한 가지라고 오해하기 때문이다. 그러나 재능은 누구에게나 있고, 여러 가지 다양한 재능이 있다. 교육심리학자 토드 로즈는 모든 사람에게 재능이 있음을 '들쭉날쭉성의 원칙'으로 설명한다.

IQ가 같은 수진과 은혜의 들쭉날쭉한 재능

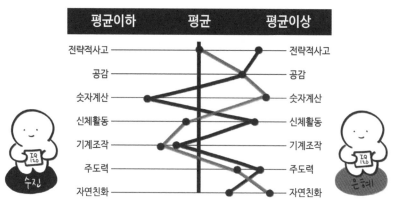

원출처 : 토드 로즈, 《평균의 종말》, 21세기 북스

예를 들어 은혜와 수진은 IQ가 같다. 은혜는 숫자계산과 자연친화 재능이 높고 수진은 전략적 사고와 신체활동 재능이 높다. 하지만 IQ로만 평가하면 은혜와 수진의 각기 다른 재능은 발견되지 않는다. 인간의 체격, 재능, 지능, 성격 등의 모든 특성은 연관성 없이 들쭉날쭉하다. 누구나 평균 이상의 차원이 있으며, 평균 이하의 차원도 있다.

재능은 소수만 가진 특별하고 희귀한 능력이 아니다. 재능은 내가 가진 것 중 평균 이상인 것의 조합이다. 간단하게 50%를 기준으로 재능을 찾으면 된다. 나의 그림 실력이 상위 1%는 아니지만 상위 50% 안에는 든다면 그림 그리는 것은 나의 재능이다(믿기 어렵겠지만 말이다!). 이렇게 평균 이상인 것들을 찾아보면 누구나 자신의 재능을 적어도 수십 가지는 찾을 수 있다.

나의 경우, 숫자 계산, 경쟁하기, 그림 그리기 등은 하위 50%에 속한다. 이것들은 나의 재능이 아니다. 반면 작곡, 노래하기, 공감하기, 말하기, 스토리텔링 등은 상위 50%에 속한다. 아주 뛰어나지는 않지만 평균 이상은 확실하니 재능이 틀림없다. 이런 나의 5가지 재능이 하나로 합쳐지면 나만의 음악 세계가 만들어진다. 내 노래는 주로 사람들이 삶을 살아가는 이야기가 담겨 있다. 내 공연은 노래보다 말을 더 많이 한다. 주로 내가 경험하고 느낀 것들을 이야기하며 관객들과도 오랫동안 대화를 나눈다. 노래도 관객들과 함께 부른다. 공연 내내 함께 웃고 울고 노래하다 보면 다같이 하나된 연결감을 느끼게 된다.

나의 작곡, 노래, 공감, 말하기, 스토리텔링 재능은 엄청나게 뛰어난 상위 1%가 아니다. 또 대단히 흥미롭거나 특별한 재능도 아니다. 그러나 나의 재능의 요소들이 하나로 합쳐진 나의 공연은 누구도 따라 할 수 없는, 나만 할 수 있는, 가장 나다운 공연이다. 이렇게 평균 이상인 자신의 여러 재능을 수집한 후 재능 간의 다양한 조합을 만들어보면 나다움을 드러내며 나만 할 수 있는 '나만의 일'이 탄생한다.

오해 : 재능은 저절로 드러난다
진실 : 재능은 경험을 통해 드러난다

개그우먼 김민경 씨는 <운동뚱>이라는 예능 프로그램에 출연하며 뜻밖의 재능을 발견하게 됐다. 운동을 해본 적이 없는데 헬스, 종합격투기, 필라테스, 권투, 야구, 킥복싱 등 다양한 분야에서 모두 두각을 나타낸 것이다. 이후 김민경 씨는 사격을 접한 지 1년 만에 IPSC 사격대회에 국가대표로 참가했다. 배우 이시영 씨도 복싱을 주제로 한 드라마 출연을 위해 복싱을 배웠다가 2년 만에 복싱 국가대표로 발탁되었다. 두 사람 다 서른이 넘은 나이에 미처 몰랐던 자신의 재능을 발견하게 된 것이다.

모차르트(Wolfgang Amadeus Mozart)처럼 어린 나이에 선명하게 재능이 드러나는 경우는 드물다. 김민경 씨와 이시영 씨의 사례처럼 다양한 상황에서 다양한 시도를 하며 몰랐던 재능을 점점 더 많이 발견하게 된다. 나도 마포FM 공동체 라디오에서 프로그램을 진행하면서 마흔 살에야 나의 말하기 재능을 처음 발견했다. 라디오 진행이라는 새로운 일에 도전하지 않았다면 아마 지금도 몰랐을 것이다. 재능은 가만히 있어도 저절로 드러나는 것이 아니다. 살면서 다양한 경험과 새로운 시도를 통해 계속해서 발견해가는 것이다.

오해 : 재능이 있으면 저절로 잘하게 된다
진실 : 재능은 훈련을 거쳐야 탁월함을 발휘한다

나는 '말하기' 재능을 타고났다. 하지만 아무 노력도 없이 저절로 말을 잘하게 된 것은 아니다. 처음 라디오 진행을 시작했을 때 너무 긴장해서 말할 때 항상 숨이 차고 목소리도 부자연스러웠다. 고민 끝에 호흡과 발성법을 배우며 자연스러운 톤으로 말하는 것을 끊임없이 훈련했다. 귀에 쏙쏙 들어오게 전달하기 위해 딕션도 십수년간 꾸준히 연구하고 연습했다. 스피치 강의를 수강하며 스피치 실력도 계속 발전시켰다. 말할 수 있는 통로를 만들기 위해 팟캐스트와 유튜브에도 도전했다. 영상을 촬영하고 편집하는 일은 어려웠지만, 나의 재능인 '말하기'로 세상과 만나려면 꼭 배워야 하는 일이었다.

그뿐만이 아니다. 나는 일상에서도 말할 거리를 찾기 위해 끊임없이 정보를 분석하고 아이디어를 메모한다. 말할 주제가 잡히면 효과적으로 전달할 방법을 몇날 며칠 고민하며 다듬어간다. 무엇보다 어려운 것은 내향적인 성격이라 사람들 앞에서 말하는 게 몹시 힘들다는 것이다. 아무리 많이 강의를 했어도 매번 숨도 제대로 못쉴 만큼 긴장한다. 나에게 말하는 재능이 있다고 해서 저절로 쉽게 일이 풀린 것은 아무것도 없다. 단지 힘든데도 나도 모르게 계속 관심이 가서, 나도 모르게 계속 여러 가지 노력을 하고 있을 뿐이다.

사람들은 종종 자신의 재능만 발견하면 인생이 수월하게 풀릴 것으로 기대한다. 어느 정도 맞는 말이긴 하다. 자신의 재능을 훈련할 때는 쉽고 빠르게 몰입해서 배울 수 있고, 그만큼 좋은 결과를 내기도 쉽기 때문이다. 하지만 재능을 발견한다고 해서 모두가 나의 재능에 찬사를 보내며 모든 일이 마법같이 풀리는 극적인 성공은 존재하지 않는다. 아무리 성공한 작가도 초고는 남에게 보여줄 수 없는 '걸레' 수준이고, 뛰어난 재능을 인정받는 작곡가도 '곡은 엉덩이로 쓰는 것'이라고 말한다. 재능은 태어날 때 각자 가지고 태어난 씨앗이다. 물을 주고 지속적으로 가꿔야 꽃도 피고 열매도 맺는다. 아무 노력도 하지 않으면 언제까지고 가능성으로만 남아 있을 뿐이다.

오해 : 재능은 긍정적이고 빛나는 부분이다
진실 : 재능은 동전의 양면처럼 긍정적, 부정적 측면이 있다

갤럽의 34가지 강점 테마 중에 '공감' 테마가 있다. 처음 '공감'이 자신의 강점이라는 것을 안 사람들은 "이게 무슨 강점인가요? 이것 때문에 얼마나 힘들었는데…"라고 말하곤 한다. '공감' 테마가 강점인 사람은 다른 사람의 감정을 자신의 감정처럼 느낀다. 그러다 보니 다른 사람의 부탁을 잘 거절하지 못하고, 자신의 주장을 강하게 내세우기 어려워한다. 종종 다른 사람들의 감정을 듣느라 녹초가 되기도 하고, 건강하지 않은 사람에게 휘둘려 호구가 되기도 한다. 공감 때문에 힘들었던 일이 많다 보니 공감을 '단점'이라고 생각하게 된 것이다.

나 역시 나의 공감 능력으로 인해 겪는 일들이 오랫동안 저주처럼 느껴졌다. 재능은커녕 고쳐야 할 단점이라고 생각하고 어떻게든 바꾸려고 노력하기도 했다. 그런데 어느 날 문득 깨달았다. 나는 공감 능력 덕분에 작곡이나 연주를 할 때 더 섬세하게 감정을 표현할 수 있다. 공감 능력으로 다른 사람의 기분을 잘 배려해서 낯선 사람에게 쉽게 호감을 얻기도 한다. 공감 능력 덕에 친한 지인들에게 감동적인 선물이나 이벤트도 아주 쉽게 준비한다. 주변 사람들이 갈등을 겪을 때도 서로 다른 입장에 대해 모두 공감할 수 있어서 원만하게 중재하기도 한다.

공감으로 인해 겪는 어려움 뒷면에는 별 노력 없이도 누리고 있는 혜택들이 많았다. 그리고 그 혜택들은 다른 사람 눈에는 너무도 부러운 나의 재능이었다. '공감 능력이 사라져서 그로 인해 좋은 것도 힘든 것도 다 사라진다면?'이라고 상상을 해보니, 공감 능력으로 인해 누리는 좋은 것들을 결코 포기하고 싶지 않았다. 또한 공감 능력 덕분에 저절로 누리는 혜택에 집중할수록 공감 능력을 발휘할 수 있는 일들이 더 많이 보이기 시작했다. 그 일들은 쉽고 편하게 할 수 있으면서도 깊은 만족감을 가져왔다.

모든 재능은 빛과 어둠이 한 세트로 이루어져 있다. 빛나기만 하는 재능은 없다. 추진력이 강한 사람은 실행력이 뛰어나지만, 종종 성급하게 행동에 뛰어들어 일을 그르친다. 책임감이 강한 사람은 주변 사람들에게 신뢰감을 주지만 정작 자신은 과도한 책임감 때문에 완벽주의와 죄책감에 시달린다. 커뮤니케이션에 능한 사람은 뛰어난 말솜씨로 청중을 사로잡지만, 일상에서는 지나친 수다로 주변 사람에게 피로감을 주기도 한다. 모든 재능은 재능으로 인해 누리는 혜택과 동시에 재능으로 인해 겪는 어려움이 있다. 초점을 어디에 맞추느냐에 따라 나의 재능은 재앙이 될 수도 있고 축복이 될 수도 있다.

나의 단점이라고 생각하는 지긋지긋한 부분은 무엇인가? 그 반대급부에는 어떤 빛나는 능력이 있는가? 나의 단점은 지하 창고에 갇혀 누더기옷을 입고 있는 나의 천재성이다. 천재성 때문에 불편하고 힘든 일을 겪었다고 해서 지하 창고에 계속 가둬두면, 천재성으로 인해 누릴 수 있는 온갖 좋은 것도 모두 포기해야 한다. 이제 나의 천재성을 지하 창고에서 꺼내주자. 오해해서 미안했다고 사과도 하고, 예쁜 옷도 입혀주자. 그리고 나의 천재성이 신나게 할 수 있는 일도 찾아주자. 내가 불편함을 겪었던 것의 오만 배쯤 더 좋은 것들을 나에게 가져다줄 것이다.

나의 단점에서 천재성의 단서 찾기

내가 단점이라고 느끼고 고치고 싶었던 부분은 무엇인가? 3가지 적어보자.

그 안에 어떤 천재성이 숨어 있는가? 지금 당장 찾기 어려울 수 있다. 하지만 단점과 재능은 동전의 양면처럼 한 세트라는 것을 기억하고, 나의 단점에 어떤 재능이 숨겨져 있을지 계속해서 찾아보자.

나의 단점	단점의 이면에 숨겨진 천재성
예1) 감정 기복이 심하다.	감정을 대처하는 데 많은 에너지를 쓰다 보니 감정에 대한 이해가 풍부하다. 감정에 대한 이해가 풍부하다 보니 타인의 감정도 더 잘 공감할 수 있다.
예2) 예민하다.	상황 파악이 빠르다. 잘 기능하지 않는 것들을 빨리 찾아낸다. 내면의 목소리를 잘 포착하는 직관이 발달되어 있다. 같은 경험을 더 깊은 수준에서 경험한다.

4
주

02

나 보기를 남 보듯 하라
: 나의 고유함 탐색하기

재능을 찾기 어려운 이유

나는 사람들의 재능을 찾아주는 일을 무엇보다 즐거워한다. 멋진 보석들이 여기저기 숨겨져 있다가 순간 반짝! 빛을 내는 순간을 발견하는 것이 너무 좋다. 그런데 내 눈에는 선명하게 보이는 보석이 정작 당사자 눈에는 보이지 않는다. "이런 재능이 있군요!"라고 신이 나서 말해주면, 대부분 "이게 무슨 재능이 되나요…", "이런 건 누구나 다 할 수 있지 않나요?"라고 시큰둥하게 답하곤 한다. 재능은 내가 전혀 신경 쓰지 않고 자연스럽게 하고 있는 생각, 느낌, 행동이다. 나에게는 그리 어렵지도 않고 늘 당연시 여겼던 것들이다 보니 대부분 자기 재능을 재능이라고 생각하지 못하는 것이다.

나 역시 나의 재능을 발휘하는 일을 하고 있으면서도 여전히 나의 재능이 잘 와닿지 않는다. 팟캐스트와 유튜브를 7년째 운영하면서도 '사람들이 왜 내 이야기를 듣는 거지?'라는 의문이 도무지 사라지질 않는다. 사람들의 긍정적 반응을 보며 '아마도 내 이야기가 도움이 되는 것 같다'라고 머리로만 이해할 뿐이다. 다른 사람 눈에는 잘 보이는데 내 눈에는 보이지 않고, 다른 사람이 아무리 감탄하고 칭찬해줘도 잘 믿기지 않고…. 이것이 자신의 재능을 찾기 어려운 이유다. 그래서 재능을 인지하려면 나 자신을 마치 타인을 보듯이 객관적으로 바라보는 연습이 필요하다.

타인을 대하듯 나를 알아가기

우리는 대부분 자신을 잘 안다고 생각하지만, 실상은 자신에 대해 아는 것이 거의 없다. 나에 대해 알기 위해서는 타인을 만나는 것과 똑같은 과정이 필요하다. 처음 만난 친구나 연인들은 이것저것 물어보며 서로에 대해 알아간다. 좋아하는 음식, 가고 싶은 여행지, 살아온 경험 등 온갖 시시콜콜한 것들을 질문하며 상대를 알아가는 것이다. 마찬가지로 나 자신에게 많은 것을 질문할수록 나에 대해 알 수 있다. 아래의 질문에 가볍게 답하면서 마치 처음 만난 친구와 친해지듯이 나 자신을 알아가보자.

1. 내가 요즘 가장 시간을 많이 쓰는 것 3가지는 ＿＿＿＿＿, ＿＿＿＿＿, ＿＿＿＿＿이다.

2. 지금보다 시간이 더 많다면 나는 ＿＿＿＿＿에 시간을 쓰고 싶다.

3. 하루 중 내가 제일 좋아하는 시간은 ＿＿＿＿＿이다. 나는 그 시간에 주로 ＿＿＿＿＿를 하며 ＿＿＿＿＿한 기분을 만끽한다.

4. 요즘 내가 종종 시간가는 줄 모르고 빠져 있는 것은 ＿＿＿＿＿이다.

5. 최근 본 영화 또는 책 중에 사람들에게 추천했던 작품은 ＿＿＿＿＿＿이다.

그 작품이 좋았던 이유는 ＿＿＿＿＿＿＿＿＿＿＿＿＿＿이다.

6. 최근에 듣다가 감동받은(또는 여운이 길게 남는) 노래는 ＿＿＿＿＿＿이다.

나는 그 곡을 들었을 때 ＿＿＿＿＿＿＿＿＿＿＿＿＿를 느꼈다.

7. 내가 자주 입는 옷의 색은 주로 ＿＿＿＿＿＿이다. 사실은 좋아하지만

선뜻 도전하지 못하는 색은 ＿＿＿＿＿＿이고, 그다지 선호하지 않는 색은

＿＿＿＿＿이다.

8. 내가 주로 입는 옷의 스타일은 ＿＿＿＿＿＿＿＿＿＿이다.

나는 옷을 고를 때 ＿＿＿＿＿이 제일 중요하고, ＿＿＿＿＿한 옷은

선호하지 않는다.

9. 유튜브에서 내가 관심 있게 자주 보는 내용은 주로 ＿＿＿＿＿＿이다.

10. 지금의 내 스타일에서 바꾸고 싶은 부분은 ＿＿＿＿＿＿이다.

11. 내가 갖고 태어난 것 중 가장 감사한 것은 ＿＿＿＿＿＿이다.

12. 내가 생각할 때 내 몸에서 제일 멋진 곳은 ＿＿＿＿＿＿이다.

내가 멋지다고 느끼는 이유는 ＿＿＿＿＿＿＿＿＿＿해서이다.

13. 최근에 나 자신이 자랑스럽다고 느낀 일은 ＿＿＿＿＿＿이다.

14. 내가 요즘 하고 싶지만 겁내고 있는 것은 ＿＿＿＿＿＿이다.

15. 내가 요즘 멋지다고 생각하는 사람은 ＿＿＿＿＿＿이다.

그 이유는 그 사람이 ＿＿＿＿＿＿＿＿＿＿하기 때문이다.

16. 요즘 나의 고민은 주로 ＿＿＿＿＿＿＿＿＿이다.

17. 요즘 나를 설레게 하는 것은 ＿＿＿＿＿＿＿이다.

18. 내가 요즘 사고 싶은데 망설이고 있는 것은 ＿＿＿＿＿＿이다.

망설이는 이유는 ＿＿＿＿＿＿＿＿＿＿＿ 때문이다.

19. 내가 요즘 관심이 가고 한번 배워보고 싶은 것은 ＿＿＿＿＿＿＿＿＿이다.

20. 나는 도무지 ＿＿＿＿＿＿＿＿＿＿＿＿＿에는 관심이 가지 않는다.

　　그래서 나는 ＿＿＿＿＿＿＿＿＿＿＿＿＿하는 사람들이 신기하다.

　질문에 답을 하면서 새롭게 발견한 것이 있는가? 답을 하면서 새삼스럽게 '나는 이렇구나!'라고 알게 된 것이 있는가? 우리는 평소 '직업이 뭐예요?', '어디 살아요?' 등 나의 표면적인 것에 관한 질문은 많이 받는다. 하지만 위의 질문들처럼 나의 '느낌'을 궁금해하는 질문은 거의 받지 못한다. 정신과 의사 정혜신 박사는 "'나'라는 존재의 핵심이 위치한 곳은 내 감정, 내 느낌'[50]이라고 말한다. 직업, 외모, 경력, 사는 곳 등은 내가 누구인지 말해주지 않는다. 내 존재의 핵심은 내 느낌이다. 그러니 나에 대해 정말로 이해하고 싶으면, 곧장 핵심으로 직진해서 내 느낌에 대해 물어보면 된다.

　소모임에서 함께 한다면 서로 쓴 내용을 공유해보자. 질문은 같은데 서로의 답이 다를 때마다 나의 고유함을 더 선명하게 발견할 수 있다. 남과 비교하는 것은 주로 고통의 근원이지만, 나의 고유함을 찾는 데는 비교가 결정적인 도움이 된다. 다른 사람과 더 많이 비교할수록 나에게 너무나 당연했던 것들이 당연한 것이 아닌 나만의 고유한 특성임을 알 수 있다. 혼자서 실천하고 있다면 가까운 지인들에게 위의 질문들을 던져보며 내가 쓴 답과 비교해보자.

은유를 통해 나를 표현해보기

미술치료사 정은혜 씨는 "은유와 상상을 통해서만 보이지 않는 사람의 심성이 꺼내어지고 표현될 수 있다. …은유는 우리가 나 밖의 세상과 나 안의 세상을 이해하고 소통하는 방식이다"[51]라고 말한다. 창조성 수업을 진행하면서 내가 무척 좋아하는 활동이 자신을 은유로 표현하는 것이다. 은유로 표현하는 한두 문장 안에는 몇 페이지짜리 자기소개서에도 담기지 않는 중요하고 멋진 정보가 가득하다. 나를 이해하고 나만의 특성을 찾는 데 은유처럼 빠르고 직관적이면서 아름다운 방법이 없다.

참가자들은 처음에는 낯선 질문에 난감해하지만, 금세 자신을 표현할 단어를 찾아내고 자신만의 해설을 덧붙인다. 내가 어떤 사람인지 몰라 답답하다는 사람도 자신을 색이나 사물로 표현하는 것은 아주 쉽게 해낸다. 그렇게 표현할 때 몇 주 동안 대화하면서도 보이지 않았던 그 사람의 특성이 단번에 뚜렷하게 드러난다. 게다가 각자가 사신을 표현한 문장들을 듣고 있다 보면 한 편의 시를 감상하는 듯 아름답기까지 하다.

이번에는 은유를 통해 나를 표현하며 나만의 고유함을 만나보자. 나를 색깔, 사물, 동물, 과일, 자연에 비유해서 설명해보자. 당연히 정답은 없다. 지금 떠오르는 대로 자유롭게 표현해보자.

예시 : (색) 나는 회색이다. 별 특징은 없어 보여도, 편안하고 세련된 느낌이 있다.

(물건) 나는 유리컵이다. 투명하고 솔직하지만, 깨지기 쉬운 멘탈을 가졌다.

(동물) 나는 고양이이다. 호기심 많고, 장난치기 좋아하며, 독립적이다.

1. (색) 나는 _____이다.

   설명 :

2. (물건) 나는 _____이다.

   설명 :

3. (동물) 나는 _____이다.

   설명 :

4. (과일) 나는 _____이다.

   설명 :

5. (자연) 나는 _____이다.

   설명 :

완성한 문장들을 천천히 읽어보자. 나를 새롭게 이해할 수 있는 이미지가 어렴풋이 떠오를 것이다. 소모임에서 함께한다면 서로 쓴 내용을 공유해보자. 각 사람의 표현을 들으며 떠오르는 이미지나 단어가 있다면 말해주자. 혼자서 실천하고 있다면 주변 사람들을 한번 묘사해보자. 치타 같은 엄마, 분홍 연둣빛 파스텔 톤의 친구, 한여름 냉장고에서 꺼낸 수박 같은 동생, 깊은 숲속 같은 언니…. 은유를 통해 사람들을 보면 각자의 고유함이 더욱 선명히 보일 것이다.

과거에 단서가 있다
: 과거의 경험 속에서 재능과 열정 찾기

과거에 단서가 있다

나는 내 기억이 있는 아주 어릴 적부터 음악을 좋아했다. 작곡, 연주, 노래, 공연 보기, 공연 하기 등 음악과 관련된 것은 지금도 무엇이든 좋아한다. 음악하는 나의 친구들은 가사는 잘 듣지 않거나 아예 가사가 없는 음악을 좋아하는데, 나는 멜로디보다 가사가 더 중요하다. 내가 좋아하는 음악은 대부분 나만의 메시지가 담긴 가사, 아름답고 은유적인 가사의 곡들이다. 음악뿐 아니라 그림, 사진, 춤 등 예술 관련 활동은 모두 좋아한다. 내 삶은 온통 내가 공연을 하거나, 다른 사람의 공연이나 전시를 보거나, 예술과 관련된 것을 배우고 체험하는 것으로 채워져 있다.

그중에서도 제일 좋아하는 것은 야외 페스티벌이다. 볕 좋은 날에 탁 트인 야외에서 전시도 보고 공연도 보는 것은 나에게 가장 큰 활력과 즐거움을 준다. 야외에서 본 공연은 아무리 오래전이어도 그날의 공기까지 생생히 기억난다. 내가 언제나 꿈꾸는 무대가 있다. 노천극장이나 숲속, 바닷가 등의 야외 무대에서 밤하늘의 별을 보며, 바람을 느끼며 공연을 하는 것이다. 내가 행복하게 공연하는 장면을 상상하면 신기하게도 늘 야외무대가 떠오르곤 한다.

자기 이해를 돕는 도구 중 하나인 버크만 진단[52]은 나의 '흥미', 즉 내가 어떤 활동에 이끌리고 어떤 것에 열정을 갖는지를 알려준다. 버크만 진단 결과 나의 흥미 영역은 흥미롭게도 '음악', '문학', '예술', '야외'였다. 삶에 만족과 즐거움을 가져오는 흥미 영역은 어린 시절부터 좋아했던 것들을 지속적으로 좋아할 가능성이 높다. 음악, 문학, 예술, 야외에 대한 나의 열정이 어릴 적부터 지금까지 변함없이 이어지는 것처럼 말이다.

재능과 열정은 태어날 때 각자에게 심겨진 씨앗이다. 씨앗 안에 어떤 꽃과 열매를 맺을지 정해져 있는 것처럼, 우리 안의 재능과 열정도 일생 동안 거의 변하지 않는다. 또한 재능과 열정은 거의 일치한다. 자신이 재능 있는 것에 호기심과 열정을 느낀다. 반대로 호기심과 열정을 따라가다 보면 재능을 발견한다. 그래서 과거의 호기심과 열정을 느꼈던 경험을 돌아보면 자신의 재능을 찾기가 훨씬 쉬워진다.

이번에는 과거로 돌아가 어릴 적부터 자연스럽게 끌리고 빠져들었던 것을 돌아보며 나의 재능과 변함없는 열정을 발견해보자. 뚜렷하고 강렬한 열정이 아니어도 좋다. 소소하게 흥미나 즐거움, 호기심을 느꼈던 것들을 찾아내면 된다.

과거의 경험에서 숨겨진 재능 찾기

1. 지금까지 내가 들었던 칭찬의 말을 써보자. 누구에게 어떤 일로 칭찬받았는가?
   기억나는 대로 최대한 많이 써보자.

2. 살면서 시간 가는 줄 모르고 몰입했던 즐거웠던 경험은 무엇인가? 그것을 하면
   서 구체적으로 어떤 점이 특히 즐거웠나?

3. 살면서 다른 사람들이 나에게 도움을 청한 일은 주로 어떤 일인가?

4. 지금까지 주변에서 '너 ~하면 잘할 것 같다'라는 말을 들었던 것은 어떤 것이
   있는가?

5. 내가 경험한 것 중 하위 50%에 드는 것은 무엇인가? 10가지 이상 적어보자.

6. 내가 경험한 것 중 상위 50% 안에 드는 것은 무엇인가? 10가지 이상 적어보자.

과거의 경험에서 공통점 찾기[53]

이번에는 내가 지금껏 살아오면서 했던 경험을 무작위로 20가지를 적어보자. 대단히 기억에 남는 일이 아니어도 상관없다. 성과가 있었던 긍정적 경험만 적지 않아도 된다. 부정적 경험이건, 하다 중도에 그만둔 경험이건, 그냥 생각나는 대로 모두 적어보자. 그리고 그 경험을 하게 된 이유와 경험을 통해 깨달은 것을 적어보자.

내가 한 경험	그 경험을 선택한 이유	경험을 통해 깨달은 것
예 : 스튜어디스 입사 시험	마음껏 여행 다니고 싶었다. 일반 회사원이 되는 것보다는 좀 멋져 보였다.	외모를 중시하는 시스템, 위계질서가 있는 조직생활은 나와 맞지 않는다.

적은 것을 다시 읽어보며 답해보자.

1. 전체적으로 어떤 것이 보이는가? 무엇을 느꼈는가?

2. 나는 주로 어떤 경험을 선택했는가?

3. 내가 경험을 선택하는 기준은 주로 무엇인가?

문제를 발견해야 창조가 시작된다
: 불만을 통해 창조의 재료 찾기

문제해결 능력보다 중요한 문제구성 능력

뇌과학자 김대식 교수는 한국인이 주어진 문제를 해결하는 능력은 뛰어나지만, 문제를 구성하는 데는 매우 어려움을 겪는다고 지적한다. 이스라엘은 군대에서조차 비판적인 질문이 가능한 것에 비해, 한국은 질문이나 비판 없이 수동적으로 주어진 일을 하는 데 익숙하기 때문이다.[54] 우리는 불편함을 느끼는 것에 대해 문제의식을 갖고 해결책을 찾기보다는 참고 적응하려고 노력한다. 또한 불만을 말했다가는 '부정적인 사람' 또는 '문제를 일으키는 사람'이 되어 무리에서 미움을 사게 될까 봐 두려워한다.

하지만 김대식 교수는 "창조력에 절대적으로 필요한 요소는 건설적인 불만족"[55]이라고 말한다. 삶의 모든 부분에 전적으로 만족하면 새로운 변화는 생기지 않는다. 창조성은 현실에서 제대로 기능하지 않는 것에 대해 의문을 갖는 것, 즉 불만과 불편, 결핍을 느끼는 '문제의식'에서 시작한다. 일상에서 반복되는 불편, 이런저런 불만들, '이건 아니잖아!' 라고 느끼는 분노와 좌절감은 나의 창조성을 깨워내는 중요한 단서들이다.

나는 '민감한 성격은 고쳐야 한다'거나 '내향적인 사람은 사회생활을 못한다'라는 말을 들을 때면 분노가 치솟곤 한다. 그래서 '다름'은 틀린 것이 아니라 고유한 재능이라는 것을 알리고 싶어서 '창조성학교 Leela'를 만들었다. 이민진 씨는 화장품 회사가 원가 절감을 위해 화장품에 유해 성분을 사용하는 것에 불만을 느껴서 유해 성분이 없는 원료만 넣은 화장품 '아이소이'를 만들었다. 조연경 씨는 육아에 지친 엄마들이 후줄근한 옷을 입으며 초라해지는 것에 안타까움을 느껴서 육아를 하면서도 예쁘게 입을 수 있는 라운지 웨어 '허비쉬'를 만들었다. 불평과 불만을 늘어놓으면서 아무것도 하지 않는다면 민폐만 끼치는 투덜이 스머프가 된다. 그러나 불평과 불만을 해결하려고 노력하면 나와 타인에게 모두 이로운 것을 만들어내는 창조적이고 혁신적인 사람이 될 수 있다.

불만을 통해 내가 창조하고 싶은 것 탐색하기

우리는 대부분 자신이 무엇을 하고 싶은지는 잘 몰라도 무엇이 불편하고 하기 싫은지는 아주 잘 안다. 그래서 일상에 불편하고 불만스러운 것들을 찾아내면 좀 더 쉽게 내가 하고 싶은 일을 찾을 수 있다. 또한 내가 불만을 느끼는 것에서 나의 고유한 재능과 열정도 발견할 수 있다.

사람들은 당연하게 여기지만 나에게는 불만스러운 것, 그 문제를 해결하지 않고는 도저히 견딜 수 없는 것들이 있다. 그것이 바로 내가 열정을 느끼는 주제이며, 세상을 더 나은 곳으로 바꾸는데 기여할 수 있는 나의 고유한 역할이다. 이번에는 내 삶의 불만과 분노를 단서로 삼아 내가 창조하고 싶은 것, 세상에 기여할 수 있는 나만의 역할이 무엇인지 찾아보자.

1. 내가 세상에 불만과 분노를 느끼는 것은 무엇인지 써보자. 만약 내가 세상을 바꿀 수 있다면 어떤 부분을 어떻게 변화시키고 싶은가? 이대로 계속 변하지 않는다면 미래가 공포스럽게 느껴질 만한 것은 무엇인가? 구체적이지 않아도 좋다. 자유롭게 생각나는 대로 써보자.

2. 이번에는 내 삶에서 불만스러운 것을 떠오르는 대로 적어보자.

3. 1, 2번에 쓴 불만을 뒤집어 내가 원하는 것, 내가 중요시하며 추구하고 싶은 가치가 무엇인지 적어보자.

4. 내가 느끼는 불만 중 1년 안에 반드시 변하고 싶은 한 가지를 목표로 정한다면 무엇인가?

5. 그 목표를 원하는 이유는 무엇인가? 내가 무엇을 추구하기 때문에 그 목표를 이루고 싶은가? 그 목표 안에 내가 중요시하는 <u>가치</u>가 무엇인지 써보자.

6. 내가 그 목표를 이루게 되면 세상에 어떤 <u>공헌</u>을 할 수 있는가? 나의 목표가 타인에게 긍정적으로 기여할 수 있는 것이 무엇인지 찾아보자.

7. 1년 후 미래일기를 현재형으로 써본다. 원하는 것을 우여곡절 끝에 성취하고 그 기쁨을 맛보는 나에 대해 구체적으로 일기를 써보자.

8. 이제 목표를 위한 계획을 짜보자. 그 목표를 위해 6개월 안에 무엇을 할 것인가? 3개월 안에는? 한 달 안에는?

스몰 프로젝트 도전하기

앞의 질문에 답하며 찾은 나의 1년 목표와 관련해서 지금부터 4주간 진행할 스몰 프로젝트를 만들어보자. 내가 세운 목표를 위해 4주간 무엇을 하면 좋을까? 매주 무엇을 해야 할까? 프로젝트 주제는 거창하지 않아도 된다. 배우고 싶은 것에 대한 정보를 알아보는 것일 수도 있고, 지지부진한 관계의 애인과 이별을 단행하는 것일 수도 있다. 최악은 빨리 꿈을 이루고 싶어서 거창한 계획을 세웠다가 금세 그만두고 좌절하는 것이다. 그러니 일상에서 부담 없이 실천할 수 있는 것으로 스몰 프로젝트 주제를 정해보자.

프로젝트를 반드시 성공해야 하는 것은 아니다. 스몰 프로젝트의 목표는 내가 원하는 것을 현실에서 시도해보며 생기는 일들을 경험하고 관찰하는 것에 있다. 만약 성공했다면 성취감을 느낄 것이고, 실패했다면 성공할 수 있는 방법을 알아낼 것이다. 사실 처음 시도하는 것일수록 실패할 확률이 아주 높다. 그러니 부담을 내려놓고 가벼운 마음으로 프로젝트에 도전해보자.

스몰 프로젝트 계획서

스몰 프로젝트명 :

프로젝트 목표 : (프로젝트가 성공적으로 진행되었을 때 4주 후 어떤 변화를 맞게 되는가)

실행 일정 : (언제 무엇을 어떻게 할 것인가)

1주 -

2주 -

3주 -

4주 -

창조성을 깨우는 과제

1. 북미 원주민식 이름 짓기[56]

지금까지 수많은 질문에 답하면서 찾은 나의 이미지를 한 문장으로 정의해서 이름을 지어보자. '바다 위로 뜨는 달', '알을 깨고 나온 용기', '유혹하는 공작새' 등 북미 원주민들이 짓는 이름처럼 나의 이름을 은유적으로 지어보자. 그리고 이름을 짓고 나면 그 이름을 상징하는 나만의 문양을 만들어보자.

북미 원주민식 이름 : 나는 _____이다.

나만의 문양 :

이 문양을 앞으로 어떻게 활용할지 계획을 세워보자(예 : 문양을 도장으로 만들어 자주 사용하는 물건마다 문양을 넣고 내가 누군지 기억한다, 힘을 얻고 싶을 때 몸에 문양을 그려 일시적으로 문신을 해본다(영구적 문신도 좋다), 잘 보이는 곳에 문양을 크게 그려 붙여놓고 부적처럼 힘을 얻는다 등등).

문양 활용계획 :

2. 몸 감각 깨우기 - 듣기

한 주간 '듣기'에 집중해본다.

하루에 5분 정도 주위에서 들리는 소리를 가만히 들어본다. 5분이 지난 후 몸에 어떤 변화가 생겼는지 관찰해본다.

모든 소리는 진동이다. 소리를 들을 때, 그 소리가 내 몸의 어디를 통과하는 느낌인지 온몸으로 들어본다.

평소 좋아하는 음악을 한 곡 정해서 완전히 몰입해서 들어본다. 음악을 듣는 동안 내 심장박동의 변화가 있는지, 몸의 감각에 어떤 변화가 생기는지 세심히 관찰해본다. 음악을 듣는 동안 어떤 기억이나 감정이 떠올랐는지 관찰해본다. 음악을 다 듣고 나서 듣기 전과 몸과 감정에 어떤 변화가 생겼는지 관찰해본다.

5주

창조를 시작하지 못하는
두려움 넘어가기

1.

2.

3.

성공한 사람들이 자신의 성공 방법을 알려주며 늘 덧붙이는 말이 있다.

"어차피 다 말해줘도 90%는 실천 안 해요."

왜 90%의 사람들은 알려줘도 행동하지 않는 걸까? 대부분 자신의 게으름이나 의지력의 문제라고 생각한다. 그러나 우리가 행동하지 않는 진짜 원인은 게을러서가 아니다. 두려움 때문이다. 안 해본 일이라 두렵고, 잘하지 못해서 창피할까 봐 두렵고, 실패해서 좌절할까 봐 두렵다. 심리학자 피파 그레인지는 "두려움이 삶을 좌지우지한다. 인간은 두려움에 의해 움직인다"[57]라고 말한다. 대부분 사람이 두려워서 행동하지 못한다. 극히 일부의 사람만이 두려움을 넘어서 도전할 뿐이다.

창조성을 발휘하는 삶은 전적으로 두려움을 다루는 훈련에 달려 있다고 해도 과언이 아니다. 두려움은 인생 전체를 쥐고 흔드는 핵심 감정이다. '두려움을 이겨내겠어!'라고 마음먹는다고 해서 바로 극복할 수 있는 간단한 일이 아니다. 원하는 것을 창조하려면 먼저 나의 두려움을 이해하고 두려움을 지혜롭게 다루는 방법부터 배워야 한다. 두려움을 다룰 수 있게 되는 것은 인생의 핵심 기술을 익히는 것이다. 쉬운 훈련은 아니지만, 인생 전체를 바꿀 수 있는 중요하고 의미 있는 훈련이다.

이번 주에는 창조성의 가장 큰 걸림돌인 두려움을 이해하고 대처하는 방법을 살펴볼 것이다. 불확실한 미래에 대한 두려움, 실패에 대한 두려움, 수치심에 대한 두려움을 각각 살펴보며 창조 과정의 '핵심 기술'인 두려움을 다루는 방법을 익혀보자.

유일하게 확실한 것은 불확실함뿐
: 불확실한 미래에 대한 두려움 대처하기

삶에서 가장 확실한 것 한 가지, 불확실성

원하는 것을 마음껏 상상하며 숨겨둔 꿈을 꺼낼 때는 사람들의 얼굴에 생기가 넘치고 광대가 승천한다. 하지만 그 꿈을 이제 현실로 만드는 모험을 시작하자고 하면, 이런 말들로 자신의 꿈에 브레이크를 밟는다.

"그렇게 되면 정말 좋겠지만, 과연 가능할까요?"

"제가 할 수 있을까요?"

"열심히 했는데도 안되면 어쩌죠?"

"시작했다가 더 좋은 길을 발견해서 나중에 후회하면 어떻게 해요?"

무대 위에서 노래하는 꿈은 상상만 해도 짜릿하다. 하지만 과연 무대에 설 수 있는 날이 올지, 얼마나 훈련해야 무대 위에서 노래할 실력을 갖출지, 하다가 힘들어도 포기하지 않을 수 있을지, 노력 끝에 결국 무대에 선다고 해서 먹고살 만큼 돈은 벌 수 있을지…. 창조의 시작 단계에서는 그 어떤 것도 예측할 수 없다. 확실한 것이 아무것도 없다는 두려움이 꿈에 대한 기대감을 순식간에 삼켜버린다. 인간이 가장 싫어하는 감정이 불안인데, 창조적인 모험에는 온통 확실하지 않은 것 투성이다.

그런데 조금만 더 생각해보자. 내가 꿈을 향해 도전했기 때문에 미래가 더 불안해질까? 그렇다면 꿈에 도전하지 않고 살던 대로 살면 내 미래는 안전할까? 또는 남들처럼 평범하게 살면 안전한 미래를 보장받을 수 있을까? 안타깝게도 미래에 대해 우리가 확실하게 알 수 있는 것은 단 한 가지, 미래는 불확실하다는 것이다. 당연하게 생각했던 건강은 언제든 나빠질 수 있다. 안정적이라고 생각했던 직장에서의 자리도 경제위기로 잃을 수 있다. 기대감에 부풀어 떠난 해외여행에서는 쓰나미를 만날 수도 있다. '지금 이대로라면 안전해'라고 생각하는 상황은 단 1분 뒤에도 달라질 수 있다.

미래는 언제나 불확실하고 그 사실은 인간을 언제나 불안하게 한다. 내가 꿈에 도전하기 때문에 더 불안해지는 게 아니다. 산다는 건 매일 불확실한 미래로 걸어 들어가는 것이고, 언제나 불안할 수밖에 없다. 무엇을 선택해도 안정적인 미래가 없다는 것을 확실히 안다면 이제 할 일은 둘 중 하나다. 불안해서 아무것도 못 하거나, 불안한데도 호기심을 참지 못하고 모험을 떠나거나.

불확실성의 두려움을 넘어가는 힘, 호기심

뇌과학자 모기 겐이치로는 "창조성은 불확실성을 극복하기 위해 생겨난 생명 작용의 최고 걸작"[58]이라고 말한다. 인간의 뇌는 생존을 위한 안전함을 추구하기도 하지만, 동시에 낯설고 새로운 자극을 갈망한다. 틀에 박힌 반복되는 일상에는 금세 지루함을 느끼고, 무엇이든 새로운 것을 만들거나 발견할 때면 더없이 즐거움을 느낀다. 새로운 것이 당연해지면 또다시 새로운 것에 목말라한다. 그래서 유행은 계속 바뀌고, 문명은 진화한다. 불안을 넘어서 탐험할 수 있는 힘이 바로 여기에 있다. 불확실함에서 오는 불안은 두렵기도 하지만, 새롭고 낯선 흥미로운 자극이기도 한 것이다.

심리학자 로버트 스턴버그(Robert J. Sternberg)는 "창조적인 사람의 가장 큰 특징은 불확실하고 애매모호한 상황을 견디는 힘"[59]이라고 말한다. 대부분의 사람은 문제가 해결되지 않았을 때 불편해서 빨리 해결하고 싶어 하는 것에 비해 창조적인 사람들은 불안한 상황을 더 잘 견딘다. 그들이 더 인내심이 있거나 강인한 정신력을 가져서가 아니다. 창조적인 사람은 낯설고 알 수 없는 상황이 주는 불안에서 흥미로움을 느낀다. 또 불확실한 상황에서 요리조리 궁리하며 새로운 것을 발견하는 것에 희열을 느낀다. 그들은 불확실함이 초대하는 놀이에 기꺼이 응하는 것이다.

우리도 놀이를 할 때는 불안을 즐긴다. 카드놀이를 할 때 누구에게 어떤 패가 있을지 알 수 없는 불안은 게임을 더욱 흥미진진하게 만든다.

미로게임을 할 때 출구가 보이지 않는 불안은 두려운 것이 아니라 즐거운 흥분감이다. 불확실함이 주는 불안 때문에 놀기를 포기하는 사람은 없다. 불확실함 자체가 즐거움과 재미를 준다. 불확실함은 불안하고 공포스럽기만 한 것은 아니다. 우리는 불확실함이 주는 불안과 두려움을 얼마든지 '흥미진진한 흥분감'으로 경험할 수도 있다.

호기심에 집중하기

소심하게 태어난 나는 모든 상황에서 과도하게 불안을 느낀다. 유튜브 라이브 방송을 수십 번 했는데도 매번 '망하면 어쩌지…. 말실수해서 욕먹으면 어쩌지…' 하며 불안에 시달린다. 20년 넘게 다양한 청중 앞에서 강의를 해왔지만, 지금도 강의 전날에는 불안해서 잠을 이루지 못한다. 때로는 불안에 시달리는 것에 너무 지쳐서 다 때려치우고 싶다며 절규하기도 한다. 그런데도 계속해서 무언가를 하는 이유는 내 마음속 저 깊은 곳에서 들려오는 작은 목소리 때문이다.

"궁금해."

맞다. 지긋지긋하게 불안에 시달리는 그 순간에도 나는 궁금하다. 무슨 일이 생길지, 누구를 만나게 될지 궁금하다. 아직 경험해보지 못한 모든 것이 궁금하다. 이미 경험했던 것들은 다시 해보면 어떤 변화가 있을지 궁금하다. 그 경험이 신나고 재밌을지, 아프고 실망스러울지 모르겠지만, 중요한 건 그게 무엇이든 궁금하다는 거다.

심리학자 샤우나 샤피로(Shauna Shapiro)는 자신의 저서 《마음챙김》에서 호기심과 관련해 다음과 같은 연구 결과를 소개한다. "… 최근 연구에서 호기심이 스트레스 내성에 중요한 요인이자 우울증 방지책이라는 사실도 알아냈다. 또 다른 연구에서 우울증이 신기함과 호기심의 부족과 관련된다는 사실이 드러났다. … 호기심이 성장과 관련된 행동을 증가시키고 삶의 의미와 만족감을 높인다는 연구 결과도 나왔다."[60] 내 안에서 들려오는 작은 목소리의 힘은 이렇게나 위대하다. 불안에 사로잡히고 우울함에 빠져드는 나를 움직이게 한다. 상상도 하지 못했던 곳으로 나를 데리고 다니며 계속해서 더 깊은 성장과 만족감으로 이끈다. 그 작은 목소리 덕에 나는 여전히 불안에 떨면서도 세상을 탐험하는 경이로운 모험을 계속 이어갈 수 있다.

두려움과 흥분은 같은 자극이다. 우리는 두려울 때도 흥분할 때도 똑같이 심장이 뛰고 가슴이 조여오고 손에 땀이 난다. 심리학자 애덤 그랜트(Adam Grant)는 "강렬한 감정을 억누르려고 애쓰기보다 그 감정을 다른 감정으로 전환시키기가 더 쉽다"[61]라고 말한다. 두려움을 없애려고 노력하는 것보다 두려움을 흥분으로 바꾸면 모든 것이 쉬워진다. 무슨 일이 일어날지 너무 불안하고 두려워질 때, 이제부터는 이렇게 말해보자.

"흥미로운데?"

불확실한 상황에 대한 두려움을 흥미로운 자극으로 받아들일 때, 우리는 두려움 때문에 브레이크를 밟지 않을 수 있다. 과연 무슨 일이 일어날지 호기심을 갖고 바라볼 때, 드디어 미지의 세계로 한 걸음 내딛을 수 있다. 그리하여 정말로 흥미로운 것들을 이제부터 만나게 된다. 모험은 언제나 예상하지 못한 흥미로운 것들이 가득하기 마련이니까!

02

창조의 여정은 실패의 향연
: 실패에 대한 두려움 대처하기

실패는 옵션이 아니라 필수코스

세계에서 가장 돈을 많이 번 작가 조앤 롤링(Joan K. Rowling)의 일화는 유명하다. 들어가는 직장마다 해고되었고, 남편의 폭력으로 1년 만에 이혼했다. 4개월 된 어린 딸에게 먹일 우유를 살 돈도 없어서 가장 가난한 빈민층에게 지급되는 생활보조금을 받으며 《해리포터》를 썼다. 원고를 보낸 12군데 출판사에서 모두 거절당하고, 7년 만에 간신히 계약된 출판사 편집자로부터는 이런 말을 들었다. "당신은 앞으로 어린이용 책으로는 절대 돈을 벌지 못할 겁니다." 조앤 롤링은 해리포터를 출간하기 전 자신에 대해 "내가 아는 한 가장 거대하게 비참한 실패자"였다고 말한다.[62]

창조적 모험의 여정은 그야말로 실패의 향연이다. 모든 분야에서 뛰어난 업적을 이룬 사람들의 공통점은 엄청나게 많은 실패를 했다는 것이다. 라이트 형제는 시험 비행에 805번 실패했다. 에디슨(Thomas Edison)은 전구를 만드는 데 3,000가지 이론을 만들었으나, 실험 결과 단 2가지만 진짜였다고 말했다.[63] 더 큰 혁신과 성장을 이끈 사람일수록 실패의 규모도 비례한다. 제임스 다이슨(James Dyson)은 날개 없는 선풍기와 모터 크기를 줄인 드라이기로 가전제품 시장에 혁신을 가져왔다. 그런 그의 첫 번째 작품인 먼지봉투 없는 청소기는 무려 15년 동안 5,126개의 실패작을 만든 끝에 탄생한 것이다.

창조적인 사람들은 입을 모아 실패야말로 최고의 학습이며, 모든 것은 실패를 통해 배운다고 말한다. 어쩌다 한 번씩 실패를 겪는 것이 아니다. 실패를 계속하다가 어쩌다 한 번씩 성공을 겪는 것이다. 창조적인 삶을 살아가는 데 실패는 옵션이 아니라 필수 코스다. 그것도 한두 번이 아니라 주로 경험해야 하는 '메인 코스'다.

실패를 극복할 힘은 '감정'을 돌보는 것에 있다

하지만 실패를 경험하는 것이 그리 쉬운 일은 아니다. 대부분의 사람은 실패할 것에 대한 생각만으로도 두려워한다. 특히 한국 사회는 실패하면 안 된다는 생각이 매우 강하다. 정답 찾기에 익숙한 교육을 받으며 오답을 피해야 한다는 압박을 받아왔기 때문이다. 그 결과 실패하면 '잘못했다, 틀렸다'고 생각하며 수치심을 느낀다. 또한 집단주의가 강해서 실패하면 가족이나 친구 등 주변 사람들을 실망시키거나 비난받게 될 것이라는 두려움도 크다. 실패는 살면서 누구나 겪게 되는 자연스러운 일인데도, 우리는 실패하면 인생의 패배자가 되는 것처럼 절망에 빠져든다.

그동안 실패에 대해 우리가 들어왔던 말들은 "실패를 겁내지 말라", "성공한 사람들처럼 끈기와 자신감을 가져라", "좌절하지 말고 나아가라" 같은 말들이다. 이런 뻔한 말들은 실패에 대한 두려움을 넘어서는 데 실직적인 도움을 주지 못한다. 실패를 밥 먹듯이 겪는 창조적인 사람들에게도 실패는 달갑지 않은 경험이다. 다만 그들은 실패를 회복하고 다시 도전할 수 있는 회복탄력성이 높은 것이다. 회복탄력성을 높이는 핵심은 강인한 정신력이 아니라 감정을 잘 돌보는 것에 있다. 실패에 대한 두려움을 넘어서고 싶다면, 실패할 때 느끼는 실망, 좌절, 분노, 수치심 등의 감정을 돌보는 것부터 시작해야 한다.

영화 <인사이드 아웃>의 한 장면이다. 분홍 코끼리 빙봉이 자신의 무지개 마차가 절벽에서 떨어지자 그 자리에 주저앉아 엉엉 운다. 그러자 기쁨이는 빙봉에게 장난을 치고 우스꽝스러운 얼굴을 보여주며 빙봉의 기분을 풀어주려고 노력한다. 하지만 기쁨이가 아무리 애를 써도 빙봉은 도무지 슬픔에서 빠져나오지 못한다. 그때 조용히 곁에 있던 우울이가 빙봉의 어깨를 토닥이며 가만히 말한다. "마차를 잃어버려서 정말 슬프겠다." 그 말을 들은 빙봉은 더 큰 소리로 엉엉 울다가, 이내 곧 눈물을 닦고 벌떡 일어난다.

실패했을 때 제일 먼저 할 일은 일단 아프니까 아파하는 것이다. 사람들이 나를 어떻게 생각할까 수치스럽고, 내가 한 선택이 후회돼서 화도 나고, 나라는 사람이 별 볼 일 없는 것 같아서 자존감이 무너져 내려도 괜찮다. 울고 속상해하고 무력감을 느껴도 된다. 다시는 도전하지 못할 것 같은 절망감이 드는 것도 괜찮다. 그 모든 감정을 느끼며 아파할 충분한 시간이 필요하다. "이 정도 일은 누구나 겪는 건데, 이런 일로 그렇게 힘 빠지면 안 돼", "한 번 실패했다고 약해빠진 말을 하면 안 되지", "언제까지 기운 빠져 있을래? 빨리 정신 차려야지" 이런 말들로 아픈 감정들을 외면하면, 그 감정들은 고스란히 내 몸의 세포에 저장되어서 새로운 시도를 하지 못하게 브레이크를 건다.

아픔을 끌어안지 않으면 우리는 어디에도 갈 수 없다. 아픔을 제대로 느끼고 충분히 공감받은 사람만이 다시 일어나서 도전할 용기도 낼 수 있다. 그 시간은 며칠일 수도 있지만 몇 달이 될 수도 있다. 중요한 것은 빙봉이 우울이에게 슬픔을 공감받자 스스로 눈물을 멈추고 일어났던 것처럼, 우리도 실패의 아픔에 공감해주며 스스로 아물 수 있는 시간을 기다려주어야 한다는 것이다. 충분히 공감받은 아픔은 아무 찌꺼기도 남기지 않고 내 몸에서 떠나간다.

유리한 선택 vs 불리한 선택

실패의 아픔이 충분히 나를 통과해 나갔다면, 이제는 이성적으로 상황을 바라볼 차례다. 실패에 대해 우리는 대부분 전적으로 불리한 두 가지 반응에 빠져든다. '그 사람 때문에 실패했어'라며 남을 원망하거나, '내가 그 선택을 하지 말았어야 했어'라며 자신을 원망하는 것이다. 남을 원망하든 나 자신을 원망하든 누군가의 잘못으로 돌릴 때 실패의 상처는 영원히 아물지 않는다. 우리 주변에는 단 한 번의 실패로 평생 자책에 빠져 살거나 평생 남을 원망하며 살아가는 사람들이 흔하다. 내 탓, 남 탓만 하고 있으면 실패의 경험에서 영원히 빠져나오지 못하고 '후회만 가득한 삶'을 창조하게 된다.

그렇다면 나에게 유리한 선택은 무엇일까? 실패는 내가 바보 같고 부족하고 잘못해서 겪는 일이 아니다. 그저 누구나 겪을 수 있는 일을 나도 겪은 것이고, 내가 선택한 일의 결과가 내가 원하는 것이 아니어서 속상한 것뿐이다. 또한 실패한 것은 나 자신이 아니라 내가 시도한 일이다. 내가 '실패한 인간'이 된 것은 아니다. 그러니 실패가 아플지언정 수치스럽거나 부끄러워할 일은 결코 아니다. 실패의 경험으로 '실패한 인간, 실패한 인생'이라는 절망에 빠져드는 것은 매우 불리한 선택일 뿐이다. 나에게 유리한 선택은 실패가 가져온 선물의 메시지들을 찾아내는 것이다.

나는 2년 전, 책의 초고를 완성한 후 서른 군데 출판사에서 거절당하고는 오랫동안 맥이 빠져 있었다. 하지만 1년 넘게 좌절의 시간을 보내고 나니 책을 출간하고 싶은 의지가 이전보다 더 확고해졌다. 초고의 문제점들에 대해서도 오랫동안 곱씹다 보니 수정 방안도 한층 더 숙성되었다. 실패는 나에게 '이런데도 계속할 거야?'라고 묻는다. 내 변함없는 열정을 확인시켜주는 것이다. 또 실패는 '다음에는 이렇게 해봐'라고 구체적인 방법도 알려준다. 실패가 주는 메시지를 찾지 못하면 실패는 다시는 겪고 싶지 않은 부정적인 경험일 뿐이다. 그러나 실패가 주는 선물 같은 메시지를 찾아낸다면 실패는 성공보다 더 아름다운 경험으로 승화된다.

실패는 나 자신이 되어가는 과정

어릴 적 나는 딱히 꿈이 없었다. 대학 때 별생각 없이 승무원이 되면 여행을 많이 다닐 수 있을 것 같아서 시험을 준비했다. 팔의 흉터 때문에 2번의 면접에서 떨어지고, 외모로만 평가받는 것에 분노하며 그만뒀다. 교사도 괜찮을 것 같았다. 교생 실습을 해보니 가르치는 것은 좋아하지만 학교라는 관료제 사회에 적응하지 못했다. 이 일 저 일 하며 헤매다가 뮤지컬 작곡의 꿈이 생겼고, 오랫동안 노력해서 작곡가가 되었다. 그런데 일을 본격적으로 할 때쯤 나의 관심사가 음악에서 치유로 옮겨갔다. 그래서 상담사가 되었다. 7년 정도 상담을 해보니 상담이 내 적성에 맞지 않는다는 게 확실해졌다.

계속해서 하고 싶었던 일을 했지만, 그 무엇도 딱히 내 일이라는 생각이 들지 않았다. 매번 내 몸에 제대로 맞지 않는 옷을 입고 있는 것 같았다. 이번에는 언젠가 해보려 했던 창조성 수업을 시작했다. 첫 수업을 하면서 비로소 '아! 내가 이 일을 하려고 그동안 그 모든 것을 경험한 거구나!' 싶었다. 나의 모든 재능과 열정, 그동안의 경험과 배움이 최적으로 기능하기 시작했다. 드디어 나에게 딱 맞는 옷을 찾아 입은 느낌이었다.

처음 내가 하고 싶었던 일들은 아주 흐릿하게 초점이 맞지 않는 방향이었다. 그런데 막연히 하고 싶었던 일을 정말로 해볼 때마다 마치 돋보기의 초점을 맞추듯 내가 원하는 것, 잘하는 것, 추구하고 싶은 것들이 뚜렷해졌다. 내 인생이라는 흐릿하게 뭉뚱그려진 그림이 점점 선명해지는 느낌이었다(하지만 지금 내가 선명해졌다는 그림 또한 몇 년 후에 돌아보면 흐릿하고 초점이 덜 맞는 그림일 것이다).

온갖 시행착오를 거듭하고 있는 동안은 정말 죽을 맛이었다. 어떤 것도 지속하지 못하는 나에게 뭔가 문제가 있는 것 같았다. 점점 안정적으로 자리를 잡아가는 친구들을 보며 나만 이상한 사회 부적응자인 것 같았다. 불안하고 두렵고 뭐라도 확실한 것을 붙잡고 싶어서 버둥댔지만, 그조차도 실패했다. 그렇게 오랜 헤맴 끝에 의도치 않게 받은 선물은 세상 달콤했다. 알고 한 것은 아니지만, 나는 '나 자신이 되어가는 과정'을 겪고 있었던 것이다.

교육학자 토드 로즈는 다음과 같이 말한다. "실패는 우수성을 키우는 과정에서 필수 요소다. … 실패는 불분명한 장점의 숨겨진 윤곽을 발견하는 유일한 방법이다. … 이 방법이 맞을까? 이 방법이 나에게 유용할까? 나에게 잘 맞는 방법이라면 이 방법을 통해 내 장점에 대해 무엇을 알 수 있을까? 나에게 잘 맞는 방법이 아니라면 이 실패를 교훈 삼아 다음에는 어떤 시도를 해야 할까? 자신의 전략 알기는 발견과 개선이 수없이 되풀이되는, 반복적이고 역동적인 과정이다."[64] 우리는 나 자신으로 사는 법을 알아내기 위해 실패를 계속해야 한다. 특히 초반에는 성공할 확률이 거의 없다. 그저 계속해서 실패를 거듭하며 나 자신으로 사는 최적의 방법과 나만의 경로를 계속 알아내는 것이다.

실패를 축하하기

30대 중반, 내 인생이 통째로 실패했다는 절망에서 벗어나 다시 도전을 시작할 때였다. 더 이상 실패를 두려워하지 않게 성장한 내가 너무도 자랑스러웠다. 그런 나에게 어느 날 상담 선생님이 제안했다.

"실패를 두려워하지 않는 것을 넘어서 실패를 사랑해보면 어때요?"

"…."

충격이었다. 나에게 실패는 언제나 두려움의 대상이었을 뿐, 실패를 사랑할 수도 있다는 생각은 한 번도 해보지 못했던 것이다. 그런데 곰곰이 생각해보니 실패는 성공보다 더 아름답고 소중한 경험이 틀림없었다. 성공의 기쁨은 길어야 일주일이면 사라지고, 성취감을 느끼는 것 외에는 딱히 할 일도 없다. 하지만 실패의 아픔은 웬만해서는 평생 잊히지 않는다. 그 아픔을 다시 반복하지 않으려는 노력은 나를 가장 확실하게, 깊고 단단하고 지혜롭게 성장시킨다. 실패는 사랑할 만한 일이 틀림없다!

핀란드에는 매년 10월 13일에 '실패의 날' 기념행사를 연다. 이날은 사람들이 모여 실패 경험을 이야기하고 서로의 실패를 축하해준다. 그 덕에 핀란드는 세계에서 가장 활발하게 창업에 도전하는 나라로 변화하게 되었고, 실패의 경험도 자산이라는 생각이 사회에 뿌리내리게 되었다. 나는 우리나라도 핀란드처럼 실패를 축하하고 실패의 경험을 나눌 수 있는 문화가 형성되기를 바란다. 그래서 더 이상 실패를 수치스럽고 잘못된 일로 여기지 않기를, 실패를 성공만큼 귀하고 의미 있는 경험으로 공유할 수 있게 되기를 진심으로 바란다(그런 열정으로 몇 년 전 '실패의 날' 모임을 개최했는데 신청자가 없어서 실패했다!).

03

모든 장애물은 수치심에서 비롯된다
: 두려움의 근원, 수치심 대처하기

결국 모든 건 수치심 때문이다

이제 조금 더 근원적인 두려움에 관해 이야기해보자. 불확실한 미래
가 두려운 것도, 실패가 두려운 것도, 좀 더 깊이 들여다보면 '사람들이
나를 어떻게 생각할까'라는 타인의 시선에 대한 두려움이 자리 잡고 있
다. 대부분의 사람이 타인을 의식하며 인정받으려고, 또는 비난받지 않
으려고 안간힘을 쓰며 산다. 하지만 우리가 정말로 두려워하는 건 타인
의 평가 자체가 아니다. 타인의 평가로 인해 나 자신이 잘못되었거나 무
가치하다는 느낌을 느끼는 것, 즉 '수치심'을 느끼는 것을 어떻게든 피
하려고 하는 것이다. 우리가 느끼는 온갖 두려움의 가장 깊은 곳에는 수
치심이 있다.

'수치심'이라는 단어가 낯설고 생소할 수 있다. 하지만 수치심이야말
로 누구나 일상에서 가장 많이 겪는 지배적인 감정이다. '나는 완벽하지

않아···', '나는 날씬하지 않아···', '나는 똑똑하지 않아···' 등등 우리는 온종일 수많은 수치심을 느끼며 살아간다. 타인을 대할 때는 결점조차 너그럽게 바라보지만, 자기 자신에 대해서는 한결같이 부족하고 문제 투성이라고 생각한다. 모두가 부러워하는 것을 가진 사람도 다르지 않다. 자신이 온전하고 충분히 괜찮다고 생각하는 사람은 찾아보기 힘들다. 왜 그럴까?

수치심을 조장하는 문화에서 우리가 겪는 일들

수치심 연구가 브레네 브라운(Brene Brown)은 우리가 "수치심을 조장하는 문화에서 살고 있기 때문"에 자신을 부족하게 느낀다고 말한다. 가족, 직장, 학교, 사회 어디서든 지배적인 가치에 부합하지 못할 때 우리는 수치심을 느껴야 했다. 어린 시절부터 키가 작아서, 집이 가난해서, 공부를 못해서, 운동을 못해서 등등 일상적으로 수치심을 겪었다. 성인이 되어서도 좋은 대학을 나오지 못해서, 돈을 많이 벌지 못해서, 어리고 예쁘지 않아서, 직장이 대기업이 아니어서 등등 사회가 '우수하다'는 기준에 부합하지 못하면 수치심을 느껴야 했다. 그 결과 대부분 사람이 하나같이 '나는 부족하다', '나는 무가치하다'라는 생각에 시달린다. 정작 그런 조건들이 왜 우수함의 척도가 될 수 있는지에 대해서는 의문을 가질 겨를도 없이 말이다.

수치심을 조장하는 문화는 인간의 행복에 최악의 요소로 작용한다. 수치심을 느끼지 않기 위해 부족한 모습은 숨기고, 인정받을 만한 모습을 보이려 안간힘을 쓴다. 실수하고 실패하지 않으려고, 성공하고 부자가 되려고, 예쁘고 날씬해지려고 모두가 발버둥 친다. 하지만 타인의 기준을 만족시킬 때 얻는 것은 행복이 아니라 잠깐의 안도감일 뿐이다. 그런데도 우리는 수치심을 조장하는 문화에 문제를 느끼고 저항하며 바꾸려 하기보다 수치심을 느끼지 않는 데 더 집중하며 살아간다. 사회적 동물인 인간에게 가장 큰 공포는 사람들로부터 외면당하는 것이기 때문이다. 그래서 부족한 모습을 보이면 사랑받지 못할 것이라는 공포에 사로잡혀 이성적인 판단을 할 여력이 없다.

수치심을 느끼지 않으려고 애쓸 때 가장 큰 문제는 내가 사라진다는 것이다. 완벽하고 좋은 모습만 보이려고 하면 진짜 내 모습을 언제 들킬지 몰라서 매 순간 불안하고 긴장해야 한다. 내가 하고 싶은 말이나 행동은 사람들이 싫어할 수도 있으니 삼켜야 한다. 모든 순간 연기를 해야 하니 몹시 부자연스럽다. 그런 노력 끝에 다른 사람들에게는 괜찮은 사람으로 보일지 모르지만, 정작 자신은 무대 위의 배우처럼 공허하고 거짓된 모습으로 살게 된다. 더 최악은 이것이다. 계속해서 자신을 속이면 나중에는 거짓과 자신이 하나가 되어 진실과 거짓을 구분할 수 없게 된다. 그쯤 되면 인생에서 자기 자신은 완전히 사라져서 되찾을 수조차 없다.

숨기면 강해지고 드러내면 사라진다

그렇다면 어떻게 해야 수치심에서 벗어날 수 있을까? 브레네 브라운이 수치심에 대해 정의한 이 문장에 그 답이 있다.

"수치심이란 우리의 어떤 결함 때문에 우리가 사랑과 소속감을 느낄 가치가 없는 사람이라고 여기는 매우 고통스러운 감정 또는 경험이다."[65]

일단 중요한 것은 수치심이 '매우 고통스러운 감정과 경험'이라는 것이다. 수치심을 느낄 때 우리는 이성의 뇌가 마비되고 본능적인 생존 반응에 빠져든다. 심장박동은 빨라지고 호흡은 가빠지며 동공은 확대된다. 생존의 위협에 대한 '투쟁 반응'으로 마구 소리를 지르고 상대에게 똑같이 수치심을 주며 공격하거나, '도피 반응'으로 아예 입을 다물고 숨어버린다. 그러니 수치심에서 벗어나기 위해 제일 먼저 할 일은 정신을 차리는 것이다. '지금 나는 수치심을 느껴서 고통에 몸부림치고 있구나…. 어쩔 줄 몰라서 도망치고 싶구나…. 화가 나서 정신이 나갈 것 같구나…' 하고 무슨 일이 일어나고 있는지 알아차려야 한다.

고통스러운 감정이 온몸을 훑고 지나간 후 다시 이성의 뇌가 정상으로 돌아왔다면, 수치심에 대해 이야기할 수 있는 안전한 상대가 필요하다. 수치심이 고통스러운 이유는 '내 결함으로 사랑과 소속감이 끊어질까 봐 두려워서'다. 그런데 실상은 결함을 드러낼 때 사랑과 소속감이 더 깊어진다. 우리는 완벽해 보이는 사람에게 깊은 연결감을 느끼지 않는다. 오히려 완벽해 보이는 사람이 실수하고 부족한 모습을 보일 때 '너도 나와 같구나' 하는 생각에 마음이 활짝 열린다. 심지어 수치심을 드러내는 사람들에게 우리는 열광한다. 자신의 연약함과 두려움을 진실하게 드러내는 용기에 우리는 누구나 깊은 감명을 받고 응원을 보낸다.

창조성 강사 줄리아 카메론은 "우리는 예술 활동을 통해 저마다의 부끄러운 비밀을 드러냄으로써 자신과 다른 사람들을 해방시킨다"[66]라고 말한다. 창조성은 내면의 진실함에서 비롯된다. 모든 글, 그림, 노래, 춤에는 창작자의 마음속 진실이 고스란히 드러난다. 내 안의 이야기가 무엇이든 진실을 다해서 말할 때, 그것은 나를 해방시키고 다른 사람을 해방시킨다. 그럴 때 우리는 아름다움을 느낀다. 연약한 부분은 숨겨야 할 것도 잘못된 것도 아니다. 당연히 비난받을 것도 아니다. 오히려 연약함을 드러낼 때 그토록 원하던 사랑과 소속감을 누리는 동시에, 진실하게 '나 자신'으로 존재할 수 있는 자유로움까지 얻게 된다.

'열려 있는 나'로 존재하기

나에게도 수치심은 매우 어려운 주제였다. 언제나 '그저 그런 시시한 인간'으로 보일까 봐 두려웠다. 그래서 '그저 그런 인간'이 아니라는 것을 증명하려고 오랫동안 발버둥 치며 살았다. 그러던 어느 날, 문득 깨달았다. 엄마는 나를 '맨날 늦잠 자고 청소도 안 하는 게으름뱅이'라고 생각한다. 같이 살던 친구는 반대로 나를 '너무나 절제된 삶을 사는 수행자' 같다고 말한다. 한 지인은 나를 '상처 잘 받는 너무 여린 사람'이라고 생각하고, 또 다른 지인은 반대로 나를 '호락호락하지 않은 기 센 사람'이라고 생각한다. 내가 정말로 어떤 사람인지와 상관없이 사람들은 나를 자기 기준대로 보고 있었다. 이 발견은 나에게 엄청난 자유를 가져왔다. 내가 어떤 모습을 보여주고 싶어 하든, 어떤 모습을 감추고 싶어 하든, 그것과는 아무 상관 없이 사람들은 제각각 자기 마음대로 나를 판단할 것이다! 그러니 좋은 모습만 보여야만 한다는 생각으로 들이는 나의 노력 따위는 아무 의미가 없는 것이다!

보다 적극적으로 수치심을 극복하는 훈련도 했다. 내가 절대로 인정하기 싫은 모습을 만날 때마다 "그게 나야"라고 인정하는 것이다. '그저 그런 시시한 인간'이라는 말을 듣는 게 너무 두려우면 "맞아. 나는 그저 그런 시시한 인간이야. 그게 나야!"라고 스스로에게 말했다. 잘하지 못하는 모습을 들킬까 봐 두려우면 "맞아. 나 잘 못해. 잘 못하는 그게 나야!"라고 말했다. 이렇게 말할 때마다 온몸에 긴장이 풀리고, 꽉 쥐었던 주먹이 스르르 펴지는 것 같은 기분이 든다. 엄청난 해방감이 몰려오면서 나라는 존재 전체가 산뜻하게 가벼워지는 느낌도 든다(너무 가벼워져서 종종 저절로 춤을 추게 되기도 한다!).

　심리학자 미하이 칙센트미하이는 창조적인 사람들의 특성으로 '양면성'을 말한다. 창조적인 사람들은 대단한 활력을 갖고 있으면서 혼자 조용히 있기를 좋아한다. 영리하면서도 동시에 미성숙하고 천진난만하다. 또 책임감 있는 모습과 무책임한 모습이 섞여 있고, 외향적인 동시에 내향적이며, 남성성과 여성성도 동시에 보여진다.[67] 사실 우리는 누구나 여러 가지 모습을 다 갖고 있다. 소심하면서 과감하고, 편안하면서 까칠하다. 친절하면서 냉정하고, 치밀하면서 허술하다. 그러니 '이런 모습이어야 사랑받고 인정받는다'는 두려움을 옆으로 살짝 치워놓고 조금만 마음을 열어보자. 나는 이런 사람일 수도 있고, 저런 사람일 수도 있다. 나는 매 순간 이런저런 모습의 나로 있어도 괜찮다. 사람들에게 사랑받는 진짜 비결은 매 순간 나로 있는 편안함과 자연스러움, 그럴 때 저절로 드러나는 나의 고유한 매력에 있다.

04

두려움은 사라지지 않는다
: 두려움과 함께 가기

두렵고, 두렵고, 또 두려우며, 모든 것이 두렵다

우리의 내면에는 매일 한순간도 쉬지 않고 재잘대는 목소리가 있다. 그 목소리는 특히 이전에 없던 새로운 시도를 하려고 할 때 더욱 크고 강력하게 떠들어댄다. 그 목소리는 태곳적부터 인류와 함께해온 유구한 역사를 가진 존재, '두려움'이다. 두려움은 위험으로부터 나를 보호하며 안전한 생존을 담당한다. 특히 창조성이 안내하는 불확실한 모험은 언제나 안전지대를 벗어나므로 두려움이 가장 강력하게 경계한다.

그런 두려움의 활약 덕에 우리는 시작도 하기 전에 끝도 없는 두려움을 느낀다. 이 길이 내 길이 아닐까 봐 두렵고, 정말로 내 길이어서 익숙한 삶이 변할까 봐 두렵다. 돈만 날릴까 봐 두렵고, 돈을 너무 많이 벌까 봐 두렵다. 너무 일찍 시작해서 두렵고, 너무 늦은 것 같아 두렵다. 실패해서 상처받을까 봐 두렵고, 성공해서 주목받을까 봐 두렵다. 원하는 대로 되지 않을까 봐 두렵고, 원하는 대로 정말로 될까 봐 두렵다. 두렵고, 두렵고, 또 두려우며, 모든 것이 두렵다!

이것이 창조를 시작하기 어려운 이유다. 창조의 모험을 멈출 수만 있다면 두려움은 계속해서 어떤 이유든 떠들어댈 것이다. 일단 최대한 잔인한 말들을 늘어놓으며 수치심을 자극한다. '네가 뭘 제대로 할 수 있겠어', '용기도 능력도 없으면서, 주제 파악 좀 해', '또 실패하고 한심해질 생각이야?', '정말 멍청하기 짝이 없어!' 등등 호기심 어린 눈으로 조심스레 시도해보려는 마음을 단번에 꺾을 만한 강력한 말들을 쉼없이 쏟아낸다.

또 한편으로는 솔깃한 말로 영리하게 설득하기도 한다. '지금은 아직 준비되지 않았으니, 좀 더 준비하고 시작하자', '지금은 확신이 좀 부족하니, 확신이 들면 그때 시작하자', '후회할지도 모르니 신중해서 나쁠 건 없지' 등의 말이다. 하지만 두려움이 무슨 말을 하든 결론은 언제나 같다.

'그게 무엇이든 하지 마.'

두려움의 협박과 회유에 풀이 죽어 설득되면 창조성은 끝장이다. 두려움이 주도권을 잡은 곳에 창조성은 발을 들여놓을 수 없다.

두려움은 사라지지 않는다

우리는 대부분 창조적인 사람들은 나와 다르게 두려움을 느끼지 않고 기꺼이 위험을 감수하는 용감한 사람들이라고 생각한다. 실상은 그렇지 않다. 미켈란젤로는 성당 벽화 그림을 의뢰받고 내키지 않아서 피렌체로 도망을 갔다가, 교황의 집요한 부탁으로 2년 후에야 어쩔 수 없이 작업을 시작했다. 코페르니쿠스(Nicolaus Copernicus)는 천동설의 오류를 발견하고도 사람들의 반응이 두려워서 22년 동안이나 침묵을 지켰다. 한 수학자가 연구 결과를 출간하도록 밀어붙이지 않았다면 지동설은 더 늦게 세상에 알려졌을 것이다. 링컨(Abraham Lincoln) 대통령은 노예를 해방시킨 후 생길 일들이 두려워서 6개월 동안 노예 해방 결정을 내리지 못하고 고민했다. 스티브 워즈니악(Steve Wozaniak)은 다니던 회사를 그만두는 것이 두려워서 창업 투자 제안을 거절했다. 부모님과 주변 사람들의 긴 설득이 이어진 후에야 애플 창업에 뛰어들었다.[68]

두려움은 창조 과정의 모든 순간에 함께한다. 무엇을 하든 두렵지 않은 순간은 오지 않는다. 그러니 두렵지 않을 만큼 용기가 생기기를 기다리거나, 반대로 어떻게든 두려움을 없애려고 노력하는 것은 별 소용이 없다. 그냥 두려움과 함께하는 것에 익숙해져야 한다. 두려움이 무슨 말을 지껄이건, 나의 자존감에 어떤 타격을 주건, 어떤 그럴듯한 말로 영리하게 설득을 하건, 그저 '그렇군' 하며 하려던 것을 계속하는 것이다.

두려움이 하는 말에 반박하거나, 그 말들에 설득되어 풀이 죽을 필요는 없다. 두려움은 그저 3초에 한 번씩 "위험해!"를 외치며 나를 안전하게 지키고 싶어 하는 것뿐이다. 그러니 계속해서 나를 지키려고 애쓰는 두려움에게 "그래그래, 그랬구나" 하고 토닥토닥 사랑을 보내며, 하던 일을 계속하면 된다. 두려움과 함께하되 두려움에게 주도권을 내어주지 않는 것, 그것이 창조적인 삶에 꼭 필요한 핵심 훈련이다.

두려움을 활용하기

두려움과 함께하면서 종종 두려움을 유용하게 활용할 수도 있다. 나의 경험으로는 내가 가장 두려워하는 것이 항상 그 순간 꼭 해야 할 일이었다. 이별이 가장 두려웠을 때는 이별을 해야 했다. 유튜브에 악플이 달리는 것이 너무 두려웠을 때는 악플을 경험하고 극복하는 것이 내가 할 일이었다. '이것만은 피하고 싶다', '이건 정말 두렵다'라고 생각하는 것이 항상 내가 도약해야 할 다음 스텝이었다. 그럴 때마다 꼭 절벽 끝에서 내몰리는 것 같고 떨어지면 죽을 것 같은 두려움을 느꼈다. 하지만 상황에 내몰려 하는 수 없이 뛰어내리면, 언제나 (있는 줄도 몰랐던) 날개를 펴고 날아올랐다. 도무지 할 수 없을 것 같고, 너무 두려워서 피하고 싶은 순간, 바로 그때가 나의 창조성을 믿고 도약해야 하는 순간이며, 내 안의 잠재력이 세상에 드러나는 순간이다. 강렬한 두려움 덕분에 창조적 도약의 순간이 찾아왔다는 것을 알게 되는 것이다.

또한 두려움이 창조적 모험에 마냥 방해만 되는 것은 아니다. 두려움도 창조적 여정에서 맡은 바 역할이 있다. 두려움을 느끼면 잠재적인 위험 요소나 문제점들을 더 잘 파악할 수 있고, 더 철저히 준비하는 과정에서 오히려 자신감을 얻을 수도 있다. 최악의 경우를 생각하며 두려워할 때, 더욱 현실적으로 안전하게 창조적인 계획을 구체화할 수도 있다. 갑자기 무모한 도전으로 리스크가 커지면 창조적 모험은 너무 일찍 폐기 처분될 수도 있다. 하지만 두려움 덕분에 조금씩 안전하게 나아가면 오히려 안정적으로 창조적 모험을 이어갈 수 있다. 그러니 두려움이 수시로 창조 과정을 방해한다고 너무 구박하지는 말자. 두려움도 자신의 역할을 잘할 수 있게 두려움이 하는 말 중 쓸모 있는 말이 있는지 종종 귀기울여보자. 중요한 건 단 하나, 두려움에게 주도권을 내어주지 않는 것이다.

두려움 vs 사랑

닐 도널드 월쉬(Neale Donald Walsch)의 저서 《신과 나눈 이야기》에서는 인간의 모든 행동이 두려움과 사랑, 이 두 가지 감정에서 시작된다고 말한다. 두려움은 움츠러들고, 움켜쥐고, 집착하고, 달아나고, 조바심 내고, 공격한다. 사랑은 펼치고, 풀어주고, 활짝 열고, 이완하고, 여유롭고, 나누고, 치유한다. 두려움에 길들여진 우리는 대부분 두려움 속에서 살아가며 두려움으로 선택한다. 반면 창조성은 언제나 사랑을 선택하고 사랑을 경험하게 한다.

내 안의 창조성을 따라갈 때 우리는 두려움을 선택할 때 경험할 수 없었던 생존 이상의 것들을 비로소 누리게 된다. 움츠러들고 움켜쥐는 대신 활짝 열고 펼친다. 집착하고 조바심 내는 대신 여유롭게 이완한다. 공격하고 달아나는 대신 치유하고 나눈다. 순수한 즐거움, 하나된 연결감을 느끼며 충만해지고, 존재하는 기쁨과 온전함을 경험한다. 살아남기 위해 애쓰는 삶과, 살아 있어서 경이로움을 느끼는 삶. 누구나 후자의 삶을 원할 것이다. 그렇다면 단 한 가지만 기억하면 된다. 두려움과 함께하되, 두려움으로 선택하지 않기!

1. 불확실함에 대한 두려움을 호기심으로 바꾸기

지난주에 적은 꿈과 목표, 스몰 프로젝트를 다시 한번 읽어보자.

어떤 불안이 올라오는가? 무엇이 나를 두렵게 하는가?

두려운데도 불구하고 이 모험이 흥미로운 지점은 무엇인가? 아주 조금이라도 흥분을 가져올 만한 것, 기대되는 즐거움과 재미, 나의 호기심을 자극하는 것들을 샅샅이 찾아 적어보자.

이제 두려움이 올라와서 멈추고 싶을 때마다 앞에 적은 것들을 떠올리며 이렇게 말해보자. "흥미로운데?"

2. 실패를 다루는 훈련

그동안 살면서 내가 실패했던 경험을 한 가지 적어보자.

그때 나는 충분히 아파했는가? 아니면 충분히 아파할 시간을 갖지 못해서, 여전히 그 경험을 떠올리기 두려운가? 지금도 말하기 힘들 만큼 많이 아픈가?

충분히 아파하지 못했다면, 그때 실패했던 나에게 지금의 내가 어떤 위로의 말을 해줄 수 있을까? 공감과 위로의 말을 적어보자. 반드시 공감의 말이어야 한다!

- 공감이 아닌 말 예시) 이 또한 지나가리라, 그냥 잊자, 별일 아니야, 그냥 훌훌 털자, 괜찮아 누구나 실패

  해 등등

- 공감의 말 예시) 정말 아팠지, 너무 창피했지…, 그렇게 돼서 정말 속상했겠다, 절망스러운 마음 충분히

  이해해 등등

실패에 대해 무의식적으로 내 탓(자책, 자학) 혹은 남 탓(분노, 원망)을 했던 생각이나

말들은 무엇이 있었는가?

- 내 탓 예시) 이 멍청아, 도대체 왜 이런 선택을 한 거야, 제대로 알아보지도 않고, 너 때문에 다 망했어

  등등

- 남 탓 예시) 엄마 때문에 내가 이렇게 된 거야, 그때 그 친구가 그런 정보만 안 줬어도…, 다 그 사람을

  만나서 꼬인 거야 등등

실패의 경험은 나에게 어떤 메시지, 어떤 선물을 남겨주었는가?

그 덕분에 실패 이후의 나의 삶은 어떻게 변화했는가?

3. 실패 축하 이벤트 열기

지금까지 내가 했던 실패 하나를 떠올리고, 실패한 나를 축하하는 파티를 열어본

다. 혼자서 해도 좋고, 가까운 가족이나 친구와 함께해도 좋다. 파티는 맛있는 저

녁을 먹는 것일 수도 있고, 나 자신에게 축하 엽서를 써주거나, 작은 선물을 하는

것도 좋다. 가족이나 친구와 함께한다면 나의 실패와 실패를 통해 깨달은 것을 이

야기하고, 사람들로부터 격려와 응원을 받아본다.

4. 내가 가진 여러 이미지 탐색하기

나는 다른 사람들에게 어떤 사람으로 보여지고 싶어 하는가?

예) 여유 있는 사람, 센스있는 사람, 능력 있는 사람, 적극적인 사람, 편안한 사람 등등

다른 사람들에게 들키고 싶지 않은 모습은 어떤 것이 있는가? 솔직하게 적어보자.

예) 덤벙대는, 히스테릭한, 우울한, 무기력한, 똑똑한, 잘난 척하는, 소심한, 겁많은 등등

내 주변의 다섯 사람을 선택하고, 각각의 사람들은 나에 대해 어떤 이미지를 갖고 있는지 적어보자. 그 사람들에게 직접 들은 말을 적어도 좋고, '아마도 나를 이렇게 생각할 것 같다'라고 짐작되는 것을 적어도 좋다.

_____ :

_____ :

_____ :

_____ :

_____ :

지금까지 적은 것을 다시 한번 읽어보자. 어떤 것을 새롭게 발견했는가?

5. 열려 있는 내가 되기 훈련

사람들로부터 내가 절대로 듣고 싶지 않은 말을 적어보자.

예) 뭐 별것 없네, 잘난 척한다, 아는 게 없다, 못생겼어, 예민해 등등

내가 쓴 것에 대해 인정하는 말을 해보자. 반드시 입 밖으로 직접 말해야 효과가
있다.

예) 맞아. 나 별것 없어. 나 평범해 / 맞아. 나는 잘난 척해. 나 안 겸손해 / 맞아. 나 무식해. 그것도 몰라 /

   맞아. 나 못생겼어 / 맞아. 나 예민해.

6. 두려움 vs 사랑

살면서 내가 두려움으로 선택했던 것은 무엇이 있는가?

예) 대학 안 나오면 취직이 안될까 봐 대학에 갔다, 좋아하는 사람에게 고백했다가 거절당할까 봐 고백

   하지 않았다, 마음에 안 드는 집인데 더 좋은 데 구하지 못할까 봐 그냥 계약했다 등등

그 선택은 나에게 어떤 메시지를 남겼는가?

내가 사랑으로 선택했던 것은 무엇이 있는가?

그 선택은 지금 나에게 어떤 영향을 주고 있는가?

7. 몸 감각 깨우기 - 걷기

한 주간 걸음을 관찰하며 걸어본다.

걷는 동안 일어나는 일을 관찰하며 온전히 걷기에 집중해본다. 나는 어떤 빠르기로 걷고 있는가? 보폭은 좁은 편인가? 넓은 편인가? 지면이 발에 닿는 촉감은 어떠한가? 걸으면서 무엇을 보고 있는가? 걸으면서 무슨 생각을 하고 있는가? 걷는 동안 특별히 힘이 들어가 있는 곳은 어디인가? 온몸에 힘을 거의 사용하지 않고 편안하게 걸으려면 어떻게 해야 할까?

나의 롤모델이 되었다고 생각하며 걸어본다. 롤모델이 된 척하는 것이 아니라, 정말로 롤모델과 내 몸이 하나로 합쳐졌다고 상상하며 걸어보자. 표정은 어떻게 변하는가? 걸음에는 어떤 변화가 생기나? 시선은 달라진 점이 있는가? 걸음의 변화와 함께 내 감정은 어떻게 변하는가?

6주

창조 과정을 지속하는
힘 만들기

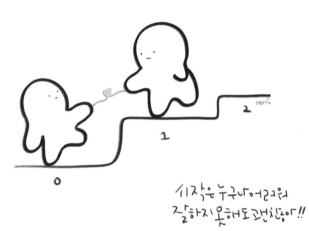

시작은 누구나 어려워
잘하지 못해도 괜찮아!!

창조하는 과정에서 지속적으로 행동하는 힘은 매우 중요하다. 하지만 우리가 알고 있는 방법은 '매일 꾸준히 하기', '하기 싫어도 참고 하기'같이 무조건 밀어붙이는 방법들 뿐이다. 매일 꾸준히 하려고 노력해보지 않은 사람은 없을 것이다. 그리고 매일 꾸준히 하는 데 성공한 사람도 거의 없을 것이다. 무조건 밀어붙이는 방식은 사실 매우 비효율적인 동기부여 방식이다. 게다가 강압적으로 밀어붙이면 창조성에 꼭 필요한 호기심과 재미를 잃어버린다.

심리학자 미하이 칙센트미하이는 다음과 같이 말한다. "가슴, 의지, 정신이 일치할 때의 뿌듯함을 우리는 좀처럼 맛보기 어렵다. 감정, 목표, 사고가 일치하지 않고 의식 안에서 격투를 벌이며, 우리는 그것을 속수무책으로 지켜보고 있어야 한다."[69] 목적이 있는 행동을 지속하기 위해서는 감정, 목표, 사고가 일치해야 한다. 목표 달성을 향해 마구 몰아붙이면 가슴, 의지, 정신이 일치하기 어렵다. 창조하는 과정을 지속하려면 가슴 - 즐거움과 재미를 놓치지 않으면서, 의지 - 자신의 내적 동기에서 비롯된 자신만의 목표를 갖고, 정신 - 목표를 향해 움직이는 과정에서 나만의 정체성을 발견해가는 기쁨이 조화롭게 균형을 이뤄야 한다.

우리는 무언가 행동하는 것에만 집중되어 있다. 하지만 창조 과정을 지속하기 위해 필요한 것은 행동만이 아니다. 행동을 할 수 있도록 몸과 마음과 정신을 돌보며 행동을 준비하는 단계, 게으름과 과도한 밀어붙임 사이의 균형을 찾아 행동하는 단계, 행동 후 휴식하며 재충전하는 단계가 모두 중요한 창조 과정이다. 이번 주에는 이러한 창조 과정을 지속할 수 있도록 나의 가슴(감정), 의지(목표), 정신(사고)을 조화롭게 돌볼 방법들을 살펴보자.

01

시작은 원래 어렵다
: 시작하는 어려움 돌보기

시작은 원래 어렵다

"어려워요."

"잘 안돼요."

피아노를 가르칠 때 아이들은 하지 않는데 어른들만 하는 말이다. 아이들은 손가락이 마음대로 움직이지 않는 서툰 상태를 답답해하지 않는다. 앞으로 얼마나 잘하게 될지 미리 기대하지도 않는다. 별생각 없이 내가 그려준 꽃잎 10개를 하나씩 색칠해가며 매일 연습을 하다 보면 어느새 실력이 붙는다. 반면 어른들은 잘하지 못하는 서툰 시간을 정말 못 견딘다. 처음 하니 어렵고 잘 안되는 게 당연한데도 매번 "아⋯. 어려워요", "이게 왜 안되죠?"라고 말하며 "언제 이루마처럼 칠 수 있죠?"라고 묻곤 한다. 결국 잘 안되는 시간을 견디지 못하고 포기한다.

예술가들이 예술가들을 위해 쓴 책《Art and Fear》에서는 다음과 같이 말한다. "대부분의 예술가들은 위대한 예술 작품을 만들 꿈을 꾸는 것이 아니라 이미 창조해낸 꿈을 꾼다. … 그러나 한껏 가슴을 부풀린 그 싹을 옮기고자 하는 그 순간, 앞을 가로막고 있는 벽에 부딪히고 만다. 예술가의 삶은 그 진행 속도가 느려서가 아니라 예술가 자신이 빨라야만 한다고 생각하기 때문에 좌절을 겪는 것이다."[70] 우리도 같은 상황을 겪는다. 내 머릿속에서는 환상적인 결과를 누리고 있는데, 이제 막 시작하는 현실의 나는 서툴고 무능하기 짝이 없다. 시작은 누구나 초라하고 형편없지만, 그 당연한 사실을 생각하지 않고 빨리 잘해내지 못해서 쉽게 좌절한다.

좋아서 시작한 일이라도 마냥 재밌고 신나지 않는다. 변화는 원래 불편하고 시작은 원래 어렵다. 어디서부터 어떻게 시작해야 할지 방법도 순서도 모른다. 어디에서 도움을 얻어야 할지도 막막하다. 용기 내서 시노해봐도 매 순간 서툴고 삐걱대는 '미운 오리 새끼' 같은 나를 마주해야 한다. 생각하고 싶지 않은 골치 아픈 일들은 미뤄봤자 저절로 해결되지도 않는다. 하나하나 더듬거리며 하다 보면 환상과 현실 사이의 생생한 괴리감에 점점 지쳐간다. 잘 안돼서 답답하고, 어려워서 하기 싫다. 시작 단계에서는 빨리 잘해낼 방법이 결단코 없다. 이것이 시작할 때 누구나 겪는 상황이다.

새로운 신경회로 만들기

대부분은 이 답답하고 막막한 구간에서 능력 부족이나 나약한 의지력을 탓한다. 그러나 시작의 어려움을 넘어가는 데 능력이나 의지력은 아무 상관이 없다. 단지 뇌가 아직 새로운 것에 적응하지 않았을 뿐이다. 우리가 어떤 행동을 반복해서 할수록 뇌에는 그와 관련된 뉴런이 생성되고 연결되면서 점점 강화된다. 반대로 하던 행동을 그만두면 관련 신경회로는 점점 약해지고 사라진다. 줄에 비유하면 이전에 반복해서 해왔던 행동은 뇌의 신경회로가 아주 굵고 튼튼한 밧줄과 같고, 처음 하는 행동은 이제 막 얇은 실오라기 하나가 생겨나는 중이다. 새로운 행동을 계속 반복한다면 얇은 실오라기는 점점 더 두꺼워지고 튼튼한 밧줄로 변한다.

일단 우리 뇌에는 '어렵다=피하자'라는 생각의 신경회로가 굵은 밧줄처럼 강화되어 있다. 그래서 어려운 것을 마주하는 순간 '어려운 건 재미없다', '어려우니 하기 싫다', '어려운 상황은 피하고 싶다'라는 생각과 행동이 번개처럼 이어진다. 반대로 '어렵다=좋은 보상을 받는다'라는 회로는 약하거나 존재하지 않는다. 시작의 어려움을 넘어가기 위해서는 제일 먼저 '어려운 건 피하자'라는 굵은 신경회로는 약화시키고, '어려운 건 당연하며 긍정적 보상으로 이어진다'라는 새로운 신경회로를 강화시켜야 한다.

나는 운 좋게도 어릴 적에 "좋은 것은 어려워요"고 말해주신 멋진 선생님이 계셨다. 그 선생님은 자신이 겪은 노력과 좌절의 시간, 그 결과로 지금 누리고 있는 부와 명예와 행복한 삶을 주르륵 나열하며 이렇게 이야기해주셨다.

"좋은 것은 어려워요. 쉬우면 누구나 누리고 있겠죠."

예순이 넘은 나이에도 청년같이 생기 넘치고 빛나는 선생님의 모습은 정말 인상적이었다. 선생님 덕분에 그때 내 머릿속에는 '좋은 것은 어렵다', '어려움 뒤에 내가 원하는 게 있다'라는 신경회로가 생겨나기 시작했다.

하지만 아직 신경회로가 강화된 것은 아닌지라, 막상 어려움이 닥치면 '어렵다=하기 싫다, 피하자!'라는 익숙한 반응이 튀어나왔다. 그래서 새로운 신경회로를 강화하기 위해 일상적으로 '좋은 것은 어렵다'와 관련된 정보에 집중했다. 브로드웨이에서 무려 12년간 장기 공연된 뮤지컬 <렌트>도 처음에는 투자자를 찾지 못해 2년간 표류하다가 간신히 오프오프 브로드웨이에서 첫 공연을 할 수 있었다. 지금은 누구나 연기력을 인정하는 세계적인 배우 앤 해서웨이(Anne Hathaway)도 데뷔 전 수도 없이 오디션에 떨어졌다. 간신히 배역을 맡은 첫 작품에서는 연기력 문제로 욕을 먹다가 결국 작품이 조기종영되기도 했다.

위대한 작품이든 성공한 사람이든 모든 시작은 미약했고, 과정은 지난했다. 이런 정보를 끊임없이 접할수록 나의 뇌에는 '어려운 건 피하고 싶다, 하기 싫다' 대신, '초반에 어려운 건 당연하고 누구나 겪는다'라는 신경회로가 강화된다. 그럴수록 뇌는 어려운 일을 더 이상 불쾌한 자극으로 받아들이지 않게 된다. 어렵고 막막한 상황은 똑같지만, 그 상황을 무조건 피하고 싶다는 생각은 점점 약해지는 것이다. 이렇게 뇌를 훈련한 덕에 나는 처음 해보는 막막한 일들에 계속 도전할 수 있었다.

또 하나 내가 중요하게 반복 훈련한 것은 '0에서 1구간만 버티면 된다'이다. 뇌에 신경회로가 처음 생기는 구간, 즉 0에서 1구간이 가장 어렵다. 0에서 1구간까지만 잘 넘기면 그다음은 2, 3, 4로 성장하는 게 아니라, 2, 4, 8의 속도로 빠르게 성장한다. 대부분 0에서 1구간에 머물 때 지금 같은 어려움이 계속될 것 같고, 그 어려움을 버틸 자신이 없어서 쉽게 좌절하게 된다. 하지만 0에서 1구간만 버텨서 신경회로가 생겨나면 그다음부터는 모든 것이 쉬워지고 빨라지며 본격적으로 재밌어진다. 익숙해지니 즐길 여유가 생기고, 즐기다 보니 더 잘하게 된다. 그렇다면 어떻게 해야 '마의 0에서 1구간'을 포기하지 않고 버틸 수 있을까?

0에서 1구간을 넘어가는 힘

창조를 시작할 때는 누구나 가장 연약한 상태다. 마치 걸음마를 시작하는 아이처럼 서툴고 어색하고 불안정하고 위태롭다. 그래서 그 어느 때보다 '판단하지 않는 마음'이 필요하다. 아기가 위태롭게 뒤뚱거리며 걷는 모습을 보면서 "제대로 못한다", "왜 그렇게밖에 못 걷냐", "옆집 아기는 너보다 빨리 걷는다"라고 말하는 부모는 없다. 그런데 우리는 자신에게 줄곧 그렇게 말한다. 이제 막 서툴고 불안정하게 걸음을 내딛는 나에게 "왜 이것밖에 못해?", "더 잘할 수 없어?", "다른 사람들은 벌써 잘하는데 이렇게 해서 언제 제대로 하려고?"라고 다그치고 있는 것이다.

가장 연약한 상태로 첫걸음을 내딛는 사람을 두고 '잘한다' 또는 '못한다'고 판단하는 것은 정말이지 잔인하다. 그렇게 연약해지는 상황으로 뛰어드는 용기를 낸 것만으로도 무한 응원과 지지를 받아 마땅한데 말이다. 그러니 시작 단계에 있는 나를 두고 부디 어떤 판단도 하지 말자. 뒤뚱거리고 불안정한 아기의 걸음마를 응원하며 바라보듯, 서툴고 어색하게 뭐라도 해보려 애쓰는 나를 응원해주자. 답답하고 막막해하는 나에게 "그런데도 포기하지 않는 것만으로도 기특하다"고 말해주자.

우리는 강하게 밀어붙여야 성공할 수 있다는 생각에 익숙하다. 그래서 '밀어붙여도 제대로 못 하는 판에 말랑말랑하게 칭찬이나 응원을 해준다고 뭘 제대로 할 수 있을까?' 의구심이 들 것이다. 오히려 더 나약해질까 봐 겁이 날 수도 있다. 하지만 익숙한 기존의 방식대로 원하는 결과를 얻지 못했다면 새로운 방식을 시도하는 것이 지혜로운 선택이다. 무엇보다 창조성은 존중과 수용, 안정감을 느끼는 환경에서만 자라날 수 있다는 것을 기억하자. 자신이 부족하고 바보 같다고 느끼며 수시로 평가당하는 상황에서 가장 어려운 '0에서 1구간'을 넘어갈 가능성은 거의 없다.

나만의 접근 동기와 회피 동기 자극하기

디즈니랜드에서 엔지니어로 일하는 빌 웨스트(Bill West)는 다음과 같이 말한다. "계속해서 문제가 발생하는 경우 나는 머리를 들고 저 먼 곳, 내 프로젝트 결과물의 최종 사용자인 공원에 올 사람들을 생각한다. 내일 덕분에 사람들이 더욱 즐거운 시간을 보내고 신나는 함성을 지를 것이다. 이렇듯 잠시라도 문제에서 벗어나 고된 작업의 달콤한 결과를 상상하다 보면 다시금 고개를 숙이고 문제와 정면 대결할 용기가 생겨난다." 또 다른 엔지니어 조셉 카터(Joseph Carter)도 이렇게 말한다. "내가 일하면서 가장 즐거운 점 중 하나는 내가 만들어낸 결과물을 즐기면서 미소 짓는 사람들의 모습을 볼 수 있다는 것이다. 이것은 프로젝트 성공을 위해 오랜 시간 애쓰고 노력할 수 있는 가장 큰 동기가 되어준다. 강한 동기는 그 어떤 일에서든 성공 가능성을 높인다."[71]

인지심리학에서는 인간의 욕망은 원하는 일이 일어나길 바라는 '접근동기'와 원치 않는 일을 피하고 싶어 하는 '회피동기'의 두 축으로 이루어져 있다고 말한다. 디즈니랜드의 엔지니어들은 접근동기, 즉 자신이 바라는 일이 일어나는 것을 떠올리며 고된 작업을 계속할 힘을 얻는다. 접근동기는 'why - 도대체 왜 해야 하지?'에 대한 의미와 목적을 상기시킨다. 그래서 접근동기를 자극받으면 우리는 목적을 향해 모험할 힘을 얻는다. 왜 해야 하는지 명확히 알고 있을 때 우리는 위험을 감수하더라도 희망을 향해 나아간다.

한편 회피동기를 자극받으면 우리는 원치 않는 일을 피하기 위해서 움직인다. 수업 과제를 못해서 혼자 뒤처지는 게 싫어서 어떻게든 과제를 해내는 것은 회피동기 덕분이다. 회피동기는 'how - 내가 원하지 않는 일을 피하기 위해 어떻게 해야 할지'에 대한 방법을 찾게 한다. 야식을 먹고 싶지만 다음 날 몸이 무겁게 퍼질 것을 생각하면 가볍게 허기만 채울 간식을 먹게 된다. 더러운 방을 보며 내일도 스트레스 받을 것을 생각하면 귀찮아도 빨리 청소를 해치울 방법을 찾고 움직인다. 접근동기가 먼 미래의 목표와 방향성을 확인하며 중심을 잡아준다면, 회피동기는 지금 당장 해야 하지만 하기 싫은 일을 해치우는 데 도움이 된다.

접근동기와 회피동기는 둘 다 인간의 중요한 욕구다. 원하는 것은 얻고, 원치 않는 것은 피하는 균형이 필요하다. 나는 접근동기는 언제나 충분했으나 회피동기가 부족했다. 그 결과, 나의 꿈은 언제나 장대하지만 당장 현실에서 실천하는 힘은 매우 미약했다. 그 사실을 깨닫고 집중적으로 회피동기를 자극하자, 무기력 대마왕이었던 나에게 엄청난 행동력이 생겼다. 씻지 않고 자고 싶을 때는 밤새 찝찝해서 뒤척일 것을 생생히 상상하면, 귀찮아도 기어가서 씻을 수 있었다. 일을 너무 하기 싫을 때는 일을 미뤄서 불안하고 무력해지는 상황을 생생히 상상하면, 하기 싫어서 몸부림치면서도 일을 할 수 있었다. 하기 싫은 일마다 회피동기를 자극하니 매우 효과적으로 시작할 수 있었다. 그러다가 문득 '내가 뭐하러 이렇게 힘들게 하고 있지?' 하는 회의감이 들 때는 접근동기, 즉 나의 목적과 방향성을 생각하며 중심을 다시 잡을 수 있었다.

내가 하려는 일에 대한 접근동기와 회피동기는 사람마다 제각각 다를 것이다. 나만의 접근동기와 회피동기를 찾아 균형 있게 자극을 줄 때, 우리는 더 이상 무리하게 자신을 몰아붙이며 통제하지 않고도 평화롭고 자연스럽게 행동할 수 있다. 마의 '0에서 1구간'도 접근동기와 회피동기를 적절히 자극해주면 의지력을 쥐어짜지 않아도 충분히 행동할 수 있다. 인간은 강요받은 일은 하지 않게 되어 있다. '해야만 한다'라는 강요나 의무로는 건강하게 지속하는 힘을 얻기 어렵다. 내가 왜 하려 하는지 나만의 목적과 열망을 이해할 때, 내가 원치 않는 결과를 명확하게 인지할 때, 우리는 강요나 의무 없이도 원하는 것을 행동에 옮길 힘을 충분히 가질 수 있다.

02

최악은 시작도 못하는 것
: 완벽주의에서 벗어나기

결국 또 수치심

완벽주의는 창조의 모든 과정에 지긋지긋하게 훼방을 놓는 아주 고약한 적이다. 지금은 부족하다는 생각에 시작은 영영 미뤄진다. 완벽해야 한나는 생각에 과도하게 노력하며 스스로를 몰아붙인다. 하지만 완벽한 결과물이 나오지 않아 마무리도 하지 못한다. 완벽주의에 빠진 사람에게는 100 아니면 0밖에 없다. 완벽하지 않은 것은 모두 소용없는 것이다. 완벽주의는 더 나은 방향으로 성장하는 것과 전혀 관련이 없다. 완벽주의[72]는 실패에 대한 두려움, 타인의 평가에 대한 두려움, 결국 내가 잘하지 못하는 모습을 들키고 싶지 않은 수치심에서 비롯된다.

훌륭한 결과물과 완벽한 결과물을 혼동해서는 안 된다. 훌륭한 결과물도 결코 완벽하지 않다. 교육학자 토드 로즈는 '훌륭한 소설가'에 대한 기준에 의문을 제기하며 다음과 같은 사례를 든다. "소설가 엘모어

레너드는 대사, 극적 장면, 등장인물을 엮어나가는 면에서는 세계 수준급이지만, 줄거리 구성은 다소 두서없고 평범한 편이다. 작가 스티븐 킹(Stephen Edwin King)은 줄거리 구성의 대가이지만, 그의 소설 속 등장인물들은 생기가 없고 매력이 부족하다. 톨스토이(Leo Tolstoy)는 문학사에 길이 남을 등장인물을 탄생시켰고, 절정부 대목까지 흥미진진하게 줄거리를 전개했지만, 가끔씩 교수 같은 어투로 설명하며 이야기를 질질 끌다가 갑자기 끝맺기도 했다."[73] 완벽하지 않은 인간이 하는 일은 모든 것이 불완전하다. 훌륭한 작품도 불완전한 결점을 그대로 드러내며 어느 순간 마침표를 찍을 뿐이다. 자신의 결과물이 결점 없이 완벽해야 한다고 생각할 때 창조 과정은 진척도 결말도 없이 마비되어버린다.

완벽주의가 도사리고 있는 한 창조 과정에서 즐거움과 만족감, 성취감 또한 누릴 수 없다. 완벽함에 집착하며 끊임없이 자신을 판단하고 비난하는 동안, 재능은 제대로 피어나지 못하고 창조성은 질식해버린다. 나는 종종 정말로 준비가 안 된 사람들이 무모하게 도전하는 것을 본다. 그 결과 참담하게 실패하기도 하지만, 의외로 좋은 성과를 내며 순항하기도 한다. 결과가 어떻든 그들은 그 과정에서 폭풍 성장을 이루며 정말로 그 일을 해낼 수 있는 역량을 갖춘다. 반면 반짝이는 재능과 열정, 충분한 경험까지 차고 넘치는데도 '나는 아직 부족하다'라며 시작조차 하지 않는 사람들이 있다(정확히는 대부분이 그러하다). 이들에게 정말 필요한 것은 실력이 아니라, 두려움과 수치심을 넘어서는 용기다.

중요도 낮추기

완벽주의에서 벗어나는 일은 간단치 않다. 부모의 양육 태도, 학교와 사회의 분위기 등이 우리를 실수하고 실패하지 말고 더 잘해야 한다며 완벽주의로 몰아넣었기 때문이다. 이 오래된 생각 습관을 바꾸기 위해서는 다각도의 노력이 필요하다. 그중 가장 근원적 원인인 자의식에서 출발하는 것이 가장 효과적이다. 완벽주의는 자의식 과잉, 즉 자의식이 지나치게 강해서 남의 시선이나 평판에 집착하는 상태다. 완벽주의에 빠진 사람은 '잘하는 나', '타인의 인정', '좋은 결과'에만 초점이 맞춰져 있다. 내가 어떻게 보일지, 괜찮게 보일지에만 집착하고 있는 것이다.

머리로는 다 알고 있겠지만 사람들은 나에게 관심이 없다. 다들 자신이 어떻게 보일지 생각하기 바쁘다. 머리로는 알면서도 끊임없이 타인의 시선에 신경 쓰는 진짜 이유는 내가 '중요한 사람'이고 싶은 깊은 욕망 때문이다. 내가 너무 멋지고 대단한 사람이었으면 좋겠는데, 현실의 내가 그렇지 않을 때마다(아무도 신경 쓰지 않는데) 혼자 괴로워한다. 조금이라도 부족한 부분을 지적받으면 발작 버튼이 눌린 것처럼 과도하게 반응한다. 부족한 모습을 들키지 않으려고 잘하지 못할 것 같은 일은 시작도 하지 않는다. 매 순간 온 신경이 '나는 잘하고 괜찮은 사람이어야 한다'에 집중되어 한껏 심각하다.

그렇다면 해결책은 단순하다. 내가 중요하고 특별한 사람이기를, 잘하고 대단하고 멋진 사람이기를 포기하면 된다. '나는 그저 그런 평범한 사람이다', '내가 하는 일은 대단하지도 중요하지도 않다'라고 나와 내

일에 대한 중요도를 낮추는 것이다. 아주 쉬운 방법은 내 인생을 게임으로, 나를 게임판의 캐릭터로 상상하는 것이다. 한번 상상해보자. 게임을 시작할 때 캐릭터를 선택하듯 나라는 캐릭터의 특징들을 선택했다. 내 인생이라는 게임에 등장하는 미션들을 나는 성공할 수도 있고 실패할 수도 있다. 그래봤자 게임일 뿐이다. 게임에서 매번 잘하고 이겨야 하는 건 아니다. 이기면 뿌듯하고, 지면 아쉬우니 한 번 더 하면 된다.

인생이 게임이고 나는 게임판의 캐릭터라고 상상하면, 순식간에 좁은 시야에서 벗어나서 높은 곳에서 내 인생을 내려다보는 '조망권'을 획득하게 된다. 찰리 채플린(Charles Chaplin)의 말처럼 '인생은 가까이서 보면 비극이고 멀리서 보면 희극'이어서, 멀리서 바라보면 딱히 중요하고 심각할 것이 없다. 고작 게임 미션에 도전하면서 첫판부터 완벽하게 잘해야 할까? 고작 게임 미션에 실패할까 봐 게임을 시작도 못하고 겁에 질려 머뭇거려야 할까? 고작 게임을 완벽하게 이기려고 목숨 걸고 심각해져야 할까? 고작 게임판의 캐릭터인 내가 엄청나게 잘나고 멋지고 대단해야 할까?

조망권을 획득할 때 우리는 비로소 심각함에서 벗어날 수 있다. 인생은 진지하게 살아야 하지만 심각할 필요는 전혀 없다. 게임의 목적은 오로지 재미일 뿐, 잘하고 이기는 것이 목적이 아니다. 그러니 완벽하게 잘해야 한다는 심각함에 빠질 때마다, 내가 별 볼 일 없는 시시한 사람이 되는 게 견딜 수 없을 때마다, 마음속으로 말해보자.

"이건 단지 게임일 뿐이야. 이 게임을 할 거야? 말 거야?"

게임을 하지 않는다면 아무 일도 일어나지 않는 지루한 화면 속에 멈춰 있을 것이다. 게임을 한다면 미션에 도전하고 몰입하며 재미를 느낄 것이다. 성공했다면 성취감을, 실패했다면 아쉬움을 느끼며 다시 도전하고 싶을 것이다. 뭐든 그렇게 하면 된다. 진지하되, 심각하지 않게.

목적지 무시하기

떡볶이 프랜차이즈 '두끼 떡볶이' 김관훈 대표는 이전 회사에서 일하는 동안 '열정 없는 김 대리'로 불렸다. PD가 되고 싶었지만, 어머니의 병원비 마련을 위해 영업사원이 되었다. 7년간 적성에 맞지 않는 일을 하며 무미건조하게 하루하루를 버티다가 한계가 왔다. 어린 시절 행복했던 순간을 떠올리다가 떡볶이가 생각났다. 떡볶이 관련 카페를 찾다가 없어서 오직 자신을 위해 떡볶이 동호회를 만들었다. 동호회 사람들과 전국의 3,000여 곳의 떡볶이 가게를 방문해 먹어보고 카페에 후기를 남겼다. 엄청난 정보 덕분에 카페는 급속도로 성장했고, 그 정보를 바탕으로 '떡볶이 뷔페'라는 독특한 컨셉의 '두끼 떡볶이'를 창업했다. '열정 없는 김 대리'는 5년 만에 국내 250개 지점, 동남아 70개 지점을 둔 연 매출 2,000억 원 기업의 대표가 되었다.

새로운 요리 레시피든 위대한 발명이든 모든 창조 과정에는 공통점이 있다. 과정에서 다양한 생각과 결합하며 예상하지 못했던 방향을 찾게 되는 것이다. 이것이 완벽주의를 버려야 하는 또 하나의 중요한 이유다. 김관훈 대표가 처음부터 자신의 목표를 이루기 위해 직진한 것이 아니다. 장기하 씨의 노래 가사처럼 "원래부터 내 길이 있는 게 아니라 가다 보면 어찌어찌 내 길이 되는"[74] 과정을 거쳤던 것이다. 자신의 인생이 어디로 가야 하는지 시작부터 목표를 정확히 아는 사람은 없다. 목표로 가는 과정에서 우리는 많은 변수와 다양한 상황을 만나며 예상치 못한 경로변경을 거듭하게 된다. 그러니 완벽한 준비와 계획, 완벽한 목표를 고민하는 것은 세상 쓸데없는 시간 낭비일 뿐이다.

그것을 경험한 김관훈 대표는 "인생에 필요한 게 있으면 바로 행동하라"고 말한다. 모든 것은 하면서 알게 되고, 하면서 변하게 된다. 예상하지 못한 과정을 거듭하다가 비로소 '내 목표가 무엇이어야 하는지'를 발견하게 된다. 페이스북의 창시자 마크 주커버그(Mark Zuckerberg)가 하버드대학 졸업 연설에서 한 말이다. "아이디어라는 것은 원래 완성 상태로 떠오르지 않습니다. 오직 실행하는 과정에서만 명료해질 뿐입니다. 그래서 지금 바로 시작하면 되는 겁니다. 만약 제가 사람들을 연결하는 것에 대한 모든 것을 알고 시작해야 했다면, 저는 절대로 페이스북을 시작하지 못했을 것입니다."

Just Do It

"나는 그럴 만한 자격이 없어요."

성장과 도약을 앞둔 사람들이 한결같이 말하는 단골 멘트다. 나 역시 늘상 시달리는 두려움이다. 특히 새로운 진로나 교육 과정을 시작할 때 '나는 제대로 알지도 못하는데…. 나는 전문가도 아닌데…. 그럴 만한 자격증도 없는데⋯. 내 부족한 모습을 사람들에게 들켜서 잘못되면 어쩌지?' 하는 두려움이 몰려온다. 그럴 때 해야 할 일은 자격을 갖추기 위해 더 공부하는 것이 아니라 Just Do It, 일단 하는 것이다.

배우는 연습실이 아니라 무대 위에서 배우가 된다. 교사는 임용고시에 합격했을 때가 아니라 교단에 설 때 교사가 된다. 자격은 아무리 오래 배우고 아무리 많은 자격증을 따도 생기지 않는다. 자격은 그 일을 정말로 하면서 실력을 쌓을 때 생긴다. 그러니 '자격을 갖춰야 시작할 수 있다'는 불안감에 머뭇거리게 될수록 더더욱 Just Do It! 일단 하자. 무엇이든 하는 사람은 반드시 무언가를 얻는다. 해본 결과 정말로 자격이 부족하다는 것을 확인하는 것도 의미 있는 일이다. 해보니 그 길이 내 길이 아니라는 것을 알게 되는 것도 결코 시간 낭비가 아니다. 내가 시도하는 일이 어떤 과정과 어떤 결과를 거칠지는 전혀 알 수 없지만, 결국 가다 보면 어찌어찌 내 길이 될 것이다. 어떤 길이 펼쳐질지 흥미롭지 않은가!

03

창조 과정의 핵심 원동력, 몰입
: 지속할 수 있는 힘의 원천 확보하기

창조 과정의 핵심 원동력, 몰입

창조 과정은 한결같이 시작은 어렵고, 성장하는 과정은 힘들며, 확실한 결과나 보상은 보장되지 않는다. 창조적인 사람들은 이 지난한 창조 과정을 왜, 그리고 어떻게 평생 지속하는 걸까? 그 비결은 일을 대하는 태도에 있다. 예술가, 기업가, 과학자 등 분야를 막론하고 창조적인 사람들은 일과 놀이의 구분이 없다. 대부분 사람이 일은 재미없는 노동이라고 생각하는 반면, 창조적인 사람들은 일이 놀이고 놀이가 일이다. 그들은 하루종일 일에 매진하면서도 한 번도 일한다고 생각하지 않는다.

창조적인 사람들을 움직이는 힘은 돈, 명예, 인정이 아니라 오직 '좋아하는 일을 하는 만족감'에서 온다. 그들은 과정에서 이미 충분한 보상을 누렸기 때문에 결과에 집착하지 않는다. 바이올린 연주자 스티븐 나흐마노비치(Stephen Nachmanovitch)는 다음과 같이 말한다. "운동선수는 경기장을 한 바퀴만 더 돌고 싶어 한다. 음악가는 한 곡만 더 연주하고 싶어 한다. 도예가는 저녁 먹으러 가기 전에 도자기를 하나만 더 만들려 한다. 그 후에는 아마 또다시 하나만 더 하려 들 것이다. 음악가와 운동선수, 무용가는 근육이 아프고 숨이 가빠도 연습을 계속한다. 이러한 열정은 청교도적 의무감에서 오는 것도, 죄책감에서 오는 것도 아니다. 연습은 내적인 보상을 주는 놀이다. 우리 안의 아이가 5분만 더 놀고 싶어 하는 것이다. … 아주 잘 돼가고 있을 때 중독 현상이 나타나는 것이다. 물론 이는 생명을 앗아가는 중독이 아닌 생명을 주는 중독이다."[75]

왜 고된 연습조차 놀이가 될 수 있을까? 어떻게 노벨상을 타러 시상식에 가는 것조차 귀찮게 생각할 만큼 연구에 빠져들 수 있을까? 답은 몰입 경험에 있다. 심리학자 칙센트미하이가 명명한 몰입은 간단하게 '물아일체', '무아지경'의 상태다. 몰입 상태에서는 행위에 완전히 집중해서 자신을 잊고 행위와 하나가 된다. 춤추는 사람은 사라지고 춤이라는 행위만 남는다. 연주자는 사라지고 음악만 존재한다. 시간 감각도 달라져서 1시간이 1분처럼 느껴지고, 반대로 1초가 1시간처럼 느껴진다. 실패에 대한 두려움도, 걱정 근심도, 자의식도 사라지고, 자신감은 더 커진다. 자아가 사라지는 몰입 경험은 일상에서 느낄 수 없는 더 위대하고 확장된 그 무엇을 경험하게 한다.

몰입 경험 후에 느끼는 행복감은 일상적인 행복감과는 다르다. 일상의 행복감은 외부 상황에 의해 느끼게 되지만, 몰입 후 찾아오는 행복감은 스스로 만들어낸 것이어서 더 깊고 고양된 만족감을 준다. 창조적인 사람들은 하나같이 몰입 상태에 더 자주 더 오래 빠져들고 싶어 한다. 놀이가 즐거운 이유도 놀이 중에 몰입 상태를 경험하기 때문이다. 우리도 어떤 일을 하든, 그것이 비록 어쩔 수 없이 해야 하는 몹시 지루한 일일지라도 몰입을 통해 깊은 만족감을 느낄 수 있다. 끔찍하게 하기 싫은 일조차 즐거운 놀이가 될 수 있다면, 너무 멋지지 않은가!

몰입을 위한 조건 3가지

그렇다면 어떻게 해야 몰입 상태로 들어갈 수 있을까? 심리학자 미하이 칙센트미하이는 몰입을 위해 3가지 조건이 필요하다고 말한다. 첫 번째 조건은 명확한 목표를 설정하는 것이다. 게임이나 일을 할 때 몰입하기 쉬운 이유는 명확한 목표와 규칙이 있기 때문이다. 목표는 게임처럼 무엇을 어떻게 해야 할지 오래 고민하지 않고 즉각 행동할 수 있게 명확해야 한다. 반드시 목표를 달성하지 않아도 된다. 목표를 세우는 목적은 흐트러진 정신을 한곳으로 집중하기 위해서다. 15분 동안 방 청소하기, 1시간 동안 블로그 글쓰기처럼 명확한 목표를 설정하면 집중하기 쉬워진다.

몰입을 위한 두 번째 조건은 자신의 능력에 맞는 적절한 난이도의 과제를 설정하는 것이다. 팔굽혀펴기를 20개 할 수 있는 사람이 갑자기 100개에 도전하면 과도한 압박감과 불안을 느껴 몰입하기 어렵다. 반대로 너무 쉽게 하루 5개씩만 하면 금세 지루하고 시시해진다. 대부분 사람이 자신의 능력보다 높은 난이도의 과제를 설정해서 몰입을 경험하지 못한다. '매일 2시간씩 운동하고 6시 이후로는 아무것도 먹지 않을 거야!' 같은 버거운 과제를 설정하면 몰입은커녕 금방 포기할 수밖에 없다. 현재 나의 체력, 쓸 수 있는 시간, 능력치 등을 고려한 적절한 과제를 설정해야 몰입을 즐기며 쉽게 포기하지 않고 지속할 수 있다.

몰입을 위한 세 번째 조건은 내가 한 활동의 결과를 곧바로 확인할 수 있어야 한다는 것이다. 뜨개질을 한다면 바늘을 움직일 때마다 내가 원하는 무늬가 만들어졌는지 바로 확인할 수 있다. 노래 연습을 한다면 방금 부른 소절이 악보와 일치하는지 바로 알 수 있다. 이처럼 활동의 결과를 즉시 확인할 수 있을 때 그 일에 더욱 몰입하게 된다. 반면, 매일 운동을 해도 몸의 변화를 느끼지 못하면 계속할 의욕이 사라질 것이다. 어제보다 1km 더 달릴 수 있다거나 운동 코치가 내 몸의 변화에 대해 알려주는 등 결과를 확인할 수 있을 때 몰입의 즐거움을 경험할 수 있다.

몰입을 위한 스몰 스텝 만들기

몰입 상태가 즐거움과 행복을 주는 것은 누구나 동의하지만, 문제는 몰입에 들어가기까지가 그리 쉽지 않다는 것이다. 달리기에 몰입하려면 운동복으로 갈아입고 집을 나서야 한다. 글쓰기에 몰입하려면 책상 앞에 앉아 흐트러진 집중력을 끌어모아 글쓰기에 시동을 걸어야 한다. 시작은 언제나 어렵다. 게다가 몸이 너무 피곤하거나 심리적으로 불안정하다면(또 나처럼 인내심이 별로 없는 편이라면), 몰입 초반의 장벽을 넘어가기 어렵다. 그럴 때 우리는 만족감은 떨어져도 쉽게 집중할 수 있는 영화나 핸드폰을 보는 것에 빠져들게 된다. 몸이 편해지는 대신 흐리멍덩한 정신과 무의미한 일상에 대한 불만족이 딸려오지만 말이다.

항상 좋은 것은 어렵다. 좋은 것을 누리려면 먼저 어려운 것을 통과해야 한다. 어려움을 잘 통과하려면 일단 체력과 심리적 안정감부터 확보해야 한다. 무엇을 하든 이 두 가지는 언제나 베이스캠프다. 그다음으로, 몰입에 들어가기 위해 작은 시작 단계, 즉 '스몰 스텝'을 설정하면 시작의 어려움을 넘어가는 데 도움이 된다. 예를 들어 글쓰기가 목표라면 스몰 스텝은 책상 앞에 앉아 컴퓨터를 켜는 것이다. 4시간 동안 글을 쓸 자신은 없지만, 책상 앞에 앉아서 컴퓨터를 켤 수는 있다. 컴퓨터를 켜고 멍하니 화면을 바라보다 보면 어느새 꿈지럭거리며 뭐라도 시작하게 된다.

나는 30대 초반, 깊은 우울증을 겪는 내내 아주 작은 일도 거대한 산을 옮기는 것처럼 힘들게 느껴지곤 했다. 침대에서 일어나 화장실까지 가기가 어려워서 우는 지경이었다. 그나마 조금 나아져서 오랜만에 편곡 일을 맡게 됐는데, 마감일이 다가오도록 시작할 엄두도 내지 못하고 있었다. 불안과 압박감에 점점 미쳐가던 그때, 한 선생님이 행동 지령을 내려주셨다. "지금 바로 파일만 만들어놓고 자." 지령대로 바로 빈 오선지를 열고, 파일 제목을 입력했다. 선생님이 하라고 한 것은 거기까지였지만, 기왕 연 김에 빈 오선지를 편곡용 악보로 세팅하는 것까지는 할 수 있을 것 같았다. 악보를 세팅한 것만으로도 일을 시작했다는 뿌듯함이 몰려왔다. 다음 날도 선생님의 지령대로 4마디 전주만 작업하기로 했다. 4마디쯤이야 어렵지 않았고, 4마디를 완성하고 나니 아쉬워서 조금 더 하고 싶어졌다. 미칠듯한 부담감을 느꼈던 작업은 결국 2~3일 만에 가뿐히 끝낼 수 있었다.

작은 성취에 격하게 칭찬하고 과도하게 뿌듯해하기

그때의 강렬한 경험으로 이후로도 작은 일을 하고는 나를 격하게 칭찬하고 과도하게 뿌듯해하기 시작했다. 심하게 무기력했던 날에는 10분 산책, 밥 두 끼 먹기, 음식물 쓰레기 버리기, 세 가지를 해내고는 '오늘 하루 계획했던 일을 다 했다!'며 나를 칭찬하고, 대단한 일을 해낸 것처럼 뿌듯해했다. 뿌듯함을 느끼는 게 좋아서 매일 조금씩 더 움직이다 보니 우울증에서도 빠져나올 수 있었다. 나는 지금도 매일 하찮은 일을 시작하며 '격하게' 칭찬하고, 해낸 후에는 '과도하게' 뿌듯해한다. 이렇게 하는 것이 무엇이든 지속할 수 있는 힘의 원천이라는 것을 확실히 알고 있기 때문이다.

잘 시작하지 못하고 쉽게 포기하고 좌절하는 사람들은 공통적으로 자신이 해낸 일이 별로 없거나 부족하다고 생각한다. 그래서 무언가를 해내고도 전혀 만족하지 못한다. 하지만 귀찮음을 무릅쓰고 아침마다 세수를 하는 것도 칭찬받을 일이고, 청소든 산책이든 하루 중 뭐라도 해냈다면 뿌듯해할 일이다. 매일 작은 성취감으로 기뻐하는 사람만이 서툴고 잘하지 못하는 시간의 답답함을 견뎌낼 수 있고, 결국 어떤 큰일도 해낼 수 있는 거대한 힘을 갖게 된다. 무엇보다 멋진 일은 풀어야 할 '숙제' 같은 부담스러운 일들을 놀이처럼 즐기며 일상을 '축제'로 바꿀 수 있다는 것이다.[76] 나는 이것이 창조적인 삶에서 누리는 가장 멋진 일이라고 생각한다!

04

나는 미약하나 '우리'는 강하다
: 함께하기

창조는 골방에서 이뤄지지 않는다

우리는 흔히 창조 과정은 혼자서 골방에 틀어박혀 집중해야 한다고 생각한다. 그러나 가장 독창적인 영역인 창조도 혼자서 해내는 것이 아니다. 창조 과정에서는 혼자서 몰입하는 시간만큼이나 사람들과 교류하며 영감을 주고받는 시간이 반드시 필요하다. 과학 저널리스트 애니 머피 폴은 "인간은 주어진 맥락에 아주 민감하게 반응하고, 인간에게 가장 강력한 영향을 미치는 맥락 중 하나가 바로 다른 사람들의 존재다"[77]라고 말한다. 새로운 아이디어도 독창적인 해결 방법도 모두 다른 사람과의 상호작용 속에서 얻어진다.

창조 과정에 따르는 두려움을 감수하기 위해서도 혼자가 아니라고 느끼는 것은 매우 중요하다. 친구가 단 한 사람만 있어도 외로움을 훨씬 덜 느낀다는 연구 결과도 있다. 혼자서는 시작도 어렵고 금방 지쳐서 포

6
주

기하기 쉽다. 게다가 불확실한 창조의 모험에 혼자서 뛰어드는 것은 난이도가 더욱 높다. 창조 과정을 지속하기 위해서는 시작 단계부터 사람들과 함께하는 준비가 필요하다. 다른 사람으로부터 배우건, 사람들과 교류하며 서로에게 힘이 되어주건, 무엇이 되었건 사람들과 상호작용할 장치를 마련해야 한다. 아프리카 속담처럼 멀리 가려면 함께 가야 한다.

모방하기

무언가 습득하는 데 가장 효과적인 방법은 기존에 잘되어 있는 방식을 그대로 따라 하는 것이다. 시작 단계부터 나만의 독특한 방식으로 새롭게 해내려는 것은 효율도 떨어지고 실패할 확률도 높아진다. 한 연구 결과에 따르면 독창적으로 시작하는 사람들의 실패율은 47퍼센트인 반면, 먼저 시작한 사람들을 모방한 사람들의 실패율은 8퍼센트였다. 먼저 해낸 사람의 노하우를 그대로 흡수하면 그 사람의 생각과 경험까지 내 것으로 확장된다. 과정에서 겪을 수 있는 시행착오도 피해 갈 수 있다. 시간, 노력, 비용, 모든 면에서 효율적인 데다가 성공 확률까지 높일 수 있다.

고대 적부터 인류의 모든 학습은 모방에서 시작했다. 따라 하는 것은 독창성이 떨어지거나 자존심 상할 일이 전혀 아니다. 오히려 시작하는 단계의 어려움을 혁신적으로 줄여주고, 한층 빠르게 성장시켜주는 최고의 방법이다. 내가 원하는 것을 얻기 위해 따라 해야 하는 사람은 누구인가? 그 사람에게서 따라 할 요소들은 구체적으로 무엇인가? 모방할 대상과 요소를 꼼꼼하게 관찰해서 무엇을 따라 할지 계획을 세우면,

시작 단계의 막막함을 넘어가는 데 결정적인 힘이 될 수 있다.

함께 배우기

따라 하는 과정에서 중요한 것이 있다. '혼자 하지 않는 것'이다. 성장이 더디거나 정체된 사람들은 공통적으로 혼자 책이나 유튜브를 보고, 혼자 강의를 들으면서 배우려고 한다. 혼자 할 때 생기는 가장 큰 문제점은 '메타인지'가 안되는 것, 즉 내가 무엇을 알고 있고 무엇을 모르는지 스스로 잘 모르는 것이다. '일만 시간의 법칙(어떤 분야의 전문가가 되기 위해서는 최소한 일만 시간 정도의 훈련이 필요하다는 법칙)'의 핵심은 일만 시간 동안 노력만 하는 것이 아니다. 내가 하는 행동에 대한 '정확한 피드백'을 받으며 노력하는 것에 있다. 메타인지 없이는 아무리 열심히 노력해도 원하는 성과를 얻기 어렵다.

메타인지를 높이려면 다른 사람들과 함께 배워야 한다. 책 한 권을 읽어도, 강의를 들을 때도, 과제를 할 때도, 다른 사람들과 의견을 나누는 과정이 꼭 필요하다. 스탠퍼드대학의 교수 칼 위먼(Carl E. Wieman)은 "지적 사고의 발달은 근본적으로 사회적 과정"임을 우리가 자주 간과한다고 지적한다.[78] 인간의 뇌는 함께 생각하고 함께 느낄 때 최적으로 기능하게 되어 있다. 단순히 정보를 습득하는 것만으로는 배움과 성장이 일어나지 않는다. 배움과 성장은 관계 안에서 다른 사람들과 함께 생각하고 함께 느낄 때 일어난다.

'우리'를 기억하기

강사 김미경 씨는 매주 유튜브에 북토크 콘텐츠를 업로드한다. 바쁜 일상에서도 책을 계속 읽기 위해 장치를 만들어놓은 것이다. 만화가 이말년 씨는 2년째 금연을 유지하고 있다. 2년 전 흡연하는 모습을 목격하는 사람에게 1,000만 원을 주겠다고 유튜브에서 선포했기 때문이다. 내가 알고 있는 사람 중 가장 의지력이 하찮은 사람은 바로 나다. 그런 내가 2년간 100회의 팟캐스트를 제작할 수 있었던 이유는 마포FM 공동체 라디오 방송국에 소속되어 매주 방송을 송출해야 했기 때문이다.

실천력이 뛰어난 사람들은 남다른 의지력을 가진 사람이 아니다. 그들은 하나같이 자신의 의지력을 믿지 않는다. 실천할 수밖에 없는 상황으로 자신을 밀어 넣는 것을 잘할 뿐이다. 보통은 자신이 할 일을 공개적으로 선포하거나, 사람들과 함께하면서 보상과 처벌을 약속하는 상황을 만든다. 약속한 것을 지키지 못하면 창피하기도 하고 약속을 지키지 못해 피해를 주면 안 되니 어떻게든 해내게 된다. 자기 행동이 다른 사람에게 미칠 영향을 생각할 때 우리는 개인의 의지력을 넘는 또 다른 힘을 발휘하게 된다. 이것이 '우리'가 갖는 힘이다.

과학 저널리스트 애니 머피 폴은 다음과 같이 말한다. "각자 자기가 할 일은 자기가 알아서 해야 한다고 말하는 우리 사회의 많은 요소는 '우리'라는 강력한 의식이 만들어지기를 방해한다. 개인의 성취를 강조하고 집단의 결속을 소홀히 하는 것은 우리가 다른 사람들과 관심과 동기부여를 공유함으로써 얻을 수 있는 충분한 혜택을 제대로 누리지 못하고 있다는 점을 의미한다."[79] 인간은 단독적인 '나'로 존재하지 않는다. 나의 고유함을 발현하는 창조 과정에서도 '우리'라는 강력한 의식이 필요하다. 그러니 함께하면 쉬워질 일을 혼자서 하려고 애쓰지 말자. 사람들과 함께 시작 단계의 어려움을 넘어갈 장치를 마련하고, '우리'라는 강력한 의식의 힘을 이용하자.

1. 나만의 접근동기와 회피동기 찾기

지난주에 세운 스몰 프로젝트에서 접근동기와 회피동기를 찾아보자.

나는 왜 스몰 프로젝트를 하려고 하는가?(접근동기 - why)

스몰 프로젝트를 실행하지 않으면 어떤 손해와 안 좋은 결과를 겪게 되는가? 그 결과를 피하기 위해서 어떻게 해야 하는가?(회피동기 - how)

2. 중요도 낮추기 훈련

나를 게임 캐릭터라고 상상하며 내 캐릭터를 그림으로 그려보고, 캐릭터의 특징도 적어보자.

캐릭터 :

캐릭터 이름 :

외모 특징 :

핵심 스킬 :

취약점 :

이전에 성공한 미션 :

현재 도전 중인 미션 :

미션 완수를 위해 새롭게 획득해야 하는 능력 :

3. 몰입 경험하기 : 스몰스텝 만들기

1주일 안에 스몰 프로젝트와 관련해서 성취하고 싶은 목표를 실행하며 몰입 경험을 할 수 있도록 다듬어보자.

목표는 당장 실행할 수 있게 매우 구체적인가? 그렇지 않다면 즉각 실행할 수 있게 수정해보자.

나의 능력과 과제가 균형을 이루고 있는가? 현재 나의 시간, 체력, 능력, 정신력 등을 고려해 적절한 난이도의 과제를 정해보자.

목표에 대해 잘 수행하고 있는지, 또는 그렇지 않은지 바로 피드백을 할 수 있는 지표는 무엇인가?

어떤 스몰 스텝을 설정하면 몰입을 유도하는 데 도움이 될 수 있을까?

목표를 이루었을 때 나에게 어떤 칭찬과 축하의 말과 보상을 해줄 것인가?

- 보상의 예) 좋아하는 디저트를 먹으러 간다, 사고 싶었던 소소한 것을 하나 산다, 맥주 한 캔을 기분 좋

  게 마신다, 영화나 드라마 한 편을 죄책감 없이 본다 등등

성취해낸 후에는 반드시 칭찬의 말과 그에 따른 구체적인 보상을 해주자. 칭찬과
보상을 받고 나서 어떤 기분이 들었는가?

4. 함께하기

나의 스몰 프로젝트와 관련해서 따라 할 롤모델이나 따라 할 기존의 방법이 있는
가? 누구의 무엇을 어떻게 따라 할지 자료를 조사해보고 계획을 세워보자.

나의 창조 과정을 골방에서 혼자 하지 않고 사람들과 함께하며 시너지를 얻는 방
법은 무엇이 있을까?

5. 몸 감각 깨우기 - 몸 & 사물과 대화하기

한 주 동안 내 몸과 주변의 사물에게 말을 걸고 가만히 귀 기울여 들어본다.

내 몸에게 말을 걸어본다. 음식을 먹기 전에는 위에게 무엇을 먹고 싶은지 물어본다. 먹으면서도 위가 원하는 게 있는지 물어본다. 몸에서 아픈 곳이 있다면, 가만히 손을 대고 나에게 요청할 것이 있는지 물어본다. 특히 내 몸에서 미워했던 부분이 있다면 가만히 쓰다듬으며 그 부위가 하는 말을 들어본다. 몸은 언제나 나에게 말을 건네고 있다. 내가 귀 기울이기만 한다면 아주 많은 이야기를 들을 수 있다.

내 주변 사물 중 자주 사용하는 물건 3가지와 대화를 나눠본다. 가만히 만지고 보면서 하고 싶은 말을 해주기도 하고, 그 물건이 나에게 말을 한다면 뭐라고 말할지 들어본다. 정말로 사물이 하는 말인지 그냥 내가 생각해내는 것인지 잘 모르겠어도 괜찮다. 사물의 입장에서는 어떤 말을 하게 될까? 새로운 관점에서 관찰해보는 시도만으로도 충분하다.

몸과 대화하며 새롭게 발견하거나 느끼게 된 것은 무엇인가?

사물과 대화하면서 발견한 것은 무엇인가?

7주

창조 과정에 찾아오는
위기와 좌절에 대처하기

창조의 과정에서는 누구나 일이 잘 풀리지 않아 답답하고 막막한 시간을 겪게 된다. 열정을 가지고 시작했지만, 일은 좀처럼 진척되지 않고 미로 속을 헤매는 것 같다. 모든 게 제대로 되어가는 것 같지는 않은데 딱히 해결책도 보이지 않는다. 시간은 계속 흘러가고 원하던 결과와는 점점 멀어지는 것 같다. 그럴수록 성과를 내야 한다는 압박에 집착하게 되고, 조급해지면 일은 더 엉망진창 꼬여간다. 좋아하는 일을 하고 있다는 기쁨이나 몰입의 즐거움 같은 것은 잊은 지 오래다. 그 와중에 함께 시작한 동료가 먼저 성과라도 내면 밀려오는 질투와 자괴감을 견디기 어렵다. '처음부터 내 길이 아니었던 걸까….' 내 선택에 대한 의심까지 밀려온다.

창조 과정에서 가장 어려우면서도 핵심을 이루는 기술은 '생존'이다. 창조적 생존을 위해서는 창조 과정에 찾아오는 어려움과 좌절의 종류를 이해하고 대처하는 법을 배워야 한다. 이 훈련은 우리가 익숙하게 해오던 방식과 달라서 익히기가 다소 까다롭다. 답을 모르겠을 때는 답을 찾기 위해 더 노력하는 것이 아니라 딴짓을 해야 한다. 조급해지면 오히려 속도를 더 늦추거나 아예 멈춰야 한다. 원하는 결과를 얻고 싶다면 얻고 싶은 마음을 완전히 포기해야 한다. 창조적 생존을 위한 훈련의 핵심은 바로 '통제를 내려놓는 것', 내가 원하는 대로 되길 바라는 마음을 포기하는 것이다.

우리는 대부분 상황과 결과를 통제하고 싶어 한다. 그러나 창조 과정은 통제를 포기할 때만 길이 열린다. 창조적 생존의 기술을 배우는 과정에서 우리는 자신의 '에고(ego, 작은 나)'를 넘어서서 더 큰 힘에 자신을 맡기는 '깊은 성장'과 '보이지 않는 성공'을 맛보게 된다. 까다로운 훈련에 임하는 만큼 큰 도약을 경험할 수 있다. 이번 주에는 창조 과정에 찾아오는 다양한 위기와 좌절에서 살아남는 생존 기술을 익혀보자. 어려운 기술이라 한 번에 익힐 수는 없지만, 조금씩 몸에 익으면 인생의 어떤 일도 극복할 수 있는 엄청난 내공이 생길 것이다.

결과는 내 몫이 아니다
: 조급함에서 벗어나기

천 개의 문

처음 뮤지컬 작곡을 시작했던 서른 살, 내가 정말 하고 싶은 일을 드디어 찾았다는 기쁨에 나는 몹시 고무되어 있었다. 지금까지는 엉망진창 방황하고 헤맸지만, 이제 내가 좋아하는 일을 확실히 찾았으니 앞으로 잘될 일만 남았다고 생각했다. 열정과 의욕이 하늘 너머 우주까지 뻗쳐 있었고, 운 좋게 바로 공연을 계약할 기회도 찾아왔다. 낮에는 일하고 밤에는 잠을 줄여가며 작업하는 일상이 힘들었지만, 조금만 더 버티면 내 꿈이 곧 이루어진다는 생각에 해낼 수 있었다.

하지만 계약은 무산되었고, 그로부터 4년이 지나도록 아무리 노력해도 공연할 기회를 잡지 못했다. 시간이 지날수록 자신감도 열정도 점점 잃어갔다. 그 와중에 이혼까지 겹치면서 일도 결혼도 다 실패했다는 절망감에 빠졌다. 하루는 상담을 받으러 가서 내가 한 실패에 대해 이야기하고 있었다. 상담 선생님께 "왜 열심히 해도 안되는 걸까요…. 정말 잘할 수 있는데 왜 나에게는 기회가 안 올까요…" 하며 울고불고하고 있을 때였다. 그때 내 이야기를 다 들으신 선생님이 이런 이야기를 하셨다. "연수 씨 앞에 천 개의 문이 있어요. 그 문 중 한 곳에 연수 씨가 원하는 게 들어 있어요. 몇 번째에 있는지는 모르지만, 계속 문을 열면 언젠가는 연수 씨가 원하는 것이 있는 문을 열게 될 거예요. 연수 씨는 지금까지 몇 개의 문을 열었어요?"

순간, 머리를 망치로 얻어맞은 기분이었다. 4년 동안 작품을 계약하기 위해 공모전도 내보고, 여러 기획사에도 찾아가고, 자비로 독회 발표회도 여러 번 열었다. 정말 내키지 않았지만 자존심을 버리고 대형기획사에서 일하는 학교 동문에게 찾아가 부탁해보기도 했다. 내가 할 수 있는 노력을 다 해봤는데도 안된다고 생각했다. 하지만 상담 선생님의 이야기를 듣고 시도해본 횟수를 세어보니 10번이 되지 않았다. '아니 고작 10번도 안 해보고 기회가 안 생기네, 운이 없네, 그랬던 거야? 나 너무 쉽게 좌절했었네!' 하는 생각에 정신이 번쩍 들었다.

그래서 50번까지는 도전해보고 포기하기로 했다. 다시 공모전에 참여하고 기획사를 찾아다녔다. 1년 넘게 거절이 계속됐지만, 이제는 예전처럼 좌절하지 않았다. '문을 하나 더 열었으니까, 내가 원하는 게 있는 문에 조금 더 가까워진 거야!'라고 생각할 수 있었다. 결국 13번째 도전한 공모전에서 당선되었다. 당선 연락을 받았을 때쯤 나는 완전히 달라져 있었다. '아이고, 이제야 됐구나…'가 아니라, '13번째 만에 되다니, 생각보다 기회가 빨리 왔네!'라며 신이 났다. 이 일을 계기로 창조 과정에서 생존하기 위한 핵심 능력인 '인내심'이 내 안에 다져지기 시작했다.

수확하고 싶다면 씨를 많이 뿌려라

많은 사람이 과거의 나처럼 노력은 조금 하고 결과는 빨리 얻고 싶어 서두르다가 좌절하곤 할 것이다. 특히 무엇이든 초반에는 모든 게 어렵기 때문에 빨리 보상받고 싶은 마음도 클 수밖에 없다. 하지만 씨앗을 10개 뿌리면 그중 1~2개가 자라나 열매를 맺는 것이 자연의 섭리다. 모든 씨앗이 반드시 열매를 맺지는 않는다. 그런데 우리는 씨앗 1개를 뿌리고는 이제나저제나 하며 조급하게 기다리다가 실망하곤 한다. 열매를 얻고 싶다면 가능한 많은 씨앗을 뿌리고 자연이 길러내는 시간을 기다려야 한다.

프로듀서 아이라 글래스(Ira Glass)는 "독창적인 사람이 되고 싶다면 작업량을 늘리는 것이 가장 중요하다. 그것도 엄청나게 많이 말이다"[80]라고 말한다. 셰익스피어(William Shakespeare)는 20년에 거쳐 희곡 37편, 짧은 시 154편을 썼다. 모차르트와 베토벤(Ludwig van Beethoven)은 평생 600여 곡, 바흐(Johann Sebastian Bach)는 1,000곡 이상을 작곡했다. 피카소는 유화 1,800점, 조각 1,200점, 도자기 2,800점을 작업했다. 하지만 이들의 작품 중에서 뛰어나다는 평가를 받고 우리가 알고 있는 작품은 극히 소수다. 상대성 이론으로 변혁을 가져온 아인슈타인에게도 주목받지 못한 248편의 논문이 있다. 이제 조금 감이 오는가? 우리가 할 일은 최대한, 엄청나게 많이, 작업을 이어가는 것이다. 마치 천 개의 문을 다 열어보겠다는 기세로 말이다.

결국 원하는 대로 안되면 어쩌지?

'천 개의 문'을 가슴에 새기고 씩씩하게 도전을 이어가던 나에게 또다시 위기가 찾아왔다. '결국 999번째까지 문만 열다가 죽으면 어쩌지? 이렇게 계속 노력만 하다가 아무것도 안되면?' 하는 생각이었다. 그래도 언젠가 내가 원하는 걸 얻을 수 있다는 희망 때문에 계속할 수 있었는데, 끝내 아무것도 얻지 못한다면 내 인생이 너무 허무할 것 같았다. 아무것도 아닌 시시한 존재로 죽을 수는 없다는 생각에 몸부림치다가, 이내 마음속에서 고요히 답이 떠올랐다.

'999번째까지 문만 열다 죽더라도 계속 문을 여는 게 낫다.'

적어도 좋아하는 것에 계속 도전하다가 죽는 게 훨씬 멋지니까. 좋아하는 것도 안 하면 사실 살면서 딱히 할 것도 없으니까.

나는 지금도 종종 불안하고 조급해질 때마다 '내가 확실히 실패한다면?'이라고 상상하곤 한다. 이 책을 쓰면서도 '너무 형편없어서 아무도 읽지 않는다면?', '건강에 문제가 생겨서 결국 완성하지 못한다면?', '출간을 앞두고 갑자기 죽는다면?' 하는 상상을 하곤 했다. 이런 상상을 할 때마다 '꿈을 꼭 이뤄야만 한다'라는 조급함이 눈녹듯이 사라졌다. 대신 '내일 지구가 멸망해도 오늘은 내가 좋아하는 일을 하다가 죽고 싶다'

는 평온한 마음이 자라났다. 덕분에 늘 종종대고 불안해하며 연약하기 그지없던 나의 유리 멘탈은 점점 강화유리로 바뀔 수 있었다.

예전에는 사람들이 "망하면 어떻게 해요?"라고 걱정할 때마다 "어쩌면 잘될 수도 있잖아요"라고 응원해주었다. 요즘엔 "반드시 망할 거예요"라고 말하며 같이 웃곤 한다. 그래서 한 수업 참가자는 아예 '100번 실패하기'를 목표로 삼기도 했다. '100번을 시도하는 동안 절대로 성공하면 안 됨! 반드시 실패해야 함!'이라는 목표를 세우자 뭐든 신나게 할 수 있게 되었다며 즐거워했다. 불확실한 창조 과정에서 원하는 것을 원하는 때에 이룰 수 있을지는 누구도 장담할 수 없다. 열심히 노력해도 잘 안될 수 있다. 그러니 열심히 하면 안 된다. 아무 결과도 보상도 따르지 않는다 해도 그저 내 인생을 조금 더 흥미롭게 살고 싶다는 마음에 집중하는 것, 이것이 창조적인 삶의 핵심 태도다.

우주가 선물하는 2번의 기적

내가 오랫동안 관찰한 바로는 창조성을 따라가는 사람에게 우주는 2번의 기적을 선물한다. 첫 번째는 자신이 원하는 것을 정말로 하기로 결심했을 때다. 파울로 코엘료(Paulo Coelho)의 《연금술사》에 나오는 '초심자의 행운' 같은 것이다. 돈이 없는데도 원하는 것을 배우기로 결심했을 때 뜻밖의 돈이 생기거나, 갑자기 그 돈을 지원해주는 사람이 나타나는 식이다. 나의 경우 처음 창조성 수업을 열기로 결심했을 때, 뜻밖의 지인으로부터 무료 공간 대관에 참가자 모집까지 도움을 받는 선물을 누렸다. 그럴 때면 우주가 "그래! 바로 그게 너의 길이야! 네가 하고 싶은 그것을 계속하도록 해!"라며 응원을 해주는 것 같다.

두 번째 선물은 실패를 거듭하고 온갖 역경이 닥치는데도 불구하고 여전히 좋아하는 것에 계속 헌신할 때 찾아온다. 영화감독 조정래 씨는 위안부 피해 여성인 강일출 할머니가 그린 <태워지는 처녀들>이라는 그림을 보는 순간 강렬한 영감을 받았다. 그림 속 이야기를 영화로 만들기로 결심하고 시나리오 작업에 들어갔다. 하지만 촬영을 하기까지는 무려 14년이 걸렸고, 투자자 모집에도 어려움을 겪었다. 국민 성금과 배우들의 노개런티로 우여곡절 끝에 완성되었으나, 이번에는 상업영화에 밀려 극장에서 단 하루 상영할 기회밖에 얻지 못했다. 그러나 이 소식을 들은 많은 이들의 지지가 이어지며 개봉관을 더 확보하게 되었다. 결국 영화 <귀향>은 쟁쟁한 상업영화를 제치고 3주 동안 예매율 1위, 일일 박스오피스 1위를 차지하는 기적을 이뤘다.

때로는 헌신의 끝에서 '도저히 더는 못 하겠다'라고 때려치우려는 순간에 극적으로 찾아오기도 한다. 유튜브 '새덕후' 채널 운영자인 김어진 씨는 어릴 적부터 말 그대로 새 덕후였다. 다니던 대학도 그만두고 등록금과 모아둔 돈으로 새를 촬영해서 유튜브에 영상을 올렸다. 하지만 1년 동안 모인 구독자는 1,000명이었고, 모아둔 돈도 떨어졌다. 살 길이 막막해져 하는 수 없이 유튜브를 그만두기로 한 바로 그때, "제작비용을 지원할 테니 영상 제작을 멈추지 말아 달라"는 익명의 구독자가 나타났다. 모든 경비에 촬영을 위한 차량까지 지원받은 덕에 어진 씨는 자연 다큐멘터리에 버금가는 좋은 품질의 영상을 계속 제작할 수 있게 되었다. 현재 46만 구독자를 보유한 어진 씨는 사람들이 영상을 통해 새와 자연에 대해 알게 되고 환경에 대해 좋은 의식을 갖기를 바라며, 계속 영상을 제작하고 있다.

두 사례처럼, 우주의 두 번째 선물은 원하는 결과를 얻으려는 집착 없이 좋아하는 것에 순수하게 헌신할 때 찾아온다. 마치 우주가 '너의 순수한 열정에 감동했어!'라고 진심을 인정해주는 느낌이다. 창조성은 '무엇을 하느냐'가 아니라 '어떻게 하느냐'에 대한 것이다. 좋아하고 재능에 맞는 일이라도 결과를 내야 한다는 조급함으로 한다면 그 일은 무거운 짐으로 변해 에너지를 빼앗아갈 뿐이다. 내 뜻대로 되게 하려는 욕심을 모두 버리고 나를 텅 비워버렸을 때, 비로소 나를 통해 창조적 에너지가 흐르며 갑자기 모든 것이 잘 풀려나가는 은총이 찾아온다.

결과에 대한 집착 내려놓기

열심히 노력해도 원하는 결과를 원하는 때에 얻을 수 없다는 생각에 무력감을 느낄 수도 있다. 모든 진리는 역설이다. 간절히 원하는 것을 포기해야 내 고유한 삶이 자연스럽게 펼쳐진다. 내가 원하는 대로 되어야 한다는 집착을 벗어나게 되면 비로소 '나'라는 삶의 밑바탕에 흐르고 있는 방향을 발견하게 된다. 작곡가 스티븐 나흐마노비치는 다음과 같이 말한다. "우리 안에는 끊임없이 밖으로 나오려는 무언가가 있다. 우리가 희망이나 두려움 등의 의식적 구속을 놓아버렸을 때 그것은 더 쉽게 나타난다."[81] 우리는 나 자신으로 살기 위해 태어났다. 두려움에 주저하거나 조급함에 서두르는 것은 내가 나로 사는 것을 방해할 뿐이다.

자연의 섭리는 오차가 없다. 씨앗은 가능성을 품고 있고, 그 가능성을 가꾸면 꽃이 피고 열매가 자란다. 우리도 마찬가지다. 조급함에 서두르지 않는다면, 내 안의 가능성은 더 쉽게 자라나서 때맞춰 꽃을 피우고 열매를 맺을 것이다. 인내는 억지로 참거나 무력하게 포기하는 것이 아니다. 인내는 신뢰하기 때문에 기다릴 수 있는 것이다. 믿고 있다면 애쓸 필요가 없다. 모든 일은 때에 맞게 일어날 것이다. 그것을 신뢰하고 나의 삶의 목표가 스스로 드러날 수 있게 비켜선다면, 우리는 자연스럽게 각자 태어난 목적대로 자신만의 위대한 삶의 여정을 펼쳐갈 것이다.

창조성은 후원이 필요하다
: 안전기지를 확보하고 창조성을 지원하기

돈과 성취욕에 창조성이 죽는다

뮤지컬 작곡을 막 시작했을 때, 데뷔만 하면 좋아하는 일을 하면서 내 생계도 책임질 수 있을 것이라는 기대에 들떠 있었다. 온갖 임시직으로 근근이 생활을 이어가면서 작품을 쓰는 게 버거웠다. 빨리 계약만 되면 이 고달픈 생활에서 벗어날 수 있을 거라고 생각했다. 그래서 첫 번째, 두 번째 작품의 계약이 연거푸 무산되었을 때, 실망이 이만저만이 아니었다. 이어서 세 번째 작품을 쓸 기회가 왔을 때, 이번에는 반드시 기회를 잡아야겠다는 생각에 의지를 활활 불태웠다.

하지만 시간이 지날수록 작품의 방향은 좀처럼 잡히지 않았고, 작가 파트너와의 관계는 삐걱거렸다. 나를 잘 아는 선생님은 "힘이 너무 들어갔어. 편하게 작업해"라고 이야기해주셨지만, 도무지 힘을 뺄 수가 없었다. 이번엔 꼭 작곡가로 데뷔해야 한다는 마음이 너무 절박했다. 결국 작품은 선정되지 않았고, 작가 파트너는 다시는 나와 작업하고 싶지 않다며 등을 돌렸다. 가장 최악인 것은 작품을 만드는 모든 과정에서 단 한 번도 곡을 쓰는 게 행복하지 않았다는 것이다. 그때 나는 '하지 않고는 견딜 수 없게 미치도록 좋아했던 일'이 '정말 하기 싫은 고된 노동'으로 바뀌는 것을 생생히 경험했다.

우리는 꿈을 꾸고 관심 있는 것을 찾기 시작하는 순간부터 결승점에 해당하는 성공에 대해 생각하곤 한다. 좋아하는 일을 하면서 인정도 받고 돈도 버는 풍요로운 삶을 꿈꾸는 것이다. 하지만 좋아하는 일로 생계를 유지하려는 목표는 창조 과정에 가장 큰 위협요인이 된다. 과거의 내가 그랬던 것처럼 창조성은 돈을 벌어야 한다는 중압감에 눌리면 겁에 질려 얼어붙어버린다. 마치 재밌게 놀고 있는 어린아이에게 "반드시 이겨! 이겨서 돈을 벌어야 해!"라고 압박하는 것과 같다. 좋아서 시작한 일이라도 창조성이 자취를 감춰버리면 그 일은 생계를 위해 하는 여느 일과 다르지 않다. 재미도 의미도 없이 어쩔 수 없이 해야 하는 고된 일이 되어버린다.

창조적 결과물로 돈을 벌겠다는 생각은 결국 창조적 삶 자체가 중단되는 것으로 이어진다. 나는 나의 멋진 예술가 친구들이, 또 좋아하는 일에 용기 있게 도전했던 많은 창조적 동지들이 중도에 그만두는 것을 수없이 목격해왔다. 때로는 창조적 열정에 전념하고 싶어서 직장을 그만두거나 빚을 냈다가 파산으로 고통받기도 했다. 함께 꿈을 나누던 친구들이 좌절과 실망만 안고 돌아서는 걸 지켜보는 것은 몹시 가슴 아픈 일이었다. 무엇보다 가슴 아픈 건 그렇게 현실로 돌아가고 나면 자신의 재능에 대한 불신, 자신의 작업이 인정받지 못한 분노와 좌절감 등의 상처로 창조성의 불씨를 다시 되살리기가 어려워진다는 것이다.

안전기지의 필요성

영화 유튜버 '고몽'은 공기업에 다니며 유튜브를 시작했다. 회사 일과 새벽까지 이어지는 영상 편집을 병행하기 힘들었지만, 좋아하는 일에 몰빵하다가 일상이 위협받는 것을 원하지 않았다. 3년간 회사 일과 유튜브를 병행하다가 유튜브 운영만으로 안정적인 수익이 충분히 확보되고 나서야 퇴사를 감행했다. 나이키를 공동창업한 필 나이트(Phil Knight)도 창업 이후 5년간 본업인 회계사 일을 병행했다. 작가 스티븐 킹은 첫 작품을 쓰고 나서도 교사, 건물 관리인, 주유소 직원으로 7년 동안 일했다. 아인슈타인은 특허청에 취직해서 돈 걱정에서 벗어났을 때 상대성 이론에 대한 논문을 쓸 수 있었다.

심리학자 애덤 그랜트는 "한 분야에서 안정감을 확보하면, 다른 분야에서는 자유롭게 독창성을 발휘하게 된다. … 경제적으로 안정되면, 어설프게 쓴 책을 내거나 조잡하게 만든 예술품을 판다는 중압감이나, 아무도 시도해 본 적 없는 사업을 시작한다는 중압감에서 벗어나게 된다"[82]라고 말한다. 창조적인 삶은 한 발은 현실에, 또 다른 발은 창조할 세계에 두고 사는 삶이다. 현실에서 안정감을 확보해야 다른 쪽에서 새로운 시도를 할 수 있다. 안전기지가 없어서 너무 두렵고 불안한 상태에서는 창조적인 탐험도 불가능하다.

창조적 후원 확보하기

창조적 탐험을 계속하기 위해서는 안전기지가 되어줄 창조적 후원이 필요하다. 즉, 나의 창조적 결과물이 돈이나 명예를 가져오지 못해도 나의 창조 활동을 계속 이어갈 수 있도록 지원해주어야 한다. 우리는 종종 후원이 외부에서 오기를 바란다. 나도 예술가 친구들과 종종 '르네상스가 일어난 건 부유한 상인들의 지원 덕분'이라며, 예술 활동에 대한 후원의 필요성을 부르짖곤 했다. 때로는 복권에라도 당첨되길, 때로는 돈 많은 애인이라도 생겨 내가 마음껏 작업할 수 있게 지원해주길 바라곤 했었다. 그만큼 생계와 창조적인 작업을 병행하기가 쉽지 않았다. 그럴수록 하루빨리 생계에서 벗어나 창조 과정에만 완전히 몰두하고 싶었다.

하지만 시간이 지날수록 확실히 깨닫게 되었다. 생계와 창조를 병행하는 '두 트랙'으로 사는 삶은 당연히 받아들여야 하는 창조적 삶의 방식이었다. 생계 걱정 없이 충분한 지원을 받는다고 해서 나의 창조성이 날개를 단 듯 더 확장되지 않는다. 물론 더 나은 창조적 결과물도 나오지 않는다. 한정된 시간은 오히려 창조에 몰입하는 시간을 더 달콤하게 하고 시간을 내서 더 하고 싶게 안달 나게 한다. 한정된 예산은 현실적 제약을 해결할 창조적인 아이디어를 더 많이 끌어낸다. 마감 기한이 주는 압박이야말로 완벽주의에 빠지지 않고 창조 과정에 몰입하게 하는 데 꼭 필요한 스트레스다. 일상의 제약들은 창조 과정의 방해물이 아니다. 오히려 현실적 제약이 창조의 가능성을 더 많이 깨워내거나, 더 깊은 창조의 기쁨으로 몰아넣을 뿐이다.

영화배우 잭 화이트(Jack White)는 이렇게 말했다. "당신이 이 세상 모든 시간, 모든 돈, 팔레트 위엔 모든 색깔, 필요한 건 다 갖고 있다고 쳐보자. 이건 전부 창조성을 죽일 뿐이다."[83] 생계를 위한 일과 일상의 스트레스로부터 자유로워져서 좋아하는 일에 마음껏 몰입하면 행복할 것이라는 생각은 착각일 뿐이다. 나는 뒤늦게 이것을 깨닫고 나서야 '두 트랙'으로 사는 일상의 무게를 기꺼이 감당하기로 결심했다. 그리고 그제야 조금은 어른스럽게 내가 나의 창조적 후원자가 되기로 의연하게 다짐했다.

물론 우리는 자신의 창조적 결과물로 돈과 명예를 얻을 수도 있다. 시작하자마자 운 좋게 얻을 수도 있고, 오랜 시도 끝에 드디어 우주의 '두 번째 선물'을 받을 수도 있다. 하지만 평생 원하는 인정을 받지 못할 수도 있다. 때로는 반 고흐(Vincent van Gogh)처럼 생을 마감한 이후에 인정받을 수도 있다. 때로는 생을 마감한 후에조차 아무에게도 인정받지 못할 수 있다. 그렇다면 도대체 인정도 성과도 없을 수 있는 일을 왜 계속해야 할까? 아무도 알아주지도 않고 아무 일도 일어나지 않는데?

창조적 모험을 계속해야 하는 이유

우리는 왜 불확실한 창조적 모험을 계속해야 할까? 그냥 사는 것만도 버거운데 왜 창조성을 지원까지 해가며 지속해야 할까? 나 역시 창조적 생존의 기로에서 위태롭게 버틸 때마다 절박하게 그 답을 찾아야만 했다. 내가 하는 일을 너무 사랑해서? 뜨거운 열정 때문에? 일상의 크고 작은 일에 지쳐갈 때는 사랑도 열정도 차갑게 식어버려서 답이 되지 않았다. 나 자신으로 살고 싶어서? 내 고유한 재능으로 세상을 이롭게 하고 싶어서? 생계에 허덕일 때는 그런 고귀한 마음만으로는 버틸 수 없었다. 내가 찾은 이유는 이것이었다. 나를 살게 하기 때문에.

작가 샥티 거웨인(Shakti Gawain)은 "사람은 내부에서 인도하는 대로 따르지 않을 때마다 에너지의 손실과 힘의 손실, 정신적 죽음을 느낀다"라고 말한다. 창조성을 지원하고 가꾸지 않는다면 나는 육체는 살아 있으나 정신적 죽음을 느낄 것이다. 재미와 즐거움과 몰입을 잃어버린 일상은 생존에 대한 무게감에 짓눌려 버릴 것이다. 몸은 에너지를 잃고 마음은 우울, 무력감, 불안, 공허함 속에서 허우적댈 것이다. 그것들을 견딜 수 없어서 쇼핑이든 일이든 술이든 온갖 중독에 빠져들 것이다. 내 시선은 한껏 부정적으로 변해서 사사건건 불평하고 냉소적인데다가 피해의식까지 심해질 것이다. 그렇게 되지 않기 위해서 나는 나의 창조성을 지원해야 했다.

또한 나는 내 존재를 잃어버리지 않기 위해서 나의 창조성을 지원해야 했다. 내 안에 있는 것들을 밖으로 꺼내지 않으면 내가 누군지 알 수 없으니까. 누가 알아봐주지 않아도 내가 여기 있고 '이것이 나'라는 것을 표현해야 내 존재를 느낄 수 있으니까. 내 존재감이 느껴지지 않으면 주변 사람들에게 나를 좀 사랑해달라고 관심을 구걸하게 될 테니까. 또는 과도하게 타인을 돕는 것으로 내 존재 이유를 만들어서 관계를 망쳐버릴 테니까. 창조성이 나에게 무거운 짐을 지우는 것이 아니다. 내가 정신적으로 생존하기 위해서, 나와 내 삶을 파괴하지 않고 온전한 정신으로 살기 위해서 창조성이 절실히 필요한 것이다.

작가 버지니아 울프(Virginia Woolf)는 이렇게 말한다. "사방의 모든 것이 작가의 온전한 정신 집중을 방해한다. 우선 물질적인 상황이 어렵다. 개는 짖어대고 사람들은 간섭한다. 건강상의 문제도 있다. 이런 온갖 어려움을 한층 견디기 어렵게 만드는 것은 세상의 냉담함이다. 세상은 시나 소설, 역사 연구를 요구하지 않는다. 아니, 아예 필요로 하지도 않는다. … 관심 없는 대상에 대해 제대로 대가를 지급하지 않는 것도 당연한 일이다."[84] 버지니아 울프의 말처럼 세상은 나의 창조성을 돕기는커녕 앞으로도 쭉 관심조차 없을 것이다. 내 주변 사람들 또한 그럴 것이다. 정당한 대가나 인정, 좋은 결과는 평생 없을 수도 있다. 그렇다 하더라도 우리는 창조적으로 생존하기 위해 부단히 노력해야 한다. 그것이 정신적 죽음으로부터 나를 지키고, 삶을 살아갈 수 있게 할 것이기 때문이다.

03

토끼의 두뇌와 거북이의 마음
: 어둠 속에서도 균형을 잃지 않기

토끼의 두뇌, 거북이의 마음[85]

심리학자 가이 클랙스턴(Guy Claxton)은 두 가지 사고방식을 이야기한다. 하나는 뚜렷한 목적으로 가지고 이성과 논리적으로 생각하는 '토끼의 두뇌'고, 다른 하나는 목적이 뚜렷하지도 않고 명쾌하게 딱 떨어지지도 않으면서 사색과 명상에 빠져드는 '거북이의 마음'이다. 정확히 무엇인지도 모를 무언가를 떠올리며 곰곰이 생각에 잠겨있다보면 갑자기 번뜩이는 직관이나 통찰이 찾아온다. '거북이의 마음'은 빠르고 합리적인 '토끼의 두뇌'가 줄 수 없는 깊은 지혜를 제공한다.

창조의 시작 단계에서는 '거북이의 마음'이 필요하다. 소설가 마크 트웨인(Mark Twain)은 "모레 해도 되는 일을 내일로 앞당기지 말라"고 말한다. 미루지 말고 빠르게 처리해야 한다는 생각에 익숙한 우리에게는 매우 낯선 충고다. 하지만 연구 결과 일을 미루는 사람들이 28% 더 창의적이며, 업무를 미루는 CEO들이 훨씬 융통성 있고 다재다능하다는 평가 결과도 있다.[86] 창조는 의식 너머로부터 무언가 건져 올리면서 시작된다. 그래서 의식 너머에서 보내는 모호하고 알쏭달쏭한 메시지를 고요히 수신할 시간이 필요하다. 떠오르는 생각을 바로 구체화시키지 않고 천천히 머릿속에서 이리저리 굴려보는 것이다.

생각이 어느 정도 명확해지면 이번에는 '토끼의 두뇌'가 필요하다. '거북이의 마음'이 길어 올린 생각을 현실에서 어떻게 구현할지 논리적으로 판단하고 자료를 조사한다. '토끼의 두뇌'가 없다면 온갖 새로운 아이디어와 멋진 영감들은 머릿속에서만 떠다니다 증발해버린다. '토끼의 두뇌'로 일을 하다가 비판과 평가만 이어져서 흥미를 잃거나 답을 찾지 못하고 막히면, 다시 '거북이의 마음'으로 돌아가 느릿느릿 답이 떠오르기를 기다려야 한다. 이처럼 토끼의 두뇌와 거북이의 마음은 창조 과정의 파트너다. 이 둘의 긴밀한 협력으로 창조는 무의식의 혼돈에서 출발해 현실의 새로운 질서로 완성된다.

이 두 생각이 적절한 때에 등장하지 않거나 적절한 균형을 맞추지 않을 때는 여러 가지 문제가 생겨난다. 아이디어가 막 꿈틀대는 시작 단계에서부터 비판적 판단과 평가를 들이대면 자유로운 상상력이 죽어버린다. 그렇다고 비판적 사고 없이 상상만 계속하면 공상에만 빠져 있는 몽상가가 되어버린다. 창조하는 과정에서도 비판하는 시기가 너무 늦어지면 시간을 낭비하게 되고, 비판하는 시기가 너무 빠르면 아이디어가 사장된다. 비판이 너무 과도하면 창조성이 얼어붙어버리고, 비판이 너무 적으면 참담한 결과물이 나온다.

두 생각의 균형과 조화를 찾아가기

창조 과정에서 두 생각의 균형을 잃을 때마다 우리는 어려움을 겪는다. 먼저 시작 단계에서 느릿느릿 기다리지 못하고 서두르면 무의식이 보내주는 미묘한 메시지를 놓치게 된다. 과정에서 비판하는 사고가 너무 강해지면 '더 잘해야 해. 이것도 잘못했고, 저것도 잘못했어'라는 온갖 지적질에 움츠러든다. 반대로 '아무도 내 창조성을 방해하지 말아줘! 나는 그저 자유롭게 표현하고 싶을 뿐이라구!'라며 모든 비판을 거부해 버리기도 한다. 많은 경우 수치심 때문에 건설적 비판[87]을 받아들이지 못하기도 한다.

나 역시 이 두 생각의 미묘한 균형을 찾아가는 과정이 몹시 어려웠다. 설익은 아이디어를 사람들과 공유했다가 온갖 비판에 주눅이 들어 시작조차 못하기도 했다. 다시 공격받기 싫어서 꽁꽁 숨어서 혼자 작업을 완성했을 때는 적절한 비판을 받지 못해 엉망진창인 작품을 만들기도 했다. 때로는 건설적인 비판과 파괴적인 비판을 구분하지 못해 혼란과 분노, 수치심에 휩싸였다. 때로는 건설적인 비판조차 너무 두려워서 창조 과정 자체를 포기하고 싶기도 했다. 이 모든 상황을 무한 반복하면서 나는 두 생각이 조화롭게 창조 과정을 이끌 수 있게 하는 방법을 조금씩 조금씩 터득해갔다.

창조적으로 산다는 건 환상 세계와 현실 세계에 양다리를 걸치고 사는 것이다. 피터 팬의 네버랜드에서만 머물러서도 안 되고, 상상력을 잃고 현실에만 매몰되어서도 안 된다. 서둘러야 한다고 느낄 때는 '거북이의 마음'으로 느리고 깊게 내면세계로 들어가 딴청을 피워야 한다. 환상 속 달콤한 세상에서 깨어나고 싶지 않을 때는 '토끼의 두뇌'를 써서 현실로 돌아와야 한다. 이런 미묘한 균형을 찾는 과정은 어렵기도 하지만 꽤 흥미진진하기도 하다. 찬물과 뜨거운 물이 섞일 때 활발한 대류가 일어나듯, 환상과 현실의 두 세계를 오가며 삶 전체가 신선하고 활발해지는 느낌이랄까.

거대 토끼의 저주

내가 좋아하는 애니메이션 '월레스와 그로밋' 시리즈 중에 <거대 토끼의 저주> 편이 있다. 어느 날 토끼가 돌연변이를 일으켜 거대 토끼로 변하게 된다. 거대 토끼가 마을의 야채를 모두 먹어치우고, 쑥대밭으로 만들어놓자 온 마을이 공포에 휩싸이게 된다. 창조 과정에도 종종 거대 토끼가 등장해 창조 과정을 쑥대밭으로 만들고 공포에 휩싸이게 할 때가 있다. 바로 '토끼의 두뇌'가 어둠의 시기에 두려움을 과도하게 집어삼키고 돌연변이를 일으켜 '거대 토끼'로 변하는 것이다!

어둠의 시기는 여러 종류가 있다. 먼저 아무리 쥐어짜도 창조성이 사라진 듯 어떤 영감도 열정도 느끼지 못하는 '가뭄의 시기'가 있다. 갑자기 주목을 받는 바람에 '나는 이런 인정을 받을 자격이 없어…'라고 사기꾼 증후군에 시달리는 '성공의 시기'도 있다. 실패와 시행착오만 연달아 겪는 시간이 길어질 때 찾아오는 '인내심 고갈의 시기'도 있다. 반대로 모든 일이 너무 잘 되어가는 바람에 에너지가 소진되어버린 '번아웃 시기'도 있다. 이 어둠의 시기에는 창조 과정에 적절한 도움을 주던 '토끼의 두뇌'가 갑자기 힘이 세져서 주도권을 장악하곤 한다.

어둠의 시기에 거대 토끼로 변한 '토끼의 두뇌'는 모든 게 잘못되어 간다며 미쳐 날뛰기 시작한다. 폭군처럼 사납게 사사건건 나의 문제점들을 지적하며 '이 모든 문제의 원인은 바로 너!'라고 갖은 비난을 쏟아낸다. 이대로는 바보 취급만 당할 거라며 멈추지 말고 더 열심히 하라고 채찍을 휘두른다. 거대 토끼의 저주 덕에 창조적 존재인 자신에 대한 신뢰는 바닥에 떨어지고, '뭔가 다 잘못되어가고 있어…. 나는 아무것도 아니야…. 나는 아무것도 해내지 못할 거야…' 하는 파괴적인 자기 의심에 빠져든다.

거대 토끼의 저주로 찾아온 불안과 두려움에서 어떻게든 도망치기 위해 우리는 갖가지 피난처(라고 쓰지만 사실은 중독)에 빠져든다. 쉽게는 TV나 핸드폰을 보는 것에서부터 술, 약물, 음식, 게임, 잠, 쇼핑, 섹스, 연애, 각종 덕질, 자기 비하, 친구와의 수다 등 매우 다양하다. 중독이라는 것을 알아차리기 어려운 자기 계발, 운동, 명상(마음 수행), 독서, 일, 각종 취미생활, 더 큰 성공에 매진하기, 봉사 활동도 있다. 중독과 중독이 아닌 것의 차이는 아주 미묘하다. 행위 전에는 기대와 즐거움이 없고, 행위 후에는 충만함이 없으며, 뭘 해도 충분하다고 생각되지 않는다면 중독이다. 중독인지 아닌지는 '자유롭게 선택할 수 있는가'에 달려 있다. 하지 않으면 불안하고 하지 않는 시간을 견딜 수 없다면, 무엇이 되었든 그것은 중독이다.

두려움 마주하기

두려움이 커질 때마다 우리는 중독 속으로 몸을 숨긴 채 불안하고 모호한 창조적 모험을 그만두고 싶어 한다. 하지만 중독으로 도피하는 것이 좋은 선택이 아니라는 것은 이미 스스로도 잘 알고 있다. 유일한 방법은 정면승부를 하는 것이다. 두려움이 두려워서 피하고 있는 것이니 두려움을 마주하면 된다. 아무것도 잘못된 건 없다. 창조 과정에서는 종종 거대 토끼가 등장하곤 하며, 앞으로도 얼마든지 겪을 수 있는 일일 뿐이다. 정작 문제는 두려움 자체가 아니라, 두려움을 느끼는 것을 두려워하는 것에 있다.

우리는 행복이나 기쁨을 온전히 느끼듯이 두려움도 얼마든지 온전히 느낄 수 있다. 두려움이라는 자극이 올 때 즉각적으로 피하는 대신 천천히 호흡하며 두려움을 가만히 느껴볼 수 있다. 보다 적극적으로 두려움이 내 몸에 가져오는 감각을 음미해볼 수도 있다. 마치 아이스크림을 천천히 음미하듯이 '음…. 두려움을 느낄 때 내 심장은 쪼그라드는 것같이 아프고, 호흡이 살짝 가빠지면서, 정수리 쪽에서 아찔한 느낌이 드는구나…' 하면서 말이다. 두려움을 느끼는 것이 약간 불편할 수는 있어도 죽을 만큼 무서운 경험은 아니라는 것을 확실히 인지하는 것이 중요하다. 회피하는 감정은 안개처럼 뭉게뭉게 커져서 내 삶을 잠식하지만, 마주한 감정은 곧 힘을 잃고 약해지기 마련이다.

온몸으로 두려움이 주는 감각을 음미하고 나면, 이제 중독에 빠져들 었던 무의식적 반응 대신 의도적으로 새로운 반응을 선택할 차례다. 이때 내가 하려고 했던 중독적 행동을 계속해도 좋다. 만약 폭식을 하고 싶었다면 참지 않고 폭식을 하는 것이다. 단, 즐겁고 기쁜 마음으로 하면 된다. 무의식적으로 마구 먹는 것과 '내가 두려워서 먹는 것으로 도 망치려 하는구나'라고 내 감정을 알고 먹는 것은 천지 차이다. 후자의 경우엔 무엇을 해도 중독에 빠지지 않을 수 있다. 오히려 중독에서 서서 히 빠져나와 건강하게 자신을 통제할 수 있는 힘이 생겨난다. 만약 중독 적 행동에 대한 욕망이 사그라들었다면 그냥 그대로 좀 쉬어도 좋다. 두려움 때문에 한껏 몸과 마음이 긴장했을 테니, '거북이의 마음'으로 돌아가 느리게 사부작거리며 게으른 시간을 보내는 것이다. 무엇이 되었건 거대 토끼의 저주로 쑥대밭이 된 내 마음을 최대한 다정하게 다독여 주어야 한다.

중독에 빠지지 않도록 미리 건강한 처방전을 준비해두는 것도 좋다. 처방전은 불안하고 두렵고 어쩔 줄 모르겠는 순간을 잘 토닥이며 보낼 수 있는 것이면 된다. 목욕탕 가기, 좋아하는 음악 듣기, 낮잠 자기, 뜨개 질하기, 달리기 등 무엇이든 좋다. 중요한 것은 '좋은 느낌'의 불씨가 꺼지지 않게 하는 것이다. 나도 다양한 처방전을 갖고 있다가 상황과 체력, 내 기분에 맞는 처방전을 그때그때 골라서 사용한다. 고양이와 침대에서 실컷 뒹굴 때도 있고, 옥상에서 몇 시간이고 식물을 돌보며 멍때릴 때도 있다. 새로운 음식을 먹으러 일부러 먼 곳에 다녀오기도 하고, 좋아하는 드라마 방영 시간을 엄청난 이벤트라도 되는 듯 기다리기도 한다. 칭찬일기는 언제나 강력한 처방전이 되어준다.

'좋은 느낌'의 불씨가 꺼지지 않게 하는 것은 매우 중요하다. 온갖 중독으로부터 나를 지킬 수도 있고, 무엇보다 창조하는 삶과 완전히 결별하는 최악의 상황을 막아준다. 산다는 건 어느 정도는 즐겁고, 어느 정도는 그저 그렇고, 어느 정도는 지긋지긋하다. 거대 토끼는 종종 나타나서 잘 가꿔놓은 일상을 쑥대밭으로 만들어놓고, 그럴 때마다 깨진 균형을 되찾는 데는 시간이 필요하다. 그 모든 순간 나를 다정하게 대하며 '좋은 느낌'의 불씨를 소중하게 지켜준다면 우리는 창조적 생존에 성공할 수 있다. 창조적 생존에 성공하는 것은 그 어떤 성공보다 더 의미 있는 성공이라고 나는 장담한다.

04

언제 어디서든 빛날 수 있는 비결
: 어둠 속에서 나를 신뢰하는 법 배우기

행위(Doing)에서 존재(Being)로

창조적 어둠의 시기를 인내하며 버티고 있을 때, 가장 위협이 되는 것은 주변 사람들이 잘 지내는 것 '같은' 모습이다. SNS가 전해주는 친구의 승진 소식, 행복한 결혼 생활, 안정적인 일상의 모습은 '나만 뒤처지고 있다'는 열등감에 빠지게 한다. 그럴 때 우리는 창조적 존재로서 나자신이 가진 힘과 재능을 순식간에 잊어버린다. 대부분 사람은 어려움을 극복하려면 더 열심히 노력해야 한다고 말한다. 하지만 어려움을 극복하는 힘은 무언가 열심히 해내는 행위(Doing)에 있지 않다. 어려움을 극복하는 진짜 힘은 내 존재(Being)에 대한 믿음에서 나온다.

사람들은 대부분 자신의 존재 가치를 외부적인 조건에서 찾는다. 좋은 차, 억대 연봉, 인정받을 만한 성공 등으로 자신의 존재 가치를 증명하려고 한다. 그런 것을 갖추면 나는 꽤 괜찮은 사람이며 내 인생도 그

럭저럭 괜찮다고 생각한다. 하지만 좋은 직장, 화려한 스펙, 억대 연봉은 내가 아니라 내가 입고 있는 옷이나 장신구일 뿐이다. 좋은 직장이 내가 아니고, 내가 가진 돈이 곧 나일 수는 없다. 비싸고 화려한 옷과 장신구를 벗어버리면 평범해지는 것처럼, 내 존재를 증명하는 외부 조건들이 사라지면 내 존재 가치도 사라지게 된다.

하지만 아무것도 이루지 못한 때에는 옷도 장신구도 없는 '맨몸의 나'와 마주하게 된다. 가진 것도 없고 괜찮게 보일 만한 성과도 없다. 나의 능력이나 재능도 아직 빛을 발하지 못하고 있다. 나 자신조차 나를 믿어주기 어려워서 '과연 내가 뭘 할 수 있을까?' 수시로 의심에 사로잡힌다. 그런 내가 한없이 초라하게 느껴져서 우울의 나락으로 떨어지는 그 순간! 바로 그 순간이 비로소 '나'라는 존재 자체에서 신뢰의 근거를 찾아낼 절호의 기회다. 아무것도 없고 아무것도 아닐 때가 나를 신뢰하는 법을 배우기에는 최고의 시간이다.

결핍에서 '있음'으로

창조를 하려면 재료가 필요하다. 그림을 그리려면 도화지와 물감이 필요하고, 글을 쓰려면 종이와 펜이 필요하다. 나의 삶을 창조하는 재료는 나의 존재 자체다. 우리는 모두 자신이 원하는 삶을 창조할 수 있는 충분한 재능과 힘을 갖고 태어났다. 문제는 내가 가진 것이 없어서가 아니라, 내가 가진 것을 볼 수 없는 '결핍의 마음'에 있다. 대부분 사람이 자기 손에 귀한 보석이 이미 한가득 있는데도, '내 손에 든 것은 하찮은 돌멩이일 뿐'이라고 말한다. 그러면서 다른 사람 손에 있는 보석을 부러워하기만 한다.

우리는 모두 존재 자체만으로도 완벽하고 아름답다. 완벽하다는 말을 들으면 즉시 '내가 얼마나 부족한 존재인지' 말하고 싶을 것이다. 그러나 아기가 뒤뚱거리며 어설프게 걷는 모습이 완벽한 것처럼, 나의 단점과 부족해 보이는 모습도 나의 완벽함을 구성하는 요소일 뿐이다. 내 가치를 증명할 만한 성과를 보여줘야 인정받을 수 있다는 생각에서 벗어나 나의 존재 자체에 집중해보자. 나는 누구인가. 나라는 존재는 무엇으로 설명할 수 있는가. 내 손에는 어떤 보석들이 들려 있는가. 내 존재가 가진 아름다움, 아무런 노력 없이도 이미 누리고 있는 것들은 무엇이 있는가.

나에게는 부드러움과 상냥함이라는 아름다운 성품이 있다. 나에게는 꿈을 포기하지 않는 열망이 있다. 나에게는 어린아이 같은 호기심과 엉뚱한 유머 감각이 있다. 나에게는 감각을 민감하게 느낄 수 있는 건강한 몸이 있다. 나에게는 두려운 일에 도전했던 용기가 있다…. 나를 말해주는 것은 학벌이나 재력, 외모 등 내 몸에 걸친 옷이나 장신구가 아니다. 바로 내 존재 자체가 나다. 아무도 나를 인정해주지 않을 때 내 존재가 가진 것을 볼 수 있는 사람에게는 내면에 아주 깊은 중심이 생긴다. 그런 중심이 잡힌 사람은 정말 존재 자체만으로 아름답게 빛난다.

존재가 갖는 힘

자신의 존재를 신뢰하는 사람은 옷이나 장신구 없이 맨몸으로도 당당하고 품위 있고 여유 있고 우아하다. 굳이 남들에게 존재 가치를 증명하려고 애쓰지 않아서, 언제 어디서나 자기 모습 그대로 편안하게 존재한다. 그런 모습에 사람들은 홀린 듯이 끌린다. 자기 자신으로 존재하는 것보다 더 매력적인 것은 없기 때문이다. 자신의 존재를 신뢰하고 사랑하는 사람은 다른 사람의 인정이나 사랑이 필요하지 않지만, 언제나 어디서나 더 많은 사랑과 인정, 관심이 쏟아진다.

나도 모르게 내가 가진 것이 부족하고, 남들이 인정할 만한 것이 없어 초라하게 느껴지는 순간, '바로 지금이 내 존재를 신뢰하는 법을 배울 때'라는 것을 기억하자. 인정받고 싶은 욕구는 인정을 받아야 끝이 난다. 외부적인 조건이나 성취가 아닌 내 존재가 가진 것들을 나 스스로 충분히 인정해주자. 내 손에 들려 있는 보석의 아름다움을 발견하며, 지금 이 순간 내가 이미 '멋진 존재'라는 것을 즐겨보자. 외부적으로는 아무것도 없는데도 존재 자체에 집중하며 자신감에 충만한 사람은 그 누구보다 빛날 수밖에 없다.

창조성을 깨우는 과제

1. 결과에 대한 집착에서 벗어나기

좋은 결과를 얻지 못하더라도, 아무도 인정해주지 않아도, 하다가 실패하게 되더라도, 그런데도 불구하고 하고 싶은 것이 무엇인가? 나를 살아 있게 하고, 삶을 의미 있고 만족스럽게 만들어주는 그것은 무엇인가?

조급함에서 벗어나고 인내심을 갖기 위해 내 삶에서 신뢰해야 할 것은 무엇인가? 몇 개의 확언문을 만들어보자.

- 예시) 모든 일은 시기에 맞게 일어날 것이다. 나는 그 흐름을 신뢰하고 기다린다.

  나는 간절히 원하지 않는다. 나는 다만 의도한다.

  일어날 일은 일어나게 되어 있다. 나는 편안하고 느긋하게 내면의 안내를 따라간다.

  나는 내가 원하는 것을 창조할 수 있는 충분한 재능을 이미 갖고 있다. 나는 그것을 계속 발견해간다.

2. 안전기지 구축하기

현재 내 삶에는 나의 창조성을 후원하기 위한 어떤 안전장치가 마련되어 있는가? 앞으로도 지속해서 나의 창조성을 후원하기 위해 내 삶에 어떤 안전기지를 구축해놓아야 할까?

3. 중독에 대처하기

나의 기분이 저하되고, 불안하고 공허할 때, 두려움이 느껴질 때, 나도 모르게 하고 있는 것 3가지를 적어보자.

- 예시) 잠, 일, 유튜브, 음식, 술, 쇼핑, 약물, 섹스, 연애, 게임, 인터넷(sns), 자기 비하, 각종 덕질, 봉사 활동(또는 다른 사람을 도움), 독서, 각종 취미생활, 성공을 위한 노력, 친구, 운동, 명상(마음수행), 자기 계발 등등

이 3가지를 할 때 나의 기분은 어떤가? 하고 나서 나의 기분은 어떤가?

두려움이나 불안함이 엄습할 때 사용할 처방전을 미리 준비해보자. 처방전은 '좋은 느낌'의 불씨가 꺼지지 않게 해주는 것이면 무엇이든 좋다. 그중 최소 한 가지는 육체적인 활동(걷기, 등산, 수영, 운동 등)으로 준비해보자.

1.

2.

3.

4.

5.

6.

7.

8.

9.

10.

4. 나를 신뢰하는 법 배우기

내가 아무 노력을 하지 않고도 내 존재가 이미 갖고 누리고 있는 것은 무엇인가?
내 손 안에 들려 있는 보석이 무엇인지 찾아서 모두 적어보자.

타인과 비교하게 될 때, 나만 뒤처지는 것 같아 불안할 때, 결핍에서 나의 존재의
'있음'으로 돌아오기 위해 나 자신에게 어떤 말이 필요할까? 내 존재를 신뢰하는
말을 적어보자.

- 예시) 아무도 모르지만 나는 알아. 내가 매일 성장하고 있다는 걸. 내 안에 멋진 가능성이 정말로 많다는

  걸. 그것이 눈에 보이지 않고 다른 사람이 알아보지 못한다고 해도, 나는 분명히 알고 있고 믿고 있어.

5. 몸 감각 깨우기 - 신성함 느껴보기

일상에서 신성하다고 느껴지는 것을 찾아보자. 아기의 잠든 얼굴일 수도 있고, 멋진 파란 하늘일 수도 있다. 어떤 소리나 음악을 듣고 있는 순간일 수도 있다. 무엇이든 신성하다고 느껴지는 것들을 최대한 많이 찾아보자. 그리고 신성하다는 느낌을 내가 어떻게 인지하는지 관찰해보자.

- 예시1) 음식 : 맛있는 음식이 멋진 플레이팅과 함께 테이블에 놓여지는 순간 '와~' 하는 감탄이 나왔다. 순간 친구와 하던 이야기를 모두 잊고 내 앞에 놓인 음식의 색과 향에 완전히 집중하게 되었다.

- 예시2) 고양이 눈 : 고양이 눈을 보고 있으니 유튜브에서 봤던 우주의 모습과 같았다. '어떻게 눈 안에 우주가 들어 있지?' 하는 신비로움을 느끼며, 고양이의 눈에서 눈을 뗄 수가 없었다.

이번에는 나의 존재에서 신성하다고 느껴지는 것을 찾아보자. 나의 몸의 일부일 수도 있고, 내 생각이나 말일 수도 있다. 나의 신성함을 음미할 때 어떤 느낌인지도 관찰해보자.

- 예시1) 나의 심장박동이 신성하다고 느껴진다. 우렁차고 부드러우면서, 규칙적인 박동을 손으로 느낄 때 왠지 모르게 눈물이 난다. 산다는 것이 위대하다는 생각이 든다.

- 예시2) 무엇이든 선한 것을 나누고 싶어 하고 돕고 싶어 하는 나의 성품에서 신성함이 느껴진다. 닫기보다는 열고, 움켜쥐기보다는 나누고 싶어 하는 내 모습이 온화한 여신 같다.

Be Yourself

8주

계속해서 창조적인 삶을
살아가기

창조성을 깨우는 8주 여정의 끝에 다다랐다. 지난 8주간 나의 일상에는 어떤 변화가 생겼는가? 8주간 성실하게 여정을 걸어왔다면 크든 작든 반드시 변화가 생겼을 것이다. 변화는 어색함과 막막함일 수도 있고, 가벼운 해방감일 수도 있다. 잠들어 있던 감각이 깨어나면서 일상이 더 풍부하게 느껴졌을 수도 있다. 나 자신에게 에너지를 집중할수록 예전에는 불편하지 않았던 것들이 이제는 견딜 수 없이 불편할 수도 있다. 무엇이 되었든 변화를 겪고 있는 나를 축하해주자. 그 변화들은 내 삶에서 창조성이 잘 자라나고 있다는 증거들이다.

진짜 변화는 이제부터 시작이다. 계속해서 창조적인 삶을 산다면 지난 8주보다 더 드라마틱한 변화가 내 삶에 펼쳐질 것이다. 창조성에 귀기울이며 살 때 우리는 낡은 일상에 머물지 않고 끊임없이 도전하며 새로워진다. 덕분에 나이가 들어도 유연하게 열려 있는 태도로 계속 성장해간다. 또한 창조적 존재인 나를 소중하게 가꿀수록 내 안에 숨겨진 보물을 더 많이 발견하며 나답게 사는 삶의 윤곽이 선명해진다. 지난 8주의 경험을 이제는 내 삶 전체로 확장해갈 차례다. 이번 주에는 8주간의 여정을 마무리하면서 앞으로 이어질 창조 여정을 준비해보자.

창조에 완성은 없다
: 변화에 내맡기기

창조는 계속되는 과정

피겨스케이팅의 김연아 선수는 스물한 살에 세계 1위의 신화를 기록했다. 타고난 재능에 모든 노력까지 다 쏟아부어 20대 초반에 세계 최고의 자리에 오르고, 원하던 것을 다 이룬 것이다. 많은 사람이 김연아 선수의 성공을 축하하고 부러워할 때, 나는 김연아 선수의 다음 스텝이 궁금했다. 20대 초반에 최고의 성공을 이뤘으니 이제 무엇을 원하게 될까? 또 어떤 것에 도전하고 어떤 좌절을 겪게 될까? 좋아하는 일을 하며 30대 초반에 억대 연봉을 벌고 있는 유튜버 '드로우 앤드류'를 보면서도 같은 생각을 한다. 그는 또 어떤 새로운 도전을 하게 될까? 어떤 예상하지 못했던 국면이 그의 삶에 펼쳐질까?

많은 사람이 좋아하는 일을 하며 경제적 안정을 누리는 것을 인생의 목표이자 결승점이라고 생각한다. 그것만 되면 현재의 모든 문제가 다

해결되고 걱정 없이 행복하게 살게 될 거라고 생각하는 것이다. 물론 자신의 재능을 펼쳐서 좋아하는 일을 하며 돈도 많이 벌면 행복할 것이다. 하지만 그곳이 삶의 최종 목적지는 아니다. 성취의 기쁨은 오래 지나지 않아 평범한 일상이 되고, 무료해진 일상에는 또다시 호기심을 느끼며 새롭게 도전할 것이 필요해진다.

무언가 매력적인 상상이 떠오르고 그 상상에 설렌다. 때로는 실패로 좌절하며, 때로는 몰입의 즐거움을 느끼며 상상을 현실로 창조해낸다. 그다음에는? 또다시 매력적인 상상을 따라 새로운 창조를 시작한다! 창조의 완성으로 느끼는 기쁨은 찰나처럼 스쳐 간다. 때로는 하나의 창조 과정이 완료된 이후 깊은 허탈함이 몰려오기도 한다. 모든 예술가가 최고의 작품을 완성한 이후에 극심한 공허함과 허탈함을 겪는다. 한동안 아무것도 할 수 없는 무력감에 시달린 끝에, 또다시 새로운 아이디어가 떠오르고, 또다시 창조를 시작한다. 창조하는 삶에 완성은 없다. 정해진 목표도 결승점도 존재하지 않는다. 그저 계속되는 창조 과정만 있을 뿐이다.

창조는 계속되는 변화

창조란 이전에 없던 것이 새로 존재하게 되는 것이다. 그러려면 이전에 존재했던 무언가가 없어져야 그 자리에 새로운 것이 탄생할 수 있다. 우리의 몸을 이루고 있는 50조의 세포는 매일 죽고 새로 태어나기를 반복한다. 내 몸은 매 순간 죽고 매 순간 새로 창조되고 있는 것이다. 창조적인 삶도 같다. 내 삶에서 더 이상 필요하지 않은 낡은 것들을 버려야 새로운 것을 창조할 수 있다. 변화는 창조적인 삶의 기본 테마다. 삶이 주는 편안함과 익숙함, 안정감 속에 안주하면 창조적 여정은 중단되어 버린다.

사상가 노자(老子) 다음과 같이 말한다. "사람이 태어날 때는 부드럽고 약하지만 죽으면 굳고 강해진다. 초목도 살아 있을 때는 부드럽고 약하지만 죽으면 말라서 부서지기 쉽다. 고로 강한 것은 죽음으로 가는 것이고, 부드럽고 약한 것은 삶으로 가는 것이다."[88] 창조적으로 살 때 우리는 살아갈수록 단단하고 강해지는 것이 아니라, 부드럽고 연약한 상태로 살아간다. 아무리 많은 창조 과정을 반복했어도 시작은 언제나 혼란스럽고 미약하다. 과연 할 수 있을지 능력을 의심하고, 실패에 대한 두려움도 어김없이 따라붙는다. 해내고 나서는 결과에 대한 평가에 움츠러든다. 행여나 좋은 결과로 주목을 받게 되면, 기쁨과 동시에 '다음은 실패할지도 모른다'는 두려움이 밀려온다. 계속되는 변화는 우리를 끊임없이 연약한 상태로 만든다.

안락한 안전지대를 벗어나 매번 두려움과 함께 나뒹굴며 연약한 상태로 사는 데는 언제나 용기가 필요하다. 하지만 우리는 창조적으로 태어났고 창조적으로 살게 되어 있다. 용기 내고 싶지 않아도 용기 낼 수밖에 없는 상황은 계속 찾아온다. 대신, 스스로 용기를 내건, 어쩔 수 없이 용기 내야 하는 상황에 몰리건, 용기를 내기만 하면 넉넉한 보상이 찾아온다. 나의 재능과 잠재된 가능성을 더 많이 발견하며 좋아하는 일을 더욱 탁월하게 해낸다. 나를 구속하던 낡은 생각들은 떨어져 나가고,

불가능해 보였던 것들이 현실이 되는 기적이 이어진다. 더 많은 해방감, 더 많은 자유, 더 깊은 충만함이 일상을 채운다. 안락한 안전지대 밖에는 찬란히 빛나는 보석들이 널려 있다. 그 보석들은 언제나 용기 낸 자들의 몫이다.

나선형 성장

우주에서 가장 많은 부분은 빛나는 별이 아니라 깊고 깊은 어둠이다. 그 어둠에서 우리가 사는 지구와 우리를 살게 하는 태양과 별들이 탄생했다. 우주의 창조가 시작되는 곳은 빛이 아니라 어둠이다. 우리 삶의 창조 과정도 마찬가지다. 창조가 시작되는 곳은 어디로 가야 하는지 알수 없는 깊은 어둠과 혼돈의 시간이다. 혼돈 속에서 '거북이의 마음'으로 내면에 귀를 기울이며 천천히 새로운 질서를 찾아간다. 새로운 질서가 완성되고 모든 것이 안정적으로 자리를 잡아가는 그 순간, 또다시 혼돈의 시간이 시작된다. 그렇게 삶은 계속해서 혼돈과 질서를 반복한다. 질서는 혼돈으로, 혼돈은 다시 질서로 이동한다.

그러나 제자리에서 같은 상황을 반복하는 것이 아니다. 혼돈과 질서를 반복하면서 우리는 나선형으로 나아간다. 자연과 우주의 움직임은 나선형으로 이루어진다. 정자는 나선형으로 헤엄쳐 난자에 도착하고, 아이는 엄마 뱃속에서 나선형으로 돌아서 나온다. 꽃잎도 나선형으로 펼쳐진다. 우리 몸의 근육도 나선형으로 몸을 감싸고 있다. 성장의 방향 또한 직선이 아니라 나선형이다. 매번 같은 주제에 맞닥뜨리지만, 그 주제를 마주하는 순간은 분명 이전보다 앞으로 나아가 있다. 혼란과 질서를 거듭하며, 빛과 어두움을 번갈아 경험하며, 같은 자리를 맴도는 듯하지만 한 번도 같은 자리가 아닌 채 계속해서 나아간다. 나의 생에서 나선형을 반복하며 진화한 몫은 다음 세대에게 축적된다. 그렇게 우리는 '완성된 존재'가 아닌 '되어가는 존재(Human Being)'로 끊임없이 진화해 간다.

살다 보면 누구나 길을 잃은 듯한 혼란을 겪게 된다. 하지만 우리가 어려움을 겪는 이유는 혼란에 있지 않다. 빨리 길을 찾아 혼란에서 벗어나려고 애쓰기 때문에 어려움을 겪는다. 길을 잃은 것 같은 혼란의 시간이 찾아오면 새로운 창조가 시작되고 있음을 기억하자. 조급하게 서두르는 대신 '거북이의 마음'으로 기다리면 천천히 새로운 질서의 단서를 찾을 수 있다. 같은 문제가 반복되는 것 같은 답답한 시간 또한 '도돌이표'가 아니라 '나선형'으로 진화하는 중임을 기억하자. 아무리 노력해도 여전히 제자리인 것이 아니라, 한 번 너 도약하는 기회가 찾아온 것이다.

나선형으로 변화하고 성장하고 있는 나를 먼 우주에서 조망한다면 아름답고 신비롭다. 나 또한 우주의 질서 안에서 조화롭게 진화하는 중이다. 하지만 시야가 좁아지면 혼돈이 가져오는 두려움에 매몰되어 버린다. 그러니 모든 순간에 '나선형 성장'을 꼭 기억하자. 같은 어려움이 반복되는 나선형의 저점에 있다면, 곧 고점으로 이동해서 또 한 번의 성장이 완성될 것이다. 질서를 찾은 나선형의 고점에 있다면 곧 다시 혼돈의 시간이 찾아올 것이다. 이 모든 과정을 조망할 수 있다면 우리는 길을 잃고 혼란스러운 순간에도 삶을 신뢰하며 인내할 수 있다. 흔들려도 괜찮은, '흔들리며 피는 꽃'이 되는 것이다.

나의 영웅 신화 써보기

모든 나라의 신화에는 영웅 여정이 들어 있다. 평범하게 살아가는 주인공에게 어느 날 문제가 생겨 평화로운 일상이 깨진다. 평화로운 일상을 되찾으려면 당면한 문제를 해결해야만 한다. 어쩔 수 없이 문제를 해결하기 위해 내키지 않는 모험을 떠나는 주인공은 우여곡절을 겪으며 조금씩 성장해간다. 그러다가 가장 큰 위기의 순간에 가장 피하고 싶은 두려움과 마주하게 된다. 절체절명의 위기에서 주인공은 결국 자신의 두려움을 극복하고 문제를 해결한다. 다시 고향으로 돌아가는 주인공은 이전과는 다르게 한결 성숙해진 모습이다.

영웅 여정은 많은 예술 작품의 기본 구조다. 고대 셰익스피어의 작품부터 최근의 마블 시리즈까지 인간의 삶에는 언제나 영웅 여정이 함께하고 있다. 시대를 막론하고 같은 스토리에 매력을 느끼는 이유는, 누구나 자신만의 영웅 여정을 가야 한다는 것을 알고 있는 마음속 깊은 끌림 때문일 것이다. 자신의 삶을 창조해가는 것은 자신만의 영웅 여정, 즉 평범한 일상에서 벗어나서 모험을 떠나 자신만의 신화를 완성해가는 과정이다.

창조의 방향은 각자 다르지만 창조성이 우리를 안내하는 길은 같다. 그 길은 '두려움을 극복하고 자기 자신이 되어가는 과정'이다. 심리학자 칼 융이 말한 것처럼 "우리는 빛 속에서 깨닫는 게 아니라 오직 아픔을 느낄 때" 깨닫게 된다. 나 자신이 되는 유일한 길은 내가 가장 두려워하는 것과 마주하는 것이다. 두려움을 피하면서 내가 될 수 있는 방법은 없다. 진정한 영웅으로 거듭나게 돕는 발판은 언제나 두려움이다.

　나의 영웅 여정은 지금 어느 단계에 있는가? 이제 막 모험을 떠나는 단계인가? 아니면, 모험을 시작해서 우여곡절을 겪고 있는가? 모험 과정에서 조력자를 만나 조금씩 성장해가고 있는가? 영웅 여정의 클라이맥스에 해당하는, '가장 큰 두려움에 직면해야 하는 위기 상황'에 처했는가? 나만의 영웅 신화를 만들어보자. 그리고 그 신화의 결말을 미리 완성해보자. 나만의 영웅 신화가 두려움을 넘어 창조적 여정을 계속하는 데 큰 힘이 되어줄 것이다.

가볍게, 명랑하게, 우아하게
: 역설적으로 살아가기

창조는 '원래 고통스러운 것'이 아니다

화가 피카소는 여성 편력이 심한 것으로 유명하다. 공식적으로 알려진 여성만 7명, 스쳐 간 여성들도 셀 수 없이 많았다. 새로운 여성에게 반할 때마다 영감을 받아 작업을 하다가 금세 질려서 다른 연인으로 갈아타곤 했다. 그로 인해 피카소의 연인이었던 여성들은 대부분 우울증에 시달리거나 비참하게 생을 마감하는 등 정서적 고통에 시달렸다. 피카소는 천재적인 화가였을지는 모르겠지만 정신적으로는 매우 불건강한 나르시시스트였다.

뛰어난 업적을 남긴 예술가 중에는 피카소처럼 파괴적인 성향을 보이는 사람들이 종종 있다. 심각한 약물중독으로 이른 나이에 사망에 이르기도 하고, 평생 우울이나 각종 환각에 시달리기도 한다. 종종 상식을 벗어난 괴팍한 행동으로 주변 사람들을 힘들게 하기도 한다. 일반적인 경우라면 문제의식을 느끼고 치료를 받아야 할 상황인데, 예술가에게는 '창작을 위한 고통'이나 '창조적인 사람의 성향'으로 받아들여진다. 자기 자신과 삶을 책임지지 못하는 행동조차 '예술을 하려면 어쩔 수 없다'라고 생각하며, 그 덕에 창조를 할 수 있다고 믿는 것이다.

단언컨대, 창조 과정에서의 고통은 당연한 것이 아니다. 창조적 영감을 얻기 위해 섹스와 술과 마약에 빠져드는 것은 정당화될 수 없다. 영감을 놓치고 싶지 않아서 우울함을 붙잡고 있는 것 또한 자기 파괴적인 행동일 뿐이다. 예술가들이 종종 보이는 상식 밖의 괴팍한 행동은 치료가 필요한 불안한 심리 상태지, 창조적인 사람의 성향으로 용인되어서는 안 된다. 물론 창조 과정에는 종종 고통스러운 인내의 시간이 존재한다. 하지만 그 시간은 더 깊이 내면의 나를 만나고 잠재된 가능성을 확장시켜주는 성장의 시간이다. 그 시간은 우리를 파괴적으로 만들지 않는다. '창조는 원래 고통스러운 것이다'라는 잘못된 생각이 파괴적으로 만들 뿐이다.

심리학자 미하이 칙센트미하이의 조사에 따르면 창조적인 사람들은 창조적인 에너지를 낭비하지 않기 위해서 최선을 다한다. 자신에게 맞는 일상의 리듬을 찾고 최대한 자신의 리듬을 지키기 위해 노력한다. 매일 일정 시간 책상 앞에 앉아서 잘되든 안되든 작업에 매달린다. 창조적인 몰입을 위해 산책을 하고 정원을 가꾸고 피아노를 치고 달리기를 하며 정신을 맑게 유지하려고 노력한다. 결혼 생활도 대체로 안정되고 만족스럽게 유지한다. 지속적이고 안정된 관계에서 마음의 평화를 유지해야 창조적인 활동에 집중할 수 있기 때문이다. 시간이나 에너지를 관리하는 방식은 제각각 달라도 창조적인 사람들은 공통적으로 자신의 시간과 창조적 에너지를 매우 소중하고 철저하게 관리한다.[89]

창조성은 우리를 파괴적으로 만들지 않는다. 창조성은 일상에 생명력을 불어넣고 마음의 상처를 치유해서 몸과 마음을 건강하게 가꾸게 한다. 창조성은 더 온전한 정신으로, 더 많은 즐거움과 사랑을 느끼며 살아가도록 안내한다. 창조적 모험에 따르는 난관 또한 더 큰 힘에 내어맡겨지는 아름다운 영적 경험으로 이끌 뿐이다. 견디기 힘든 고통을 애써 참아야 한다거나 괴로움 속에서 허우적댄다면 그것은 오히려 창조성과 멀어졌다는 증거다. 창조성은 우리를 더 가볍게, 더 명랑하게, 더 우아하게 만들 뿐이다.

성스러운 놀이

창조성, 놀이, 치유, 예술은 한 묶음이다. 힘들고 아픈 순간을 그림으로 그리고 시로 옮기면 무거운 짐이 덜어지고 아픔에서 벗어난다. 상담실에 앉아 고통스러운 기억을 꺼내며 눈물을 뚝뚝 흘리지 않아도 글을 쓰고 노래를 부르고 춤을 출 때 깊은 치유가 일어난다. '치유(heal)'와 '전체(whole)', '신성(holy)'은 어원이 같다. '치유(healing)'는 나 자신이 '신성함(holy)'을 지닌 '온전한(whole)' 존재인 것을 깨닫게 되는 것이다. 놀이를 통해 내 안의 것들을 자유롭게 표현하며 치유할 때, 나 자신이 본래 온전한 존재임을 깨닫게 되고, 그 순간에 신성함을 경험하게 된다. 모든 예술 작품 안에는 놀이, 치유, 신성함의 요소들이 뒤섞여 있다.

놀이, 치유, 예술 어느 쪽에서 접근하든 우리는 창조적 활동을 통해 진정한 자신을 만난다. 그러기 위해 먼저 자신을 잊는 경험을 하게 된다. 윤이상 작곡가는 다음과 같이 말한다. "내 음악은 나 개인의 것이 아닙니다. 내 음악은 우주의 큰 힘, 눈에 보이지 않는 큰 힘에 의해서 이루어진 것입니다. 우주에는 음악이 흐릅니다. 이 흐르는 우주의 음악을 내 예민한 귀를 통해 내놓을 뿐입니다." 창조는 내가 무언가를 생각해내는 것이 아니라 의식의 표면 아래 존재하는 무언가가 나를 통해 나오는 것이다. 그 통로가 되기 위해서는 내 생각, 내 감정, 내 욕심, 결국 나라는 존재를 잊어야 한다. 그렇게 나를 완전히 잊고 나를 통해 표현된 결과물에는 역설적으로 가장 고유한 자신의 특성이 고스란히 담긴다.

작곡가 스티븐 나흐마노비치는 "창조력은 반대 방향의 힘들이 이루는 조화다. 이 힘들은 릴라, 즉 '성스러운 놀이'라는 개념 안에 있다"[90]라고 말한다. 거룩하고 근엄하고 진지해야 할 것 같은 '성스러움'과 자유롭고 즐거운 '놀이'가 공존하는 것은 잘 상상이 되지 않는다. 하지만 창조성은 '성스러운 놀이'처럼 공존하기 어려운 양극단을 동시에 끌어안는다. 장난스럽고 유쾌한 놀이에서 치유와 신성함, 온전함을 경험한다. 고통과 슬픔에서 아름다움이 탄생한다. 나를 놓아 버리면 진정한 내가 드러난다. 창조성을 상징하는 색은 보라색이다. 뜨거운 빨강과 차가운 파랑을 섞으면 보라색이 되듯, 창조성은 양극단을 통합하고 조화롭게 공존하게 한다.

역설적으로 살기

작가 엘리자베스 길버트는 다음과 같이 말한다. "창조성은 성스러우면서 성스럽지 않다. 우리가 창조한 것은 엄청난 의미를 가지는 동시에 사실 무엇이든 상관없다. 우리는 혼자 고독하게 애쓰는 동시에 영적인 존재들에게 도움을 받는다. 우리는 겁에 질려 있는 동시에 용맹하다. 예술은 참담한 노동이며 동시에 멋진 특권이다. 오직 우리가 가장 장난스럽고 유쾌할 때 비로소 신성이 우리에게 진지하게 다가온다."[91] 나는 창조성이 갖는 이 역설을 너무도 사랑한다. 창조성은 내 인생에서 그 무엇보다 중요한 동시에 아무것도 아니다! 이 역설이 나를 짓누르는 심각함에서 단번에 건져내어 가벼움과 해방감을 느끼는 영역으로 이동시킨다 (내가 창조성에 매료되지 않았더라면 인생의 무게를 감당하지 못하고 진작에 생을 마감했을 것이 틀림없다).

　나는 부디 더 많은 사람이 이 역설 속에서 살아가길 바란다. 아프고 피하고 싶은 상처를 놀이로 표현하며 자유로워지기를. 아이처럼 천진난만해지는 순간에 찾아오는 신성함을 만끽하기를. 심각한 위기의 순간에 엉뚱한 유머를 던질 수 있기를. 두려움으로 겁에 질린 동시에 용맹하게 나아가기를. 나를 잊는 동시에 진정한 나를 만나기를. 목숨이 걸린 것처럼 중요하게 덤벼드는 동시에 지금 하는 것이 아무것도 아니라는 것을 기억하기를. 그리하여 온통 무겁고 심각한 삶을 부디 가볍게, 명랑하게, 우아하게 살아가기를!

03

나의 창조성에서 우리의 창조성으로
: 연대하고 공유하기

가장 창조적인 삶이 가장 이타적인 삶

대다수가 타인에게 인정받기 위해 성공하고 싶어 하는 세상에서, 성공이나 인정에 연연하지 않고 자기 자신으로 살아가는 사람의 영향력은 매우 강력하다. 창조적으로 사는 사람이 뿜어내는 기분 좋은 에너지와 당당한 자신감은 창조성이 막힌 사람들을 깨워내는 알람이 된다. 창조적인 사람은 어디를 가든 가볍고 밝은 에너지로 주변을 채운다. 무기력하고 부정적인 사람이 가는 곳마다 등불을 끄고 다닌다면, 창조적인 사람은 가는 곳마다 하나씩 등불을 밝힌다. 굳이 타인에게 선한 영향력을 끼치려 노력하지 않아도, 그저 자기 자신으로 존재하는 것만으로도 세상에 선한 영향력을 끼치게 된다.

자신의 창조성에 귀를 기울이며 사는 사람은 타인을 바라보는 시선과 태도 또한 달라진다. 자신에게 진실한 만큼 타인에게도 진실해진다.

자신에게 친절하게 대하는 만큼 타인에게 친절하게 대한다. 자신이 용기 낸 만큼 타인이 용기 낼 수 있도록 응원하고 돕는다. 자신의 고유한 재능을 소중히 여길수록 타인의 고유함을 존중하고 잠재된 재능을 찾아주는 데 열정적이다. 창조적인 사람은 좋은 관계를 위해 애쓰지 않아도 자신의 창조성을 가꾸는 만큼 타인과도 건강한 관계를 만들어간다.

자신의 재능을 펼치며 좋아하는 일을 하는 사람들이 많아지면 세상은 다양성이 공존하는 풍요로움으로 채워진다. 자신의 일을 사랑하는 사람들로만 이루어진 세상을 상상해보자. 바리스타는 최고의 커피를 내려서 대접하는 일에 기쁨을 느낀다. 청소부는 자신이 좋아하는 청소로 사람들이 깨끗한 환경을 누리는 것에 기쁨을 누린다. 말하기 좋아하는 사람은 말하는 것으로, 듣기 좋아하는 사람은 잘 듣는 것으로 타인에게 기여한다. 모두가 자신이 좋아하는 일을 하면 개인은 행복해지고 사회는 조화롭게 최적의 분배가 이루어진다. 이것이 내가 꿈꾸는 유토피아다!

창조적인 삶은 나 자신의 행복만을 위해서가 아니다. 정말로 타인을 이롭게 하고 세상에 선한 영향력을 끼치고 싶다면, 우리가 온 힘을 쏟아야 할 일은 내 안의 창조성에 집중하는 것이다. 창조성의 안내에 따라 나 자신으로 살아가려는 노력은 나와 타인을 위해 할 수 있는 최고의 선이다. 그러니 앞으로도 계속해서 내 안의 창조성에 귀를 기울이자. 창조의 시작이 되는 내 욕구에 귀를 기울이고, 타인을 위해 쓰는 에너지를 돌려서 나 자신에게 집중하자. 타인에게 어떻게 기여할 수 있는지는 나의 창조성을 잘 돌볼수록 더 명확하게 알게 될 것이다.

공유의 힘

내가 처음 팟캐스트를 시작했을 때, 매번 '도대체 이걸 누가 들을까?' 라고 생각했다. 나보다 말을 잘하는 사람, 나보다 많이 공부한 전문가들이 많고도 많다. 나와 같은 내용의 정보들도 이미 차고 넘친다. '어차피 똑같은 이야기인데 나까지 더 보탤 필요가 있을까?' 하는 회의감이 매 순간 찾아왔다. '그래도 시작했으니 딱 6개월만 하고 그만두자'라는 생각으로 계속했다. 그런데 내가 예상하지 못한 일들이 생겼다. 매주 방송을 기다리는 애청자들이 점점 늘어났고, 사람들은 다른 곳에서 느낄 수 없는 편안함과 따뜻함이 있다며 내 방송을 좋아해주었다. 진심 어린 감사의 후기가 이어질수록 나는 내 이야기가 갖는 힘을 조금씩 깨닫기 시작했다.

시간이 지날수록 나에게는 아무것도 아닌 당연한 이야기라도 사람들과 공유하면 멋진 일이 일어난다는 것을 확신하게 되었다. 창조성 공동체를 이끌면서 이 확신을 계속해서 확인할 수 있었다. 사람들이 자신이 알고 있는 것을 서툴지만 다른 사람에게 전달할 때, 무엇이든 자신의 경험을 솔직하게 나눌 때마다 매번 깊은 감동을 주고받았다. 전문가가 아니어도, 잘하지 못해도, 대단히 신박한 경험이 아니어도 상관없었다. 자기 자신에게 진실한 이야기라면 무엇이든 사람들의 마음을 파고들어 깊은 울림과 신선한 자극을 주었다.

나 자신을 찾아가는 과정, 나의 창조성을 따라가는 과정을 공유할 때 생기는 힘은 엄청나게 강하다. 공유하는 사람은 공유하는 과정에서 자신의 고유한 재능을 발견하게 된다. 나에게는 별것 아니고 진부하게만 느껴지는 것이 다른 사람에게 감동을 줄 수 있는 재능임을 확신하게 된다. 그래서 공유하면 할수록 점점 더 나의 재능을 신뢰하며 나 자신으로 살 수 있는 용기가 생겨난다. 공유받은 사람은 '나도 나만의 무언가로 타인에게 감동을 주고 싶다'라는 창조적 열망이 깨어난다. 창조하는 과정에서는 내 안의 창조성과 연결된다면, 창조 과정을 공유할 때는 우리 안의 창조성이 네트워크망처럼 연결된다. 그럴 때마다 강력한 '창조성 부흥회'가 일어난다.

창조성 가계도의 일부가 되어 영감을 전달하기

나는 영감을 '살고 싶게 만드는 힘'이라고 정의한다. 무력하고 지쳐서 아무것도 먹고 싶지 않을 때는 박막례 할머니의 요리 영상이 나에게 영감을 준다. 영상을 보는 동안 사라진 입맛이 돌아오고, 도무지 하고 싶지 않았던 요리가 하고 싶어진다. 할머니의 레시피대로 음식을 완성해서 먹으면서 새로운 맛에 기쁨을 느낄 때, '살아 있음'을 느낀다. 많이 먹는 재능으로 성공한 유튜버 '입짧은 햇님'의 행복한 먹방을 보면서 '역시 정답이 없는 삶에 유일한 정답은 나다운 삶'이라는 확신이 든다. 나도 나다운 삶을 살아내며 다른 이들에게 건강한 자극을 주고 싶은 열망이 차오른다.

내가 원하는 것을 창조해가는 과정을 공유할 때, 우리는 누군가에게 영감, 즉 살고 싶게 만드는 힘을 불어넣게 된다. 살아 있고 싶고, 경험하고 싶고, 무언가 하고 싶게 하는 생명력을 불어넣는 것이다. 우리가 창조성에 대한 열망이 생긴 것은 창조적인 삶을 공유해준 사람들로부터 영감을 받은 덕분이다. 그들에게 받은 영감으로 내 창조성에 힘을 불어넣었으니, 나도 누군가에게 나의 이야기를 전달해 영감을 불어넣을 차례다. 이렇게 우리가 모두 거대한 '창조성 가계도'의 일부가 되어 계속해서 창조적 영감을 전달하는 것이다. 멋지지 않은가!

내가 처음 팟캐스트를 했을 때처럼 '내 이야기는 별것 없는데…. 나는 전문가도 아니고…. 누가 관심을 갖기나 할까…' 하는 생각에 두려움을 느낄 수 있다. 하지만 영감을 주는 사람은 잘하고 성공한 사람이 아니라 자기 자신에게 진실한 사람이다. 두려움을 극복하려 고군분투하며 성장해가는 사람에게 우리는 감동을 받고 영감을 얻는다. 그러니 창조적 여정에서 내가 알게 된 것, 내가 경험한 것은 무엇이든 공유해보자. 4주차에 계획한 스몰 프로젝트는 어떤 과정을 겪었는가? 그 과정에서 경험하고 느낀 것들을 공유해보자. 생각보다 많은 이들이 도움이나 위로가 되었다는 메시지가 돌아올 것이다. 그것이 바로 공유의 힘이다.

물론 아직 겁이 날 때는 안전한 창조적 지지자들과만 공유하는 것이 좋다. 어렵게 꺼낸 이야기를 시시하게 여기거나, 오히려 부정적인 반응을 보이면 다시 공유하기 어려워질 것이다. 사람들의 평가가 두렵다면 열린 마음으로 들어줄 수 있는 안전한 사람 또는 그룹에서 공유해보자. 공유하며 주고받는 힘을 확인할수록 더 많은 사람에게 내 이야기를 들려줄 용기가 날 것이다. 또한 공유하며 주고받은 힘이 나의 창조의 여정을 지속하는 데 든든한 연료가 되어줄 것이다.

창조적 지지자들과 연대하기

창조적인 사람들은 틀에 묶인 삶을 살지 않는다. 한 사회의 구성원으로서 삶을 영위하는 데 필요한 규칙은 지키겠지만, 그 외의 영역에서는 끊임없이 제한된 틀을 깨려 노력한다. 창조적인 사람들의 틀에 매이지 않는 모습은 창조성이 막혀 있는 대다수의 사람에게는 위협적일 수 있다. 세상은 창조적인 사람들이 가져오는 새롭고 신선한 것에 열광한다. 동시에 기존의 낡은 것들을 파괴하려 하는 창조적인 사람들을 경계하고 탄압한다(아! 백조이자 미운 오리 새끼인 창조적 존재들이여!).

그래서 창조적으로 살고 싶은 사람들은 서로 연결되어 있어야 한다. 불확실한 모험과 애매모호한 혼돈 속에서 헤맬 때 곁을 지켜줄 창조적 지지자들이 필요하다. 혼자서는 창조성을 거부하는 다수의 사람들 속에서 살아남기가 쉽지 않다. 나 역시 안전하게 나 자신을 보여줄 수 있는 안전한 공동체가 없어서 오랜 시간 혼자 분투했다. 그러다 보니 나의 재능과 창조적 욕구에 대해 끊임없이 의심하면서 소중한 시간과 에너지를 낭비했다. 새로운 도전을 할 때마다 훨씬 더 많은 용기가 필요했고, 주변의 시선에 흔들리는 마음을 다잡느라 매번 애를 써야 했다. 그러나 창조적 공동체를 만들어 창조 과정을 함께하니 훨씬 덜 흔들릴 수 있었다. 덕분에 나의 창조적 여정에도 가속도가 붙을 수 있었다.

인간은 사회적 동물이다. 인간이 인간보다 더 큰 동물들로부터 살아남을 수 있었던 가장 중요한 이유는 함께했기 때문이다. 혼자서는 무엇이든 어렵고, 함께하면 모든 것이 쉬워진다. 창조성도 마찬가지다. 8주간 배운 내용은 이제부터 삶에서 진짜로 살아내야 한다. 시작부터 바로 무너지지 않을 수 있도록 연대할 수 있는 창조적 지지자와 함께하자. 필요하다면 안전한 공동체를 꾸리거나 건강한 공동체에 소속되는 것을 추천한다. 이 책을 함께 실천했던 사람들과 지속적인 소모임을 여는 것도 추천한다. 소모임을 이어갈 수 있는 가이드는 부록으로 실었으니, 참고해서 몇 가지 규칙만 잘 지킨다면 든든한 공동체가 되어줄 것이다.

1. 나만의 신화 써보기

영웅 여정의 서사에 맞게 나만의 영웅 신화를 3인칭으로 간략하게 완성해보자.

- 예시) 내키지 않지만 어쩔 수 없이 모험 시작 ⇨ 조력자의 도움을 받아 온갖 어려움을 맞닥뜨리며 조금

  씩 성장 ⇨ 최고조의 위기 상황에서 가장 두려워하는 것을 마주하고 넘어감 ⇨ 승리를 안고 성장해서

  귀환

2. 창조적 가계도의 일부가 되어 영감을 전달하기

지난 4주 동안 스몰 프로젝트는 어떻게 진행되었나? 결과는 전혀 중요하지 않다.
그 과정에서 무엇을 알게 되었는지가 더 중요하다. 내가 무엇을 두려워서 주저하
는지, 무엇이 나에게 더 유리한 방법인지를 알아냈다면 성공이다. 성공했다면 자
축하며 멋진 보상을 해주자.

그 스토리를 공유해보자. SNS에 공유하거나, 연대할 수 있는 창조적 지지자들과
공유해보자. 공유한 후 어떤 일이 일어났는가? 무엇을 느꼈는가?

3. 창조적 연대 만들기

나는 앞으로 누구와 계속해서 나의 창조 과정을 공유할 것인가? 공동체 또는 연
대할 수 있는 지지자 그룹을 정비하자. 1주 차에 만든 지지자 그룹이 여전히 유효

8
주

한가? 또는 멤버의 변화가 생겼는가?

4. 몸 감각 깨우기 - 보기

한 주 동안 눈에 보이는 것들을 평소보다 조금 더 오래 주의 깊게 관찰해본다. 무엇이 보이는가? 평소와 다르게 보기에 집중하면서 더 발견한 것이 있는가?

사람과 대화할 때 그 사람을 주의 깊게 본다(불쾌하지 않을 만큼). 주의 깊게 상대를 볼 때 평소와 다른 무엇을 느꼈는가?

보면서 내가 불쾌하고 보고 싶지 않은 것들은 무엇인가? 소모임으로 함께한다면 2~3가지 정도 사진을 찍어서 공유하며 함께 이야기 나눠보자. 내가 보고 싶어 하지 않는 것에는 어떤 공통점이 있는가?

보면서 더 시선을 끌고 오래 보고 싶은 것들, 보는 것을 즐기게 되는 것들은 어떤 것인가? 소모임으로 함께한다면 2~3가지 정도 사진을 찍어서 공유하며 함께 이야기 나눠보자. 내가 보고 싶어하는 것들에는 어떤 공통점이 있는가?

부록

소모임을 위한 가이드

이 책은 혼자서도 실천할 수 있도록 구성했지만, 사람들과 함께할 때 훨씬 도움이 된다. 누구나 창조성 모임을 만들고 진행할 수 있다. 모임 내 구성원 모두가 모임을 이끄는 안내자가 될 수 있으니, 한주씩 돌아가며 진행할 수도 있다. 보다 깊이 있게 창조성을 경험하고 싶다면 창조성 코치가 진행하는 수업에 참여하거나, 창조성 코치를 초대해서 모임을 진행해줄 것을 요청할 수도 있다. 그러나 단언컨대 창조성은 누군가가 가르쳐줄 수 없다. 반드시 경험해야 한다. 창조성 코치 역시 창조성을 가르쳐주는 사람이 아니라, 창조성을 잘 경험할 수 있도록 돕는 사람이다. 마음이 맞는 사람들과 다음의 가이드 라인을 잘 지키며 함께한다면 충분히 풍요롭게 창조성을 경험을 할 수 있을 것이다.

소모임을 위한 가이드

다음의 형식들은 창조성 수업을 진행했던 경험을 바탕으로 제안하는 것일 뿐, 꼭 따라야 할 정해진 형식은 아니다. 제안하는 형식을 바탕으로 자유롭게 형식을 만들어가는 것을 권장한다.

일정 : 한 주에 한 장씩 총 8주 동안 진행하며, 한 주마다 두세 시간 정도 모임을 갖는 것을 권장한다.

모임 첫날 : 부록(소모임 가이드)을 먼저 읽고 모임의 규칙을 함께 정하고 약속한다. 앞으로 진행 사항에 대해서도 모든 구성원이 함께 합의한다. 모든 구성원의 의견이 동등하게 존중받는 것은 매우 중요하다.

모임 열기 : 한 주간 창조성에 관련된 경험과 통찰을 나누는 것으로 시작한다. 창조 리추얼과 몸 감각 깨우기가 어떻게 진행되고 있는지 서로 나누며 점검한다. 또한 한 주간 창조성 주제에 대해 어떤 것을 경험했는지 솔직하게 나눈다.

모임 진행 : 한 주씩 책을 읽고 느낀 점을 자유롭게 나눈다. 다 같이 몸 감각 깨우기 활동도 해본다(필요하면 가이드 영상을 활용한다). 그 주간에 해당하는 과제에 함께 답하고 서로 적은 것에 대해 이야기 나눈다. 이 외에도 언제든 시나 글쓰기, 그림 그리기, 춤추기 등 창조적인 활동을 함께 해도 좋다.

모임 닫기 : 오늘 모임에서 있었던 것을 돌아보며 솔직한 자신의 느낌 표현으로 마친다. 느낀 점, 알게 된 점, 한 주 동안 실천하고 싶은 점 등을 나눈다. 나에게 영감이나 통찰을 일으키게 도와준 사람에게 감사의 표현을 하는 것도 좋다. 모임에서 자신과 타인, 삶 전체에 감사를 표현하고 축하하는 기회를 자주 갖는 것을 제안한다.

함께 지킬 약속

모임에서 생길 수 있는 마찰을 줄이고, 안전한 환경에서 서로에게 힘이 될 수 있도록 다음의 가이드 라인을 제안한다. 첫 모임을 시작하기 전에 다음 일곱 가지 원칙을 함께 약속하고 시작하기를 권장한다.

1. 자신의 몸과 욕구를 건강하게 돌보기

모든 것은 건강한 몸과 마음에서 출발한다. 너무 피곤하거나 몸이 아픈데도 억지로 모임에 참가하면 모임 내내 구성원 모두가 편안하게 집중하기 어렵다. 좋은 컨디션으로 모임에 참여할 수 있도록 8주간 몸의 말을 귀 기울여 듣고 잘 관리한다. 또한, 나의 창조성을 위해서는 그 어떤 것보다 자신의 욕구가 우선시되어야 한다. 다른 사람을 배려하느라 자신의 욕구를 참지 않도록 주의하고, 언제나 자신의 욕구를 제일 먼저 돌본다.

2. 모두가 평등하게 서로를 존중하기

창조성을 가진 우리는 모두 똑같이 귀한 존재다. 나이와 성별, 외부적 조건에 의해 차별하지 않고, 모두가 창조성을 가진 고유한 인격체로서 서로를 온전히 존중한다. 모임의 리더 또한 모임을 진행하기 위한 권위 외의 권력을 가져서는 안 된다. 모임 리더는 조력자이지 창조성을 가르치는 선생이 아니다. 모임에서 합의가 필요한 부분이 있다면 리더는 모두의 의견이 동등하게 존중받도록 잘 살펴야 한다. 대화를 나누는 시간은 모임 구성원이 모두 공평하게 사용하고, 발언의 기회도 공평하게 주어지도록 한다.

3. '충조평판' 없이 경청하기

창조성은 개인의 고유함을 바탕으로 한다. 따라서 개인의 고유한 과정과 방식, 속도를 존중한다. 우리 모두 자신만의 방식으로 창조성을 체험한다. 그러니 모임 안에서 누구의 말에도 '충고, 조언, 평가, 판단(충조평판)'하지 않는다. 모임에서 다양한 이야기가 오고 가다 보면 "나도 그런 적 있는데", "내가 해봐서 아는데", "이렇게 하면 좋은데" 등의 충고 조언의 말이 나오기 쉽다. 상대를 돕기 위한 마음이었겠지만 조금만 더 들여다보면 상대가 아닌 자신의 욕구가 앞서서 일어나는 일이다. 또한 충고와 조언이 앞서는 순간 상대를 있는 그대로 평등한 존재로 대하지 않게 된다. 충고와 조언의 말이 하고 싶다면 그 순간 내 안에서 어떤 감정과 욕구가 일어나는지를 관찰한다. 정말로 상대를 돕기 위함이라면 먼저 "제가 조언을 해드리고 싶은데 괜찮을까요?" 등의 동의를 얻고 말한다. 상대는 조언받기를 거절할 수도 있다. 동의를 얻지 않았는데도 판단, 평가, 충고, 조언이 계속 이어진다면 진행자는 단호하게 중지할 것을 요청한다.

4. 수다나 신세 한탄으로 전락하지 않도록 주의하기

이야기를 나누다 보면 과거의 개인사를 이야기하는 데 너무 많은 시간을 쓰거나 모임 주제와 관련 없는 이야기에 빠져들 때가 있다. 특히 자신을 피해자로 생각하는 과거의 신세 한탄은 경계해야 한다. 창조적인 삶은 자신이 삶의 주체가 되어 선택해가는 것이 핵심이다. 누군가 신세 한탄에 빠져 있다면 모임 구성원 중 누구라도 '피해자 모드'에서 빠져나오도록 부드럽게 일깨워준다.

또한, 다른 사람의 이야기에 중간중간 끼어들어 자신의 이야기로 만들어 흐름을 자꾸 끊는 경우, 신변 잡기적 수다가 계속되는 경우 등 모임 주제에서 벗어난 이야기가 계속된다고 판단되면 모임 진행자가 정중하게 중단을 요청한다.

오래전 과거나 앞으로 미래의 이야기는 지금 여기에서 자기 내면과 연결되는 것을 방해할 수도 있으니, 모임에서 나누는 이야기는 최대한 시점을 지금, 여기로 가져올 수 있도록 한다.

5. 자기 자신을 신뢰하고 사랑하기

항상 나 자신을 먼저 신뢰하고 사랑하고 돌본다. 모임에서 타인을 배려하느라 자신을 놓치지 않도록 주의한다. 타인을 응원하는 만큼 나 자신을 스스로 응원해주고 친절하게 대한다. 타인에게 하지 않는 것처럼 나 자신에게도 충조평판의 말을 하지 않는다. 모임에서 타인의 말에 마음이 흔들릴 때도 답은 항상 내 내면의 창조성으로부터 얻는다.

6. 진실하기

서로 창조적인 삶을 지지하고 응원하는 창조적 동지가 되기 위해서는 솔직한 자기 개방이 필요하다. 어디서도 꺼내지 못한 내 안의 진실들을 꺼내게 될 때 서로가 안전한 울타리가 되어주는 것은 매우 중요하다. 모임에서는 최대한 진실하게 이야기를 나눈다. 모임에서 나온 이야기는 모임 안에서 끝내고 외부로 발설하지 않는다. 비밀이 유지될 때 안전함을 느끼며, 더 솔직해지고 용기를 낼 수 있다. 모임의 리더는 진실하지 못한 구성원이 있다면 솔직해지기 어려운 부분이 무엇인지 따로 살피고, 어려움을 덜 수 있도록 돕는다. 모임 구성원이 모두 진실할 때 모든 모임은 완벽하게 아름다울 수 있다. 그러나 한 명이라도 진실함을 감출 때 모임의 에너지는 흐르지 않고 정체된다. 진실함은 모임이 순조롭게 운영되는 데 무엇보다 중요한 요소다.

7. 서로를 응원하기

창조성은 서로에 대한 신뢰, 사랑, 응원과 격려 위에서 자라난다. 모임을 함께하는 이유는 서로를 믿어주고 서로의 꿈을 응원해주기 위해서다. 모임에서는 어떤 이야기가 오가든 서로를 굳게 믿어주고 무조건 응원해준다. 만약 다른 사람이 하는 말에 비난이나 비판하고 싶은 마음이 올라온다면 자기 내면에 돌봐야 할 감정이 있는지를 잘 살펴본다. 자기 내면의 문제가 원인임을 찾았다면 자신의 감정과 생각을 먼저 돌보도록 한다.

에필로그

나는 뭐든 잘 질리고 관심사가 자주 바뀐다. 그런 내가 창조성이라는 주제에 오랫동안 흠뻑 빠져 있는 이유는 창조성이라는 키워드 하나에 모든 것이 다 담겨 있기 때문이다. 예술, 치유, 자아실현, 인문, 철학, 역사, 비즈니스, 영성…. 창조성은 탐구할수록 삶의 모든 측면을 다 품고 있는 광활한 우주 같은 것이었다. 이렇게 재밌고, 신비롭고, 가볍고, 단순하면서, 삶의 모든 의미를 하나로 설명할 수 있는 흥미로운 주제가 있을까!

그래서 책을 쓰는 과정은 '모름과 헤맴의 끝판왕'이 될 수밖에 없었다. 광활한 우주 같은 창조성을 나의 제한된 언어로 설명하는 것은 거의 불가능했다. 기존 학문의 도움을 받으려고 자료를 찾아봐도 창조성에 대한 명확한 정의조차 존재하지 않았다. 삶의 모든 영역을 다 담고 있으니, 어디서부터 출발해서 어디까지 다뤄야 할지도 막막했다. 게다가 대부분의 사람들은 딱히 창조성에 관심이 없다. 관심 없는 사람들에게 광활한 우주 같은 창조성의 매력을 설명하는 것은 아무리 머리를 싸매고 고민해도 수년간 제자리걸음을 반복할 뿐이었다.

그럼에도 불구하고 '더 많은 이들에게 창조성을 알리고 싶다'는 나의 창조적 욕구는 도무지 사라지지 않았다. 아무리 그만두려 해도 포기하지 못하는 '완고한 즐거움'이었다. 그 즐거움을 따라 혼란과, 막막함과, 두려움과, 실패와, 좌절과, 몰입의 즐거움과, 각종 어둠의 시기를 거쳐서 5년 만에 이 책을 완성했다. 덕분에 나의 창조성은 이 책을 쓰는 동안 폭풍 성장을 이뤘다. 내 삶은 더 단단해졌고, 깊고 풍부해졌다. 모든 일이 그러하듯, 이 책의 가장 큰 수혜자는 나 자신이다.

내가 창조성에 열광하는 또 다른 이유는 나를 '살고 싶게' 했기 때문이다. 우울과 무기력이 일상인 나에게 산다는 건 마냥 버거운 일이었다. 하지만 창조성인 삶에 집중할수록 나는 점점 더 살 만해졌고, 사는 게 재밌어졌고, 살아 있어서 행복하다고 느끼는 순간이 많아졌다. 나에게는 살고 싶어진 것이 그 어떤 성공보다 더 중요한 일이었다. 내가 그랬듯이, 이 책을 만난 이들이 막막하고 버거운 삶이 조금은 살 만해졌으면 좋겠다. 사는 게 재밌고, 살아 있어서 참 좋다고 느끼는 순간이 더 많아졌으면 좋겠다. 우리 안의 창조성은 그렇게 되도록 도울 것이다. 삶에서 그보다 더 멋진 일이 있을까!

마지막으로 소중한 분들에게 감사의 마음을 전한다(책을 쓰는 5년 내내 늘 꿈꿔왔던 순간이 드디어 왔다!).

제일 먼저 내 안의 창조성을 되찾게 안내해준 줄리아 카메론에게 감사를 전한다. 그가 알려준 모닝페이지 덕분에 이 모든 여정이 시작됐다.

지난 10년간 창조성 수업에서 만난 모든 분들에게도 감사를 전한다. 우리가 함께했던 시간은 언제나 즐거운 축제였고, 아름다운 창조성 부흥회였다. 힘들고 막막할 때마다 그 축제의 에너지를 기억하며 이 책을 완성해갈 수 있었다.

이 책이 세상에 나오기를 열렬히 응원해준 창조성학교 Leela 팀원들에게도 감사의 마음 전한다. 팀원들은 창조적 여정을 함께하는 것이 얼마나 소중한지 늘 생생히 깨닫게 해주었다.

초고를 함께 쓰자는 나의 무모한 도전에 열정적으로 함께해준 신수진 님에게도 특별히 감사를 전한다. 수진 님 덕에 첫 번째 초고를 완성할 수 있었다.

초고를 다 엎고 다시 처음부터 쓰는 1년 넘는 시간 동안 망망대해에 비추는 등대같이 길잡이를 해주신 이상민 선생님께도 감사를 전한다. 나 혼자서는 해낼 수 없는 여정이었다.

언제나 상냥하게 응원해주며 내 글이 세상에 나올 수 있게 세심하게 도와주신 두드림미디어 출판사에도 깊은 감사의 마음 전한다. 덥썩 손 잡아주지 않았다면 내 글이 세상에 나오는 시기는 아주 많이 늦어졌을 것이다.

마지막으로 나를 이렇게나 창조적인 존재로 낳아주신 부모님, 언제나 힘이 되어준 나의 남편, 글 쓰는 내내 나의 무릎에서 나를 응원해준 첫째 고양이 강이, 머리가 복잡해질 때마다 단순하게 존재하는 법을 가르쳐주며 현존을 도운 둘째 고양이 별이에게 사랑을 전한다.

미주

1 철학자 마가렛 보덴(Margaret Boden)은 창조성을 '개인적(심리적) 창조성'과 '역사적 창조성'으로 구분했다. '역사적 창조성'은 역사적으로 처음 나타나는 새롭고 독창적인 아이디어나 발견을 의미하고, '개인적 창조성'은 개인의 사고 과정과 경험 내에서의 창조성을 의미한다. 이 책에서 다루는 창조성은 개인의 발견과 성장에 중점을 두는 '개인적인 창조성'에 대한 것이다.

또한 이 책에서 해외 서적을 인용할 때는 '창의성'으로 번역된 부분을 모두 '창조성'로 바꾸어 표기했다. 영어단어 'creativity'는 '창의성'과 '창조성'으로 혼용해서 번역된다. 대부분 창의성으로 번역되기 때문에, 우리나라에서는 '창의성'이라는 단어가 더 익숙하다. 한자를 살펴보면 창의(創意)는 '새로운 생각'을, 창조(創造)는 '새로운 무언가를 만드는 것'을 뜻한다. 이 책에서는 새로운 생각을 현실로 만드는 과정까지 다룰 예정이므로, '창조성'이라는 단어가 더 적합하다고 판단했다.

2 줄리아 카메론, 《아티스트웨이》, 임지호 역(경당출판사, 2012)

3 모기 겐이치로, 《뇌와 창조성》, 김혜숙 역(눈과마음, 2006)

4 딕 리처드, 《당신의 천재성을 깨워라》, 박미경 역(메가트렌드, 2008)

5 스티븐 나흐마노비치, 《놀이, 마르지 않는 창조의 샘》, 이상원 역(에코의 서재, 2008)

6 로버트 루트번스타인, 미셸 루트번스타인, 《생각의 탄생》, 박종성 역(에코의 서재, 2007)

7 같은 책

8 스티븐 나흐마노비치, 《놀이, 마르지 않는 창조의 샘》, 이상원 역(에코의 서재, 2008)

9 논어 옹야편 : "知之者不如好之者, 好之者不如樂之者"

10 엘렌 랭어, 《마음의 시계》, 변용란 역(사이언스 북스, 2015)

11 최현묵의 저서 《건강한 내 몸 사용법 알렉산더 테크닉》에서는 '고유수용감각'에 대해 "눈, 코, 입, 귀, 피부로 들어오는 감각들이 주로 외부 환경에 대한 감각들이라면, 고유수용감각은 그것에 끊임없이 반응하는 내적 상태를 전달한다. 고유수용감각으로 감지된 것들은 오직 내 몸 안에서 나에게만 느껴지는 감각이므로, 같은 상황도 각자 다르게 인지될 수 있다"고 설명한다.

12 애니 머피 폴, 《익스텐드 마인드》, 이정미 역(RHK, 2022)

13 줄리아 카메론, 《아티스트웨이, 마음의 소리를 듣는 시간》, 이상원 역(비즈니스북스, 2022)

14 다미 샤르프, 《당신의 어린 시절이 울고 있다》, 서유리 역(동양북스, 2020)

15 애니 머피 폴, 《익스텐드 마인드》, 이정미 역(RHK, 2022)

16 미하이 칙센트미하이, 《창의성의 즐거움》, 노혜숙 역(더난출판사, 2003)

17 애니 머피 폴, 《익스텐드 마인드》, 이정미 역(RHK, 2022)

18 같은 책

19 같은 책

20 같은 책

21 같은 책

22 줄리아 카메론, 《아티스트웨이, 마음의 소리를 듣는 시간》, 이상원 역(비즈니스북스, 2022)

23 나우뉴스(2015. 3. 25), '일상의 지루함, 오히려 사람을 창조적으로 만든다' 기사 중

24 미하이 칙센트미하이, 《몰입의 즐거움》, 이희재 역(해냄, 1999)

25 칼 로저스, 《진정한 사람 되기》, 주은선 역(학지사, 2009)

26 피파 그레인지, 《나를 단단하게 만드는 심리학》, 장진영 역(상상스퀘어, 2022)

27 같은 책

28 마셀 로젠버그, 《비폭력 대화》, 캐서린 한 역(한국 NVC출판사, 2017)

29 국립국어원 우리말 샘

30 세이노, 《세이노의 가르침》(데이원, 2023)

31 데이비드 베일즈, 테드 올랜드, 《예술가여 무엇이 두려운가》, 임경아 역(루비박스, 2006)

32 피파 그레인지, 《나를 단단하게 만드는 심리학》, 장진영 역(상상스퀘어, 2022)

33 줄리아 카메론, 《아티스트웨이》, 임지호 역(경당출판사, 2012)

34 알프레드 아들러, 《항상 나를 가로막는 나에게》, 변지영 역(카시오페아, 2014)

35 김경일, 《창의성이 없는 게 아니라 꺼내지 못하는 것입니다》(샘터, 2019)

36 토드 로즈, 오기 오가스, 《다크호스》, 정미나 역(21세기북스, 2019)

37 토드 로즈, 《평균의 종말》, 정미나 역(21세기 북스, 2021)

38 엘리자베스 길버트, 《빅매직》, 박소현 역(민음사, 2017)

39 데이비드 이글먼, 앤서니 브란트, 《창조하는 뇌》, 엄성수 역(쌤앤파커스, 2019)

40 엘리자베스 길버트, 《빅매직》, 박소현 역(민음사, 2017)

41 오스틴 클레온, 《훔쳐라 아티스트처럼》, 노진희 역(중앙북스, 2013)

42 같은 책

43 줄리아 카메론, 《아티스트웨이》, 임지호 역(경당출판사, 2012)

44 오스틴 클레온, 《훔쳐라 아티스트처럼》, 노진희 역(중앙북스, 2013)

45 도널드 클리프턴, 톰 래스, 《위대한 나의 발견 강점혁명》, 갤럽 역(청림, 2017)

46 딕 리처즈, 《당신의 천재성을 깨워라》, 박미경 역(메가트렌드, 2008)

47 디팩초프라, 《성공을 부르는 일곱가지 영적법칙》, 김병채 역(슈리크리슈나다스아쉬람, 2010)

48 크레이그 라이트, 《히든 해빗》, 이경식 역(청림출판, 2021)

49 김경일 '행복을 부르는 심리학' 강의

50 정혜신, 《당신이 옳다》(해냄출판사, 2018)

51 정은혜, 《치유적이고 창조적인 순간》(샨티, 2019)

52 1951년, 미국의 심리학자 로저 버크만은 행동, 동기 및 인식에 영향을 미치는 인간의 특성을 측정하는 도구인 버크만 진단을 개발했다. 개인의 부정적 측면보다 긍정적 측면을 연구해서 보다 행복한 삶을 추구하려는 긍정심리학을 기반으로 4가지 관점으로 성격을 평가하는 고유한 방법론이다(출처 : 버크만 연구소 홈페이지).

53 김인숙, 《뭐해먹고살지》 문답집 참고

54 김대식, 다니엘 바이스, 《창조력은 어떻게 인류를 구원하는가》, 박영록 역(중앙북스, 2017)

55 같은 책

56 정은혜, 《치유이고 창조적인 순간》(샨티, 2019)

57 피파 그레인지, 《나를 단단하게 만드는 심리학》, 장진영 역(상상스퀘어, 2022)

58 모기 겐이치로, 《뇌와 창조성》, 김혜숙 역(눈과마음, 2006)

59 최인수, 《창의성의 발견》(쌤앤파커스, 2011)

60 샤우나 샤피로, 《마음챙김》, 박미경 역(안드로메디안, 2021)

61 애덤 그랜트, 《오리지널스》, 홍지수 역(한국경제신문, 2020)

62 크레이그 라이트, 《히든해빗》, 이경식 역(청림출판, 2021)

63 데이비드 이글먼, 앤서니 브란트, 《창조하는 뇌》, 엄성수 역(쌤앤파커스, 2019)

64 토드 로즈, 오기 오가스, 《다크호스》, 정미나 역(21세기북스, 2019)

65 브레네 브라운, 《마음가면》, 안진이 역(더퀘스트, 2016)

66 줄리아 카메론, 《아티스트웨이》, 임지호 역(경당출판사, 2012)

67 미하이 칙센트미하이, 《창의성의 즐거움》, 노혜숙 역(더난출판사, 2003)

68 애덤 그랜트, 《오리지널스》, 홍지수 역(한국경제신문, 2020)

69 미하이 칙센트미하이, 《몰입의 즐거움》, 이희재 역(해냄, 1999)

70 데이비드 베일즈, 테드 올랜드, 《예술가여 무엇이 두려운가》, 임경아 역(루비박스, 2006)

71 월트 디즈니 이매지니어 일동, 《파란 코끼리를 꿈꾸라》, 이상원 역(용오름, 2005)

72 완벽주의 개념을 처음 정의한 심리학자 하마체크(Don E. Hamachek)는 완벽주의를 '정상적 완벽주의'와 '신경증적 완벽주의'로 구분한다. 정상적 완벽주의자는 완벽주의 성향으로 자신을 향상시키는 방향으로 노력한다. 신경증적 완벽주의자는 실수를 허용하지 못해서 실패를 두려워하고 새로운 일을 시작하지 못하며, 어떤 일도 자신의 기준에 도달하지 못해 만족감을 느끼지 못한다. 이 장에서 언급하는 완벽주의는 신경증적 완벽주의에 대한 것이다.

73 토드 로즈, 오기 오가스, 《다크호스》, 정미나 역(21세기북스, 2019)

74 장기하 <그건 니 생각이고> 가사 중에서

75 스티븐 나흐마노비치, 《놀이, 마르지 않는 창조의 샘》, 이상원 역(에코의 서재, 2008)

76 정은혜, 《변화를 위한 그림일기》(샨티, 2017), 182p "우리의 삶은 숙제이고 축제이다"에서 차용

77 애니 머피 폴, 《익스텐드 마인드》, 이정미 역(RHK, 2022)

78 같은 책

79 같은 책

80 애덤 그랜트, 《오리지널스》, 홍지수 역(한국경제신문, 2020)

81 스티븐 나흐마노비치, 《놀이, 마르지 않는 창조의 샘》, 이상원 역(에코의 서재, 2008)

82 애덤 그랜트, 《오리지널스》, 홍지수 역(한국경제신문, 2020)

83 오스틴 클레온, 《훔쳐라 아티스트처럼》, 노진희 역(중앙북스, 2013)

84 스티븐 나흐마노비치, 《놀이, 마르지 않는 창조의 샘》, 이상원 역(에코의 서재, 2008)

85 가이 클랙스턴, 《거북이 마음이다》, 안인희 역(황금거북, 2014)

86 건설적인 비판은 창조하는 사람의 작업을 응원하고 잘되기를 바라는 마음이 반드시 전제된다. 이 건설적인 비판을 통해서 아이디어와 영감을 얻을 수 있고 보다 독창성이 높은 결과물을 만들 수 있다. 반면, 파괴적인 비판은 창조하는 사람과 작업에 대한 존중과 응원이 전제되지 않는다. 비판 또한 비난이나 모욕에 가까워서 상처나 혼란만 야기하며, 독창적인 부분을 훼손시키기도 한다.

87 애덤 그랜트, 《오리지널스》, 홍지수 역(한국경제신문, 2020)

88 도덕경 76장

89 미하이 칙센트미하이, 《창의성의 즐거움》, 노혜숙 역(더난출판사, 2003)

90 스티븐 나흐마노비치, 《놀이, 마르지 않는 창조의 샘》, 이상원 역(에코의 서재, 2008)

91 엘리자베스 길버트, 《빅매직》, 박소현 역(민음사, 2017)

참고문헌

김경일, 《창의성이 없는 게 아니라 꺼내지 못하는 것입니다》(샘터, 2019)

김정운, 《노는만큼 성공한다》(21세기북스, 2021)

최인수, 《창의성의 발견》(쌤앤파커스, 2011)

최현묵, 《건강한 내 몸 사용법 알렉산더 테크닉》(무지개다리너머, 2016)

데이비드 이글먼, 앤서니 브란트, 《창조하는 뇌》, 엄성수 역(쌤앤파커스, 2019)

도널드 클리프턴, 톰 래스, 《위대한 나의 발견 강점혁명》, 갤럽 역(청림, 2017)

로버트 루트번스타인, 미셸 루트번스타인, 《생각의 탄생》, 박종성 역(에코의 서재, 2007)

마셜 로젠버그, 《비폭력대화》, 캐서린 한 역(한국NVC출판사, 2017)

미하이 칙센트미하이, 《창의성의 즐거움》, 노혜숙 역(더난출판사, 2003)

미하이 칙센트미하이, 《몰입의 즐거움》, 이희재 역(해냄, 1999)

바바라 페어팔, 《공간의 심리학》, 서유리 역(동양북스, 2017)

샤우나 샤피로, 《마음챙김》, 박미경 역(안드로메디안, 2021)

샥티 거웨인, 《직관형 인간》, 고빛샘 역(뜰, 2009)

스티븐 나흐마노비치, 《놀이, 마르지 않는 창조의 샘》, 이상원 역(에코의 서재, 2008)

애니 머피 폴, 《익스텐드 마인드》, 이정미 역(RHK, 2022)

애덤 그랜트, 《오리지널스》, 홍지수 역(한국경제신문, 2020)

오스틴 클레온, 《훔쳐라 아티스트처럼》, 노진희 역(중앙북스, 2013)

조앤 에릭슨, 《감각의 매혹》, 박종성 역(에코의 서재, 2008)

존 크리즈, 《유쾌한 창조성 가이드》, 김평주 역(경당, 2021)

줄리아 카메론, 《아티스트웨이》, 임지호 역(경당출판사, 2012)

칼 로저스, 《진정한 사람 되기》, 주은선 역(학지사, 2009)

크레이그 라이트, 《히든해빗》, 이경식 역(청림출판, 2021)

토드 로즈, 《평균의 종말》, 정미나 역(21세기 북스, 2021)

피파 그레인지, 《나를 단단하게 만드는 심리학》, 장진영 역(상상스퀘어, 2022)

참고기사, 영상

세바시 강연 1,134회, '한국인이 놓치고 사는 이 '숫자'만 바꿔도 인생이 바뀝니다'

조선비즈, <김지수의 인터스텔라> 장기하 인터뷰, 2020. 10. 24

EBS 다큐 신년특별기획 <놀이의 힘>, 2018. 12. 31

EBS 다큐 교육 대기획 <시험>, 2016. 2. 11

tvN <유퀴즈 온 더 블록> 김관훈 대표 출연분, 2020. 10. 7

TED 강연 캔 로빈슨, 'Do schools kill creativity?'

TED 강연 엔젤라 더크워스, 'Grit: the power of passion and perseverance'

TED 강연 엘리자베스 길버트, 'Your elusive creative genius'

BE YOURSELF

비유어셀프, 내 안의 창조성을 깨우는 8주간의 여행

제1판 1쇄 2024년 6월 27일

지은이 라라(김연수)
일러스트 지가영
펴낸이 한성주
펴낸곳 ㈜두드림미디어
책임편집 우민정
디자인 김진나(nah1052@naver.com)

㈜두드림미디어
등 록 2015년 3월 25일(제2022-000009호)
주 소 서울시 강서구 공항대로 219, 620호, 621호
전 화 02)333-3577
팩 스 02)6455-3477
이메일 dodreamedia@naver.com(원고 투고 및 출판 관련 문의)
카 페 https://cafe.naver.com/dodreamedia

ISBN 979-11-93210-80-2 (03190)